영국문화의 이해

Understanding British Culture

강혜경

KM 경문사

일러두기

- 외래어 표기는 표음 원칙에 따랐으나 이미 굳어진 몇 가지 용례는 관례에 따랐다.
- 본문에 사용한 부호와 기호의 뜻은 다음과 같다.
  - 단행본 · 시집 『 』, 영문도서명은 이탤릭체
  - 논문 · 시 · 노래제목 「 」, 영문 노래 · 시 “ ”
  - 신문 · 연극 · 영화 〈 〉

책머리에

이 책은 열린사이버대학교Open Cyber University 영어문화학과 전공과목인 '영국문화의 이해'에서 다룬 강의내용을 묶어 엮어낸 것이다. 한 나라의 언어를 배우기 위해서는 그 나라의 문화와 사람들의 사고방식 및 특성을 파악할 필요가 있다. 그런 의미에서 영어를 배우거나 전공하는 학생들에게 영어의 종주국인 영국에 대한 이해를 돕고 영국인의 기질과 성향에 대해 고찰해보는 기회를 갖는 것은 필요하면서도 중요하다. 이 책을 통해 영국(인)의 문화와 생활 전반에 대해 음미하는 시간을 갖게 되기를 바란다. 또한 영화 및 관련 글 읽기를 통하여 영국인의 언어와 정체성, 문화적 특징, 가치관, 교육제도 및 스포츠 등 다양한 측면을 체계적으로 고찰해보는 기회가 되기를 바란다.

이 책은 14주 강의일정에 맞춰 모두 14장으로 이루어져 있다. 1장 '영국'은 영국이 세계의 중심이 될 수 있는 이유를 고찰하며 영국을 상징하는 것들을 정리해본다. 2장 '영국인'에서는 영국인의 성격과 특징에 대해 고찰해보며, 영국인들의 시각과 타 민족의 시각을 비교 분석해본다. 3장에서는 '영국인의 가치관 및 계급제도'에 대해 관련 글을 통해 살펴보고, 4장에서는 영국 귀족마인드를 이태리 메디치 가문의 예술인 후원제도와 비교해본다. 5장은 영국의 군주제 및 정당제도를 그리고 6장은 영국의 교육제도에 대해 각각 자세히 살펴본다. 특히 영국 교육의 특징인 튜토리얼 제도와 사립학교의 교육이념은 우리에게도 시사하는 바가 크다. 7장과 8장에서는 영국의 대중문화를 다룬다. 우리에게도 친숙한 봅 말리, 비틀즈, 록그룹 퀸의 삶과 음악 및 저항정신을 짚어본다. 9장은 영국의 다양한 문화행사를 소개하고 각 행사의 전통과 특징에 대해 논한다. 10장은 영국인의 여가생활과 스포츠를 다룬다. 귀족스포츠와 대중스포츠를 비교 분석하고,

근대 스포츠의 발상지로써의 영국을 조명해본다. 11장과 12장은 영국의 위인들 중 셰익스피어, 엘리자베스 1세 여왕, 빅토리아 여왕, 처칠 수상, 대처 수상, 다이애나 왕세자비 관련 영어지문과 인터뷰 내용 등을 소개하고 그들의 업적과 삶을 재조명해본다. 13장에서는 영국 왕실의 훈장을 거부한 흑인 시인 벤저민 제파니아의 시와 인터뷰 글을 통해 제국의 역사와 영국 내 인종문제를 조명해본다. 마지막으로 14장에서는 영국의 종교적 갈등에 대해 생각해보고, 북아일랜드 사태와 성공회의 핵심 쟁점을 짚어볼 것이다.

각 장은 핵심 키워드와 개요, 서론, 본론, 결론, 그리고 마무리용 학습평가로 통일성 있게 구성되었다. 삽입된 사진과 영문 인용 지문은 주로 위키피디아와 인터넷 사이트 구글에서 얻어왔고 바로 밑에 출처를 밝혀두었다.

이 책이 영국과 영국인의 특성에 관심 있거나 영어를 전공하는 학생들에게 좋은 길잡이가 되길 바란다.

이 책의 출판을 가능하게 해주신 경문사 박문규 사장님과 이동현 차장님, 그리고 편집과 교정을 맡아준 편집진에게 깊은 감사의 말씀을 드린다.

경운동 연구실에서
강혜경

차례

02 | 영국인

03 | 영국인의 가치관 및 계급제도

06 | 영국의 교육제도

07 | 영국의 대중문화 1

14 | 영국의 종교문제

01 | 영국

GMT Greenwich Mean Time
섬나라 Insular Country
대영제국 United Kingdom of Great Britain & Northern Ireland
영국국기 Union Jack/Union Flag
영국국가 National Anthem
영국속담 English Proverbs

서론

1.1 영국: 세계의 중심

1.1.1 유럽의 세계지도

영국이 세계의 중심이 될 수 있는 이유는 그리니치 천문대를 기준으로 한 세계 표준시GMT Greenwich Mean Time를 정한데서 찾아볼 수 있다. 보통 유럽이나 아메리카 대륙의 세계지도를 보면, 영국이 지도 가운데에 위치하고 있다. 좀 더 정확히 말하면, 지구상에 가상으로 그어진 경위도 중에서 특히 경도는 런던의 그리니치 천문대를 시작점으로 경도 0도(또는 360도)가 된다. 그리니치 천문대를 중심으로 동쪽(아시아 쪽)으로 1도씩 높아지고, 서쪽(아메리카 쪽)으로 -1도씩 낮아진다.

유럽의 세계지도

1.1.2 아시아의 세계지도

반면 아시아 지역의 국가(특히, 한국을 비롯한 동아시아국가)들은 태평양이 지도의 중심에 위치하는 지도를 세계지도로 사용한다. 런던 그리니치 천문대의 정반대인 180도선을 경도의 기준으로 삼아서 지도를 제작하기 때문이다. 그래서 하와이 제도와 일본 사이의 태평양이 세계지도의 중심에 위치하고, 왼쪽에 일본, 한국, 중국 오른쪽에 아메리카 대륙이 위치하게 된다.

현대의 세계지도는 이 두 가지가 대표적인데, 세계의 중심이라는 것은 지극히 주관적인 것이므로 어디가 중심이라고는 말할 수가 없다. 객관적으로 보면 경도 0도와 위도 0도인 적도가 만나는 곳이 지도의 중심이자 시작점이라고 할 수 있겠다.

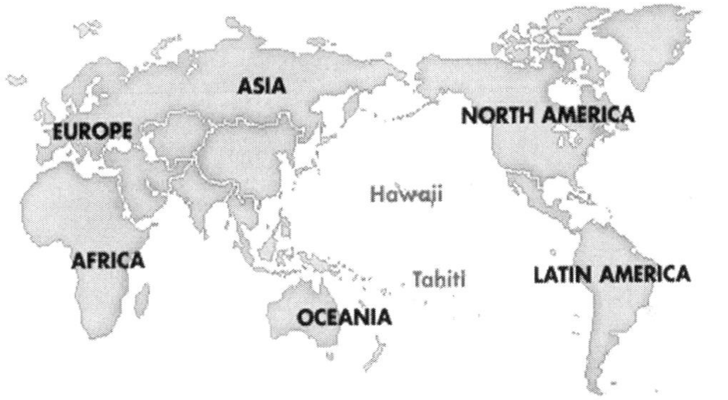

아시아의 세계지도

1.1.3 영국의 지리적 특징: 섬나라 Insular Country

영국은 유럽 대륙 서쪽 북대서양에 위치해 있는 섬나라로 면적이 24만 4101 제곱킬로미터이다. 약 66%를 차지하고 있는 남부의 잉글랜드와 약 33%를 차지하는 스코틀랜드, 서부지역의 웨일즈 그리고 아일랜드 섬에 위치한 북아일랜드로 구성된다. 지정학적으로 위도는 우리나라보다 약간 높은 북위 50도부터 60도에 자리 잡고 있지만, 해양성기후로 인해 우리나라보다 전체적으로 보면 여름은 신선하고 겨울은 온난한 편이나 날씨의 변덕이 매우 심하다. 수도는 런던London

http://upload.wikimedia.org/wikipedia/commons/thumb/2/27/24_Hour_Clock.JPG/180px-24_Hour_Clock.JPG

Royal Observatory, Greenwich
A time ball sits atop the Octagon Room.
http://upload.wikimedia.org/wikipedia/commons/thumb/8/8a/Royal_observatory_greenwich.jpg/180px-Royal_observatory_greenwich.jpg

이고 영어를 사용한다.

1.1.4 표준시의 고향: 영국의 힘

- 런던 그리니치 천문대The Greenwich Astronomical Observatory
- GMT(Greenwich Mean Time): 자오선을 0, 프랑스는 +1, 한국은 +9
- 서머타임 실시 기간 중에는 영국과 프랑스는 시차가 없고 한국은 +8이다.
- 한국은 극동 아시아The Far East Asia에 속한다.
- 모든 기준을 정한다는 것은 힘을 갖는다는 것을 의미한다.

1.2 대영제국United Kingdom of Great Britain & Northern Ireland

영국의 정식명칭은 그레이트 브리튼과 북아일랜드 연합왕국United Kingdom of Great Britain and Northern Ireland이다. 명칭에서 알 수 있듯이 영국은 연합국가인 셈인데, 그레이트 브리튼은 북부의 스코틀랜드, 남동부의 잉글랜드, 남서부의 웨일스로 되어 있다. 여기에 북아일랜드를 합쳐 United Kingdom이라고 불린다. 인구는 2011년 기준으로 잉글랜드가 가장 많은 5,300만 명, 다음으로는 스코틀랜드가 530만 명, 웨일즈가 300만 명 그리고 북아일랜드가 181만 명으로 되어 있고, 전체 인구는 약 6,300만 명에 이른다. 영국의 기원은 5-6세기경 게르만계의 앵글로색슨족이 잉글랜드에 침입해 9세기경 통일된 왕국을 수립한 것에서 찾아 볼 수 있는데 앵글로색슨족과 켈트족간의 갈등은 지금도 남아 있다. 영국의 종교는 성공회 50%, 천주교 11%, 개신교 및 기타 39% 정도이다.

그들 대부분이 사용하는 언어는 영어이지만, 잉글랜드 이외는 각 나라 독자의 언어가 존재하며, 현재도 영어와 함께 사용되고 있다. 스코틀랜드와 북아일랜드에는 게일어Gaelic라는 언어가 있다. 그러나 이 언어는 학교 교육에서 자취를 감춘 곳도 있고, 현재는 그렇게 많이 사용되고 있지는 않다. 아일랜드의 국가 공용어는 영어이지만 전통 모국어는 켈트족들이 사용했던 게일어Gaelic로서 정치, 국가공무원은 게일어에 능통해야 한다. 실생활에서의 게일어는 현재 서쪽 일부 지방에서만 부분적으로 사용되고 있다. 성인 중 35%가 이 게일어를 알고 있다고 한다. 아일랜드 학생들은 이 게일어를 필수과목으로 배워야 한다. 도로표지판은 영어와 게일어를 동시에 표기한다. 웨일스에서는 웨롯슈라는 언어가 현재도 초등학교와 중학교에서 영어와 함께 국어로 교육되고 있다. 웨일즈 인구의 4분의 1에 해당하는 70만 명이 이 언어를 사용하고 있다.

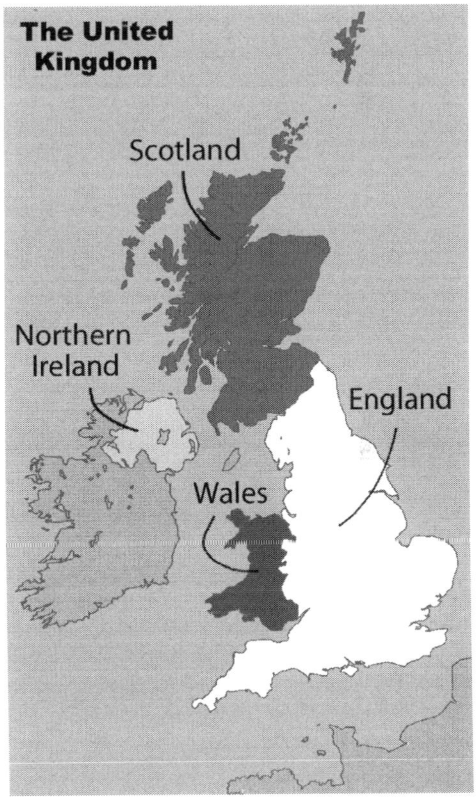

http://upload.wikimedia.org/wikipedia/en/f/f2/United_Kingdom_labelled_map7.png

1.3 영국국기 Union Jack/Union Flag

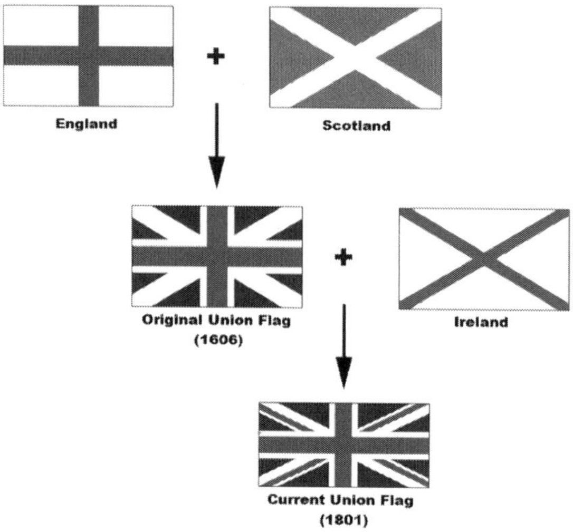

http://www.google.co.kr/images?q=tbn:R9AyQ5K1oHFGVM::upload.wikimedia.org/wikipedia/commons/9/9c/Flags_of_the_Union_Jack-fr.png&t=1&h=196&w=175&usg=__ngcf4E8x6TprLT01T9c-M6qxP2k=

1.4 영국국가 National Anthem: God save the Queen

God save the Queen

1

God save our gracious Queen,
Long live our noble Queen,
God save the Queen![1]
Send her victorious,
Happy and glorious,
Long to reign over us;
God save the Queen!

---

1) (1절–6절) God save the Queen은 포괄적인 뜻을 지닌다.
(예, 여왕 폐하를 지켜주소서, 여왕 폐하를 보호하소서[5절 참고]) 문맥상의 이유로 '여왕 폐하 만세'로 번역.

2

O Lord our God arise,
Scatter her enemies
And make them fall;
Confound their politics,
Frustrate their knavish tricks,
On Thee[2] our hopes we fix,
God save us all!

3

Thy choicest gifts in store
On her be pleased to pour;
Long may she reign;
May she defend our laws,
And ever give us cause
To sing with heart and voice,[3]
God save the Queen!

4

Not in this land alone,
But be God's mercies known,
From shore to shore!
Lord make the nations see,
That men should brothers be,
And form one family,
The wide world over.

---

2) 그대(Thou, on thee)는 기독교의 하느님을 가리킨다.
3) 의역으로 두 줄 연결 해석: And ever give us cause/ To sing with heart and voice (직역: 그리고 언제나 우리가 여왕 폐하를 찬양할 수 있는 이유를 제공해 주소서)

5

From every latent foe,

From the assassins blow,

God save the Queen!

O'er her thine arm extend,

For Britain's sake defend,

Our mother, prince, and friend,

God save the Queen!

6

Lord grant that Marshal Wade

May by thy mighty aid

Victory bring.

May he sedition hush,

And like a torrent rush,

Rebellious Scots[4] to crush.

God save the King!

해석

신이여, 여왕 폐하를 지켜주소서

1

하느님, 저희의 자비로우신 여왕 폐하를 지켜 주소서.

고귀하신 저희의 여왕 폐하 만수무강케 하사,

하느님, 폐하를 지켜 주소서.

폐하께 승리와

4) 스콧Scott은 잉글랜드 북방의 스코틀랜드인들을 가리킨다.

저희 위에 오래도록 군림케 하소서.
하느님, 여왕 폐하를 지켜 주소서.

2
오, 지도자이신 주님, 깨어나셔서
폭군들을 변방으로 흩으사
패배하도록 하소서.
적국에 혼란을,
그들의 간교한 계략에 좌절을,
당신께 저희의 희망을 거노니
저희 모두를 보우하소서.

3
그대의 최상의 선물을
폐하께 기쁘게 부어주소서.
폐하를 만수무강하게 하소서!
폐하께서 우리 법을 수호케 하시길,
항상 우리가 충심으로 목청껏 찬양할 수 있도록.
선정을 베풀게 하소서.
하느님, 여왕 폐하를 지켜 주소서.

4
이 땅뿐만 아니라
널리 하느님의 은혜가 알려지도록 하소서.
해안으로부터 해안까지
만국이 보게 하사,
이 세계의,
전 인류가 형제 되고,
한 가족이 되는 것을,

여왕 폐하 만세!

5

보이지 않는 모든 적들로부터,
모든 암살자의 습격으로부터
우리 여왕 폐하를 구하소서!
그대 팔이 닿는 곳까지
영국의 이익을 지키고
우리 국모와 왕태자와 벗들을 지키시길!
여왕 폐하 만세!

6

주님, 저 원수로 하여금
당신의 가호와 함께
승리를 허락하소서
그분이 성난 노도처럼,
모반하는 스콧들을 부수기를!
여왕 폐하 만세!

영국의 국가는 '하느님, 국왕(여왕) 폐하를 지켜주소서God Save the King or God save the Queen'이다. 실제로는 1절과 3절만 부르는 경우가 많다. 영국의 국가는 세계 최초의 국가이다. 2009년 현재 엘리자베스 2세 여왕이 재위하고 있기 때문에 여왕Queen을 쓰나, 재위자가 왕(예: 조지 6세)이면 왕King으로 제목과 가사를 바꾼다. 옛날에는 캐나다나 아랍에미리트, 인도, 이라크, 싱가포르, 홍콩 등 영연방 국가에서도 불렀다. 1797년에 제정된 신성 로마 제국의 첫 번째 국가인 'Gott erhalte franz den kaiser(하느님, 프란츠 황제 폐하를 지켜 주소서)'는 이 노래의 영향을 받았다. [출처 위키백과]

1.5 영국을 상징하는 것들

1.5.1 Double Decker

A double-decker is a vehicle that has two levels for passengers or cargo, one deck above the other. The red double-decker buses in London have become an icon of Britain.

런던의 빨간색 이층버스는 영국의 명물이 되었다.

1.5.2 Black Cab

Motorised hackney cabs in the UK, traditionally all black in London and most major cities, have the popular name of black cabs. In London, hackney-carriage drivers have to pass a test called *The Knowledge* to demonstrate that they have an intimate knowledge of London streets. There are currently around 21,000 black cabs in London, licensed by the Public Carriage Office.

좌 Double Decker
http://upload.wikimedia.org/wikipedia/commons/thumb/d/d0/Routemaster.JPG/180px-Routemaster.JPG

우 Black Cab
http://upload.wikimedia.org/wikipedia/commons/thumb/5/59/London_Black_Cab_-_April_2007.jpg/180px-

블랙 캡은 영국의 전통적인 검은 택시로 세계 여행자들이 최고의 택시로 뽑을 정도로 청결도, 운전 능숙도, 지역 이해도, 친밀성, 안정성 등이 우수하다. 런던에서 택시기사가 되려면 *The Knowledge*라는 까다로운 시험을 통과해야만 한다. 현재 21,000대 정도의 블랙 캡이 운행되고 있다.

1.5.3 Red telephone box

The red telephone box, a public telephone kiosk designed by Sir Giles Gilbert Scott, is a familiar sight on the streets of the United Kingdom, Malta, Bermuda and Gibraltar, and despite a reduction in their numbers in recent years, red boxes can still be seen in many places and current or ex-British Colonies around the world. The colour red was chosen to make them easy to spot.)

좌 Telephone Box
http://upload.wikimedia.org/wikipedia/commons/thumb/9/9a/Red_Public_Phone_Boxes_-_Covent_Garden%
우 Big Ben
http://upload.wikimedia.org/wikipedia/commons/thumb/b/b2/ClockTower-_Palace_of_Westminster%

1.5.4 Big Ben

Big Ben is the nickname for the great bell of the clock at the north end of the Palace of Westminster in London, and is often extended to refer to the clock or the clock tower as well.

빅 벤은 영국 런던의 웨스트민스터 궁전(국회의사당) 동쪽 끝에 있는 시계탑의 거대한 종에 대한 별칭이다. 시계나 시계탑 전체를 가리키기도 한다.

1.5.5 Millennium Dome

The Millennium Dome, often referred to simply as The Dome, is the original name of a large dome-shaped building, originally used to house the Millennium Experience, a major exhibition celebrating the beginning of the third millennium. Located on the Greenwich Peninsula in South East London, England, the exhibition opened to the public on 1 January 2000 and ran until 31 December 2000.

2000년 1월 1일 세계 표준시의 기준이 되는 영국의 그리니치에서 밀레니엄 돔이 개관되었다. 2000년 1월 1일부터 12월 31일까지 새 천년을 기념하는 전시회가 대중들에게 개방되었다.

Millennium Domo
http://upload.wikimedia.org/wikipedia/commons/thumb/1/15/Millennium_Dome_%28zakgollop%29_version.jpg/248px-Millennium_Dome_%28zakgollop%29_version.jpg

1.5.6 London Eye

The London Eye is located at the western end of Jubilee Gardens, on the South Bank of the River Thames in the London Borough of Lambeth in England, between Westminster Bridge and Hungerford. It is also known as the Millennium Wheel.

London Eye
http://upload.wikimedia.org/wikipedia/commons/thumb/4/4f/London_Eye_-_TQ04_26.jpg/250px-London_Eye_-_

1.5.7 Queen, Elizabeth II

엘리자베스 2세Elizabeth II(1926년 4월 21일~)는 영국을 포함한 16개국과 기타 국외 영토와 보호령의 여왕이다. 본명은 엘리자베스 알렉산드라 메리 윈저Elizabeth Alexandra Mary Windsor이다. 호칭은 '영국 연방의 엘리자베스 2세 여왕 폐하Her Majesty Queen Elizabeth II of the United Kingdom'이다. 그녀는 1952년 2월 서거한 부왕 조지 6세의 뒤를 이어 왕위에 올랐다.

Elizabeth II
http://upload.wikimedia.org/wikipedia/commons/thumb/5/5f/Elizabeth_II_greets_NASA_GSFC_employees%

1.5.8 Harry Potter

Harry Potter and the Philosopher's Stone 『해리 포터와 마법사의 돌』

Harry Potter and the Chamber of Secret 『해리 포터와 비밀의 방』

Harry Potter and the Prisoner of Azkaban 『해리 포터와 아즈카반의 죄수』

Harry Potter and the Goblet of Fire 『해리 포터와 불의 잔』

Harry Potter and the Order of Phoenix 『해리 포터와 불사조 기사단』

Harry Potter and the Half-Blood Prince 『해리 포터와 혼혈 왕자』

Harry Potter and the Deathly Hallows 『해리 포터와 죽음의 성물』

Harry Potter Series
http://upload.wikimedia.org/wikipedia/en/thumb/2/2e/Hp_british_books%21.jpg/180px-Hp_british_books%21.jpg

1.5.9 The Beatles

The Beatles were an English rock band, formed in Liverpool in 1960 and one of the most commercially successful and critically acclaimed acts in the history of popular music. From 1962 the group consisted of John Lennon, Paul McCartney, George Harrison and Ringo Starr.

그룹 비틀즈는 멤버 전원이 영국 리버풀 출신인 록 밴드이다. 비틀즈의 노래는 발라드, 레게, 사이키델릭 록, 블루스에서 헤비메탈까지 여러 장르를 아우르는데 이는 현대 음악 스타일의 장을 열어 놓았다고 할 수 있다. 비틀즈의 영향력은 단순히 음악뿐만이 아니라 1960년대의 사회 및 문화적 혁명을 야기하였다. "The Fab Four"라 불리는 비틀즈의 구성원은 존 레논(John Winston Lennon, 1940-1980), 폴 매카트니(James Paul McCartney, 1942-), 조지 해리슨(George Harrison, 1943-2001), 링고 스타(Ringo Starr, 본명 Richard Starkey, 1940-)이다.

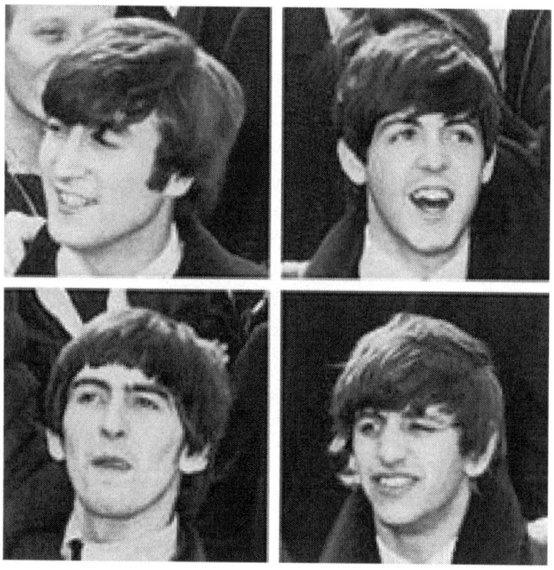

The Beatles
http://upload.wikimedia.org/wikipedia/commons/thumb/d/df/The_Fabs.JPG/220px-The_Fabs.JPG

1.5.10 David Beckham, Manchester United Football Team, English Premier League

David Beckham, Manchester United Football Team
http://t0.gstatic.com/images?q=tbn:xlg4YTqkduexqM:http://s.bebo.com/app-

1.5.11 Mini Skirt

The mini was a defining fashion symbol of "Swinging London" in the 1960s, and remains popular.

http://t0.gstatic.com/images?q=tbn:jXUgcCTmKO2jrM%3Ahttp://f00.inventorspot.com/images

1.5.12 Punk

반항적이고 거칠게 뻗친 머리스타일(모히칸)과 징 박힌 액세서리, 가죽재킷이나 체인 등이 펑크를 대표하는 의상이라고 할 수 있다.

http://upload.wikimedia.org/wikipedia/commons/8/85/User-Ich_with_Mohawk.jpg

1.6 영국인이 좋아하는 말과 싫어하는 말

- 법석인legal vs. 불법적인illegal
- 질서order vs. 무질서disorder

- 공정성fair play vs. 편파성foul/dirty play
- 줄서기queue vs. 새치기queue-jump
- 정의justice vs. 부당함injustice/unfair
- 진화evolution vs. 혁명revolution
- 당신은 신사야You are a gentleman. vs. 당신은 거짓말쟁이야You are a liar.

  e.g. Lobbying is not legal in my company.

  It is illegal to sell alcohol to children.

1.7 영국속담English Proverbs

- "격언이란 경험에서 태어난 어린아이이다."

  A proverb is the child of experience.
- "침묵은 금이다."

  Silence is golden.
- "빈 수레가 요란하다."

  Empty vessels make the most noise.
- "영국인의 집은 성과 같다."

  The Englishman's home is his castle.
- "예방이 치료보다 낫다."

  Prevention is better than cure.
- "사람은 항상 대비를 해야만 한다."

  One should be prepared at all times.
- "잔잔한 바다에서는 좋은 뱃사공이 만들어지지 않는다."

  A smooth sea never made a skillful mariner.
- "옆집 잔디가 더 파랗다."

  The grass is greener on the other side of the fence.

결론

영국하면 떠오르는 것은 무엇인가? Orange Marmalade, Cottage, Harrods 등 수없이 많다. 영국식 유머는 동음이의어를 이용한 말장난과 같은 유머가 많은데 영국인들의 총명함을 엿볼 수 있고, 냉철한 현실 인식에 바탕을 둔다.

지난해 11월 초 영국왕립예술협회The Royal Society of Arts는 미국, 이탈리아, 인도 등 주요 외국인들과 런던에 주재한 외국 특파원들을 대상으로 외국인들이 생각하는 '영국인다움'과 관련된 설문 조사를 실시한 바 있다. 설문 결과 거의 모든 설문 대상 외국인들은 영국인들의 유머 감각을 꼽았다. 영국인들의 유머감각을 총명함과 연관시켜 영국인들만이 갖는 특유한 이미지로서 영국인다움을 대표하는 특성으로 꼽은 것이다.

영국식 유머British humour는 국내에서도 낯설지 않다. 여기에는 영국식 유머를 브랜드한 것으로 평가받는 시나리오 작가이자 감독인 영국 출신의 리처드 커티스의 〈노팅힐〉, 〈네 번의 결혼식과 한 번의 장례식〉, 〈브릿지 존스의 일기〉와 가장 최근인 2003년 연말의 〈러브 액추얼리〉 등 영국식 로맨틱 코미디가 큰 역할을 했다. 영국인들에게는 일상의 모든 것이 유머의 대상이 된다. 특히 영국인들은 자신들도 유머의 대상으로 삼는다. 반면에 미국인들은 자신들을 유머의 대상으로 삼지 않는다. 같은 영어를 사용하고 코미디나 시트콤 등 TV 프로그램이 양 문화에 걸쳐 영향을 미치고는 있지만, 미국에서와 똑같은 형식의 'Tonight' 쇼가 영국에는 없는 것처럼 영국인과 미국인이 생각하는 유머에는 차이가 있다.

또 하나, 비단 영국에 국한된 것으로 일반화할 수는 없겠지만 유머에도 계층간 차이가 있다. 즉 사회계층에 따라 유머의 소재가 달라지는 것이다. 영국의 유머는 크게 노동자 계층, 중산층과 상류층 세 가지로 구분해서 볼 수 있는데, 노동자 계층이 주로 구사하는 화장실과 관련된 유머를 상류 계층에게 이야기해본들 공감대를 얻기는 힘들다. 반대로 헌팅과 관련된 유머를 노동자 계층이 이해하기란 쉽지 않다.

마지막으로 우리가 눈여겨 볼 영국식 유머의 특징은 냉철한 현실 인식을 바탕으로 한 것이라는 점이다. 영국인들이 유럽인들 가운데 가장 독서량이 많다는 조사 결과가 그냥 나온 것이 아니다. 결국 독서량이 유머 왕국 영국을 만든 셈이다.

학습평가

다음 두 문장의 빈 칸에 공통으로 들어갈 단어를 쓰시오.

1. Great Britain is an ________ country.
   The British are often accused of being ________.

2. GMT is an abbreviation for ________ ________ ________.
   GMT stands for ________ ________ ________.

3. Why is England also referred to as Britain and the ________ ________?
   The ________ ________ includes Scotland, Northern Ireland, Wales, as well as England.

정답 및 해설

1. Great Britain is an insular country. (영국은 섬나라이다.)
   The British are often accused of being insular. (영국인들은 흔히 배타적이라는 비난을 받는다.)
2. GMT is an abbreviation for Greenwich Mean Time.
   GMT stands for Greenwich Mean Time.
   (GMT는 Greenwich Mean Time의 약어이다.)
3. Why is England also referred to as Britain and the United Kingdom?
   (영국은 왜 브리튼이라고도 하고 또 대영제국이라고도 부르는 겁니까?)
   The United Kingdom includes Scotland, Northern Ireland, Wales, as well as England.
   (대영제국은 잉글랜드는 물론, 스코틀랜드, 북아일랜드, 웨일즈도 포함한다.)

• 자료출처 •

Wikipedia, the free encyclopedia

http://www.google.com

02 | 영국인

과거 집착력 Yesterdays / 보수성 Conservatism
감정의 억제 Inhibitions
냉정 Phlegm
프라이버시 존중 Privacy respected
타 민족 혐오증 Xenophobia
자민족 우월주의 Ethnocentrism

개요

서론

이번 장에서는 섬나라 영국의 지리적 특징이 영국인의 성격에 미치는 영향에 대해 고찰해본다. 영국인들은 익숙하지 않은 것에 대해 자연스런 불신감을 보이는데 이러한 성격은 그들의 나라가 처한 지리적 특성에 기인한다. 보통 편협한 성격으로 섬나라 근성Insularity이라고 칭하기도 한다. 참고로 영국인들은 외국인 학생을 Overseas Student,[5] 유럽대륙을 The Continental이라고 부른다. 또한 영국인이 타 민족을 보는 시각, 타 민족이 영국인을 보는 시각, 영국인이 자기 민족에 대해 갖는 견해를 고찰해본다.

본론

2.1 영국(인)의 성격

영국인의 특징을 한마디로 요약하면 과거 집착력Yesterdays 또는 보수성Conservatism, 감정의 억제Inhibitions, 냉정Phlegm, 프라이버시 존중Privacy, 타민족 혐오증Xenophobia, 자민족 우월주의Ethnocentrism 등으로 정리할 수 있다.

5) 오리엔탈리즘Orientalism: 서양인이 동양the Orient을 바라보는 시각. 이것은 동양(인)의 실체를 제대로 파악한 것이 아니라, 서구인의 일방적인 시각에서 편견에 의해 만들어진 허구적 관념의 체계(덩어리)이다. 에드워드 사이드Edward Said가 *Orientalism*이란 저서를 썼다.

2.1.1 과거 집착력Yesterdays 또는 보수성Conservatism

새로운 것이 아무리 좋아 보이고 어제 일이 아무리 하잘 것 없어 보이더라도 어제 일을 한 번 더 한다는 영국인의 성격은 아주 유용한 경험철학적인 배경에서 나온 것으로 알려진다. 대륙은 논리학과 변증법을 중심으로 학문이 발달한데 비해 영국은 경험론Empiricism[6]과 공리주의Utilitarianism[7]가 발달하였다.

과거를 존중하는 국민성은 골동품antique을 좋아한다. 이러한 성향은 골동품을 수집하고 정리한 박물관의 발달로 이어진다. 세계적으로 유명한 런던의 소더비Sotheby's[8]나 크리스티Christie's[9] 경매장은 골동품 거래의 메카로 자리 잡고 있다. 영국인은 과거를 존중하며 보수적이어서 세상이 나날이 변하여도 영국의 전통은 뿌리 깊게 유지되고 있다. 반면 역사에의 적응력도 강하여 영국 속담에 "변화하는 것 같지 않아도 같은 물건은 없다. "A change is as good as a rest. There is nothing permanent except change."라는 말이 있을 정도이다. 예를 들면, 펑크와 미니스커트를 처음 등장시킨 것도 영국인이었다.

2.1.2 감정의 억제 Inhibitions

영국인은 일반적으로 잘 참으며 이성적으로 생각하기 때문에 라틴 계통(프랑

6) 경험론Empiricism은 일반적으로 근대 과학적 방법의 중심에 있는 주제로 여겨진다. 우리의 이론은 직관이나 신념보다는 세계에 대한 우리의 관찰에 기초되어야한다고 주장하는 이론이다. 즉, 연역적 논리보다는 경험적 연구와 경험적 지식 귀납적 추리이다. 경험론은 르네 데카르트로 대표되는 대륙의 합리주의와 곧잘 대조된다. 합리주의자에 의하면, 철학은 자기 성찰과 선험적 연역 추리를 통해서 수행되어야 한다. 토마스 아퀴나스, 아리스토텔레스, 토머스 홉스를 포함한 경험론과 관련이 있는 철학자들(자연주의를 참조)은, 프랜시스 베이컨, 존 로크, 조지 버클리 그리고 데이비드 흄 이다. 송송 자연과학과 사회과학의 양 과학과 결합되어 사용되는 경험적이라는 형용사는 관찰과 실험 을 사용하여(즉, 결국 경험을 통하여) 가설을 반증하는 것을 의미한다.(출처:위키피디아)

7) 공리주의Utilitarianism는 18세기 말부터 19세기 전반에 걸친 영국의 윤리적 사상이다. 인간 행위의 윤리적 기초를 개인의 이익과 쾌락의 추구에 두고, 무엇이 이익인가를 결정하는 것은 개인의 행복이라고 하며, '도덕은 최대 다수의 최대 행복을 목적으로 한다'고 주장한다. 이 사상은 근대 시민사회의 윤리적 기준이 되었을 뿐만 아니라 영국 고전경제학의 사상적 기초와 자본주의 질서의 건설의 토대가 되었다. 그러나 공리주의의 제1원리인 개개인의 사익추구가 공익의 보장과 직결되는 것은 아니며 오히려 배치될 수도 있다는 점에서 비판을 받고 있다. 벤담(1748년 – 1832년), 존 스튜어트 밀(1806년 – 1873년) 등이 대표적 공리주의자들이다.(출처:위키피디아)

8) 소더비Sotheby's는 1744년 3월 11일에 영국의 런던에서 샤무엘 베이커에 의해 창립된 상장 경매 회사이다.

9) 크리스티Christie's는 1766년 12월 5일에 영국 런던에서 제임스 크리스티에 의해서 창설된 상장 경매 회사이다.

스, 스페인)보다 덜 정열적이며 감정을 억제하려고 노력하는 경향을 보인다. 이러한 영국인의 감정 절제의 예는 가즈오 이시구로Kazuo Ishiguro(1954-)의 소설 『남아있는 나날』*The Remains of the Day* (1989)에 등장하는 집사butler의 성격에서 엿볼 수 있다. 이 소설에서 발췌한 지문을 읽어보고 영국(인)의 성격 및 특성에 대해 생각해보자.

2.1.3 Reading passage: *The Remains of the Day* by Kazuo Ishiguro

It is sometimes said that **butlers** only truly exist in England. Other countries, whatever title is actually used, have only **manservants**. I tend to believe this is true. Continentals are unable to be butlers because they are as a **breed** incapable of the emotional restraint which only the English race is capable of. Continentals – and **by and large** the Celts, as you will no doubt agree – are **as a rule** unable to control themselves in moments of strong emotion, and are thus unable to maintain a professional **demeanour** other than in the least challenging of situations. If I may return to my earlier metaphor – you will excuse my **putting** it **so coarsely** – they are like a man who will, **at the slightest provocation, tear off** his suit and his shirt and run about screaming. In a word, 'dignity' **is beyond such persons**. We English have an important advantage over foreigners **in this respect** and it is for this reason that when you think of a great butler, he **is bound**, almost by definition, **to** be an Englishman.

[Kazuo Ishiguro, *The Remains of the Day* (1989), p.43]

단어설명

butler 귀족 저택의 집사장, 전문직.
manservant 남자 하인, 허드렛일을 하는 사람

breed 종족, 혈통.
by and large 전반적으로, in all respects.
as a rule 보통 usually
demeanour 품행, behaviour, conduct.
putting ~ so coarsely ~을 너무 거칠게 말하는 것에 대해.
at the slightest provocation 아주 사소한 일에도.
tear off ~ ~을 찢다.
is beyond such persons (dignity)란 단어가 그런 사람들에게 어울리지 않는다.
in this respect 이점에 있어서.
is bound to ~ 틀림없이 ~하게 되어 있다.

• 해석 •

때때로 집사란 직업은 영국에만 존재한다고 일컬어진다. 다른 나라에는 그 명칭이 어떻든 간에 단지 하인만이 존재할 뿐이다. 나는 이것이 사실이라고 믿는다. 대륙은 집사가 있을 수 없다. 왜냐하면 그들은 영국인만이 할 수 있는 감정의 절제를 할 수 없는 종족이기 때문이다. 대륙사람들은, 전반적으로 켈트족은, 강한 감정을 표출해야 하는 순간에 그들 스스로를 통제할 수 없다는 것을 그래서 전문가적인 품행을 유지할 수 없다는 것을 당신도 의심 없이 동의할 것이다. 내가 초기에 사용한 비유를 다시 사용하면 – 내가 너무 거칠게 말하는 것에 대해 용서하기를 바란다 – 그들은 아주 사소한 일에도 양복과 셔츠를 찢고 소리를 지르는 사람과 같다. 한 마디로 '품위'란 단어는 그들에게는 어울리지 않는다. 이러한 점에서 우리 영국인은 외국인에 비해 중요한 장점을 갖고 있고 당신이 훌륭한 집사를 생각할 때 그는 틀림없이 영국인일 거라는 것은 바로 이 이유 때문이다.

위 지문에서 언급하고 있는 영국인의 특징을 나타내는 단어는 '감정의 절제'emotional restraint와 '품위'dignity이다. 그리고 감정을 절제할 줄 알고 품위를 유지하며 전문가와 같은 품행을 보이는 직업으로 집사butlers를 소개하고 있다. 일본계 영국 작가인 이시구로는 앵글로색슨 혈통도 제3세계 출신도 아니기에 그의 시각과 문체와 감수성이 우리에게 호소하는 바가 크다. 주변인으로써 바라보는 영국과 영국인에 대한 그의 관찰은 객관적일 수 있다. 그는 이 소설을 통해 집사란 직업은 영국인만이 할 수 있는 직업이라고 생각한다. 다른 나라에는 그 명칭이 어떻든 간에 하인manservants만이 존재할 뿐이다. 집사와는 달리 하인은 단지 주인이 시키는 일을 그대로 따르는 사람이다. 대륙인들은 집사가 될 수 없다. 왜냐하면 그들은 영국인만이 지니고 있는 감정의 절제를 지킬 수 없는 종족이기 때문이다. 대륙인들, 전반적으로 켈트족은 감정 통제력이 없어 전문가적인 품행을 유지하지 못한다. 그들은 아주 사소한 일에도 양복과 셔츠를 벗어던지고 소리를 지른다. 한 마디로 품위란 단어는 그들에게 어울리지 않는다. 이러한 점에서 영국인은 외국인에 비해 중요한 장점을 갖고 있고 감정의 절제가 필요한 집사의 역할을 훌륭히 소화해낼 수 있는 민족은 영국인밖에는 없다는 것이다.

이 소설은 부커상 수상작으로 전 세계 28개 국가의 언어로 번역되었고 영화로도 만들어졌다. 이 작품은 '잉글랜드적인 것'의 구성과 해체를 다룬다. 여기서 '잉글랜드적인 것'에는 전원적 잉글랜드의 예찬, 계급 간 차이에도 불구하고 위계질서 속의 조화, 영국 귀족(신사)의 도덕적 책무 강조, 그리고 영국인이 지니

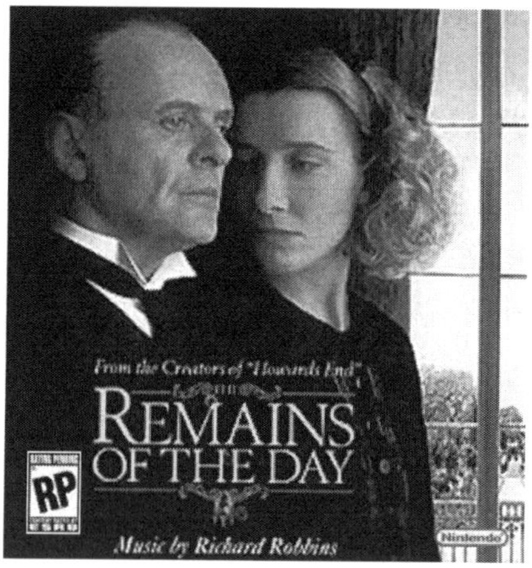

좌 *The Remains of the Day* (1989) by Kazuo Ishiguro
http://www.middlemiss.org/lit/bookcovers/remains.jpg
우 Film: 〈The Remains of the Day〉 by Kazuo Ishiguro

는 자기 통제력과 품위 등이 속한다.

한 권의 소설을 통해, 영국인의 정체성, 계급, 제국, 젠더 등의 다양한 문제들에 대해 생각해볼 수 있다. 이 소설은 영화로도 만들어져 영국 출신의 배우 앤소니 홉킨스와 엠마 톰슨의 명연기로 우리에게도 익숙하다. 원작과 영화를 비교해보는 것도 흥미를 더해준다. 이 소설은 비교적 쉽게 읽힌다. 정확한 영어 구사, 세밀한 묘사, 일본인 특유의 공손함과 정확성 등이 가독성을 높여준다. 일본인이 쓴 "가장 완벽한 영문소설"로 평가 받는 이 소설은 영어 독해력 향상에도 상당한 도움을 줄 것으로 판단된다. 문학 텍스트, 특히 소설은 다양한 어휘, 통사적 구조 및 문체를 접할 수 있는 좋은 기회를 제공한다.

Questions

1. 위 지문에서 언급하고 있는 영국인의 특징을 나타내는 단어 2개를 찾아보자.

2. manservants와 butlers 두 단어의 의미상의 차이는 무엇인가?

3. 오직 영국인만이 할 수 있는 직업으로 무엇이 언급되고 있는가?

4. Butler에게 요구되는 주된 덕목은 무엇인가?

Answers

1. emotional restraint: 감정의 절제, dignity: 품위
2. manservants는 주인이 시키는 일을 하는 말 그대로 '하인'을 의미하는 반면, butlers는 감정을 절제할 줄 알고 품위를 유지하며 전문가와 같은 품행을 보이는 '집사장'을 의미한다.
3. butlers: 집사/집사장
4. emotional restraint: 감정의 절제

2.1.4 냉정 Phlegm

영국인은 내면으로는 조소를 할지언정 겉으로는 항상 조용히 침착하게 대응

하는 냉정함이 있다. 영국인의 냉정함, 감정의 억제를 비유하는 것으로 라틴 민족은 뛰고 난 뒤 생각하고 독일인은 뛰기 전에 생각하고 영국인은 아예 뛸 생각도 않고 슬슬 걸어가면서 생각한다고 한다. 영국인과 대륙인의 기질을 비교한 유머로서 영국인은 위스키처럼 투명한 지성을 갖고 있고 프랑스인은 포도주처럼 달콤한 감성을 갖고 있으며 독일인은 맥주 거품처럼 끓어오르는 정열을 갖고 있다고 하며, 서너 명이 모이면 영국인은 클럽을 만들고 프랑스인은 혁명을 일으키고 독일인은 조직을 만든다고 한다. 예술 면에서 영국은 시, 독일은 음악, 프랑스는 미술, 이탈리아는 가곡, 러시아는 소설의 나라라고 한다.

2.1.5 프라이버시 존중 Privacy

"영국 사람의 집은 성이다.An Englishman's house is his castle."라는 속담이 있을 정도로 살고 있는 집에 대한 영국의 정성과 애정은 각별하며, 대체적으로 영국 사람은 아무에게도 쉽게 방문을 허용치 않는다. 개성이 강하고 독자적인 성격을 갖고 있으며 폐쇄적이고 배타적으로 쉽게 친해지기가 어렵다.

2.2 영국인의 특징

2.2.1 타민족 혐오증 Xenophobia[10)]

타민족 혐오증은 영국의 전 국민 스포츠이다. 영국의 가장 오래 지속되는 문화적 표현이다. 그에 대한 그럴듯한 이유가 있다. 900년 전 영국의 마지막 침입은 노르만인들에 의해 자행되었다. 그들은 정착해서 토착민들과 통합하려하였으나 실패했다. 그 당시 토착민들은 지금처럼 그들에게 극심한 멸시감을 표출했는데 그것은 단지 그들을 정복했기 때문만이 아니라 더 중요한 것은 그들이 외국에서 왔기 때문이었다. 본토의 영국인들은 외국인들, 다시 말해서 지구상의 모든 다른 민족(특히 프랑스인들)에게 예의 바르게 대하기는 하지만 단호히 무

10) 타민족 혐오증Xenophobia: 낯선 것 혹은 이방인이라는 의미의 'Xeno'와 싫어한다는 뜻의 'Phobia'가 합성된 말로서 '이방인에 대한 혐오현상'을 나타낸다. Xenophobia는 악의가 없는 상대방을 자기와 다르다는 이유만으로 무조건 경계하는 심리상태의 하나로 이는 자기과보호(과보호) 의식 때문에 일어나기도 하고 지나친 열등의식에 기인하기도 한다.

시한다.

Xenophobia is the English national sport－England's most enduring cultural expression. And there is a very good reason for that. Nine hundred years ago the last invasion of England was perpetrated by the Normans. They settled, tried to integrate themselves with the indigenous population and failed. The indigenous population then, as now, displayed an utter contempt for them not merely because they had conquered but more importantly because they had come from abroad. The real English deal with foreigners, every other nation on earth (expecially the French) with polite but firm disdain.

[Anthony Miall, *The Xenophobe's guide to the English* (1993)]

2.2.2 영국인의 눈에 비친 타 민족의 모습

영국인의 눈에 비친 타 민족의 모습은 다음과 같이 묘사된다. 아일랜드 인들은 기껏해야 별나고 최악으로는 완전히 미친 사람들로 간주된다. 웨일즈 인들은 정직하지 못하고, 스코틀랜드 인들은 시무룩하고 인색하다. 나머지 유럽 국가들 중 이태리 사람들은 신경질적이고 정직하지 못하며, 스페인 사람들은 게으르고 러시아 사람들은 침울하며, 스칸디나비아인들과 네덜란드, 벨기에, 스위스 사람들은 따분하다. 미국인들과 호주인 들은 저속하고 캐나다인들은 재미없으며 모든 동양인들은 속을 알 수 없는 위험한 사람들로 간주된다.

Englich Views on Foreigners

The Irish are perceived as being wildly eccentric at best, completely mad at worst. The Welsh are dishonest and the Scots are dour and mean. For the rest of Europe, as far as the English are concerned, the Italians are hysterical and dishonest; the Spanish, lazy; the Russians, gloomy; and the Scandinavians, dutch, Belgians and Swiss, dull. Americans and Australians are vulgar, Canadians are boring, and all oriental peoples inscrutable and dangerous.

[Anthony Maill, *The Xenophobe's guide to the English* (1993)]

2.2.3 타 민족의 눈에 비친 영국인의 모습

그러면 타 민족의 눈에 비친 영국인의 모습은 어떠한가? 타 민족에게 비친 영국인은 지적으로 불가해한 사람들이다. 그들은 감정을 거의 표출하지 않는다. 화를 내는데 늦다기보다는 아예 화를 내지 않을뿐더러 지나친 즐거움을 불편하게 생각하고 스스로 부정하듯 인생의 기쁨을 그저 스쳐 지나친다.

How Others See The English

To the outsiders the English are intellectually impenetrable. They express little emotion. They are not so much slow as stationary to anger and the pleasures of life seem to pass them by as they revel in discomfort and self-denial.

[Anthony Miall, *The Xenophobe's guide to the English* (1993)]

2.2.4 영국인의 눈에 비친 영국인의 모습

반면, 영국인들은 그들이 다른 어느 국민들보다 우수하다는 것을 그들만이 아니라 다른 국민들도 그렇게 생각한다고 믿는다. 그들은 자기들이 타고난 리더, 즉 '최고의 국가'를 위한 가장 명백한 선택이라고 자부한다. 다른 국가들에 대한 책임감을 깊이 인식하고 평생 동안 학교의 대표 학생처럼 행동한다. 약자들을 보호하고 자신감 없는 사람들에게 자신감을 불어넣어주고, 약자를 괴롭히는 사람들을 스스로 수치스럽게 느껴 항복하도록 설득하는 것이 그들의 엄숙한 의무라고 생각한다. 그들은 자국민이 지적, 인종적, 문화적으로 우월하다고 생각하는(착각하는) 경향, 즉 자민족 우월의식Ethnocentrism을 갖고 있다.

How They See Themselves

The English don't just believe themselves superior to all other nations. They also believe that all other nations secretly know that they are. They feel themselves to be natural leaders, the most obvious choice for 'top nation'. They are deeply aware of their responsibilities to others. These they take very seriously, which means that throughout life they act rather like head boys or head girls in school. They see it as their solemn duty to protect the weak, strengthen the faint-hearted and shame bullies into submission.

[Anthony Miall, *The Xenophobe's guide to the English* (1993)]

결론

영국인들의 성격, 특징을 정리해보면, 과거에 집착하며 보수적이고, 지나칠 정도로 감정을 억제하며 냉정하다. 개인의 사생활을 노출하기를 꺼려하며, 섬나라 근성으로 타 민족을 싫어하고 무시한다. 그러나 겉으로는 예의바르고 정중하다. 감정을 거의 표출하지 않고 화를 내지 않으며 속을 알 수 없다. 청교도 정신의 영향으로 쾌락을 삼가는 생활을 한다. 자신들이 가장 우수한 민족이라는 자국민 우월주의가 있어 세계를 리드하는 리더로서의 책임감을 갖는다. 영국인들은 감정의 절제와 품위를 중요한 덕목으로 생각한다.

학습평가

1. 다음 중 타 민족의 눈에 비친 영국인의 모습은 어느 것인가?
   a. emotional
   b. intellectually impenetrable
   c. indulging in pleasures
   d. vulgar

2. 영국인들이 자민족에 대해 생각하는 모습이 아닌 것은 어느 것인가?
   a. 자신들이 타고난 리더라고 생각한다.
   b. 다른 나라 국민들도 자신들을 최고의 리더라고 생각한다고 믿는다.
   c. 약자를 보호하고 자신감 없는 사람들에게 자신감을 불어넣어 주는 것이 자신들의 엄숙한 의무라고 생각한다.
   d. 자신들이 지적으로 불가해한 사람들이라고 생각한다.

3. Kazuo Ishiguro의 소설 *The Remains of the Day*에서 소개하는 영국인의 특성을 잘 보여주는 직업은 어느 것인가?
   a. manservant b. politician c. butler d. businessman

정답

1. b 2. d 3. c

자료출처

Miall, Anthony (1993) *The Xenophobe's Guide to the English*, Ravette Publishing.
Ishiguro, Kazuo (1989) *The Remains of the Day*, Faber and Faber, London.
Wikipedia, the free encyclopedia
http://www.google.com

03 | 영국인의 가치관 및 계급제도

View about the British and its Class System

고정관념 Stereotype
티타임 Tea Time
줄서기 Queueing
계급제도 Class System
상층계급 Upper Class
하층계급 Lower Class

서론

이번 장에서는 특정 민족에 따라붙는 고정관념stereotype에 대해 생각해보고, 영국인의 주된 가치관 및 행위에 관해 알아보겠다. 또한 영국의 계급제도에 초점을 맞추어 특히 사립학교 학생과 굴뚝 소제공의 대조적인 삶을 비교해본다.

3.1 영국인의 가치관

3.1.1 날씨 The Weather

> Should it hail and snow, should hurricane uproot the trees from the side of the road, and should someone remark to you: 'Nice day, isn't it?' — answer without hesitation: 'Isn't it lovely!'
>
> [Anthony Miall. *The Xenophobe's Guide to the English*(1993), p.28]

BBC Weather Man, Michael Fish
좌 http://neilperkin.typepad.com/only_dead_fish/images/2007/08/30/rain5.jpg
우 http://img.dailymail.co.uk/i/pix/2008/03_04/badweatherPA1_468x397.jpg

우박이나 눈이 오면, 태풍이 길 가에 있는 나무들을 뽑아낼 때, 그리고 누군가가 당신에게 '좋은 날씨죠, 그렇죠?'라고 물으면 주저하지 말고 '정말 좋군요!'라고 대답하라.

3.1.2 줄서기 문화

Queueing

An Englishman, even if he is alone, forms an orderly queue of one. At weekends an Englishman queues up at the bus stop, travels out to Richmond, queues up for a boat, then queues up for tea, then queues up for ice cream, then joins a few odd queues just for the fun of it, then queues up at the bus stop and has the time of his life.

For the English, queuing is a way of life. There were queues for everything. People would join one and then ask the person in front what the queue was for. And that is the secret of English queue-mania. Aliens [Foreigners] often fail to recognise a queue when they see one ("There is a queue, you know!"), or to join in and play the queue game nicely.

[Anthony Miall, *The Xenophobe's Guide to the English*(1993), p.28]

영국 사람은 혼자 있을 때조차 질서 정연하게 줄을 선다. 주말에는 버스 정류장에서 줄을 서서 버스를 기다리고 리치몬드로 가서 보트를 타기 위해 줄을 선다. 그리고 차를 마시기 위해 줄을 서고 아이스크림을 사먹기 위해 줄을 서고 단지 그 자체를 즐기기 위해 또 몇몇 이상한 줄서기에 동참한다. 그러고는 또 버스 정류장에 돌아와 줄을 서며 그들의 생활을 줄서기와 함께 한다.

영국 사람들에게 줄서기는 삶의 방식이다. 모든 것을 위해 줄을 선다. 사람들은 줄서기에 동참하고 나서 앞 사람에게 무엇을 위한 줄인지 묻는다. 그것이 영국의 줄서기 광의 비밀이다. 외국인들은 흔히 줄을 보았을 때 인식하지 못하는 경우도 있고, 또는 동참해서 줄서기를 훌륭하게 행하는 경우도 있다.

좌 http://t0.gstatic.com/images?q=tbn:N6blc4RAwy05tM:http://www.ac-nancy-metz.fr/enseign/anglais/Henry/bus-queue.jpg
우 http://www.fotothing.com/photos/1a1/1a1fccd052d4d0207b1976b0ac49c451.jpg

3.1.3 애완동물 Pets

A cat and dog, the two most popular animals kept as pets.

If you go out for a walk with a friend, don't say a word for hours; if you go out for a walk with your dog, keep chatting to him.

[Anthony Miall, *The Xenophobe's Guide to the English*(1993), p.28]

http://upload.wikimedia.org/wikipedia/commons/thumb/7/79/Trillium_Poncho_cat_dog.jpg/180px-Trillium_Poncho_cat_dog.jpg

만약 당신이 친구와 함께 산책을 나가면 몇 시간 동안 한마디도 하지 않을 수도 있지만, 당신의 개와 함께 산책을 나가면 개에게 계속 말을 건다.

3.1.4 성 Sex

Hot-water bottles

Continental people have a sex life; the English have hot-water bottles.

[Anthony Miall, *The Xenophobe's Guide to the English*(1993), p.28]

대륙 사람들은 성생활을 하지만 영국 사람들은 뜨거운 물주머니를 끼고 잔다.

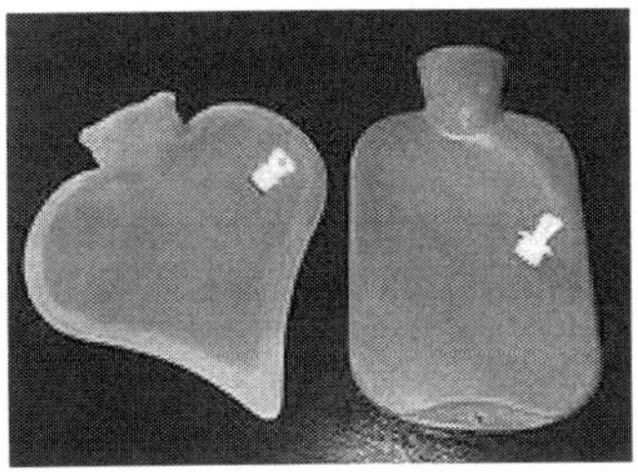

Two modern hot water bottles shown with their stoppers
http://upload.wikimedia.org/wikipedia/commons/thumb/4/4b/W%C3%A4rmflasche1.jpg/180px-W%C3%A4rmflasche1.jpg

3.1.5 차 문화 Tea time

한 잔의 홍차에서 마음의 평안과 여유를 느끼며 따뜻한 가슴으로 생활의 미를 연출하는 영국의 티타임은 하루에 다섯 번 정도 있다. 아침에 일어나 남편이 사랑하는 아내를 위해 준비하는 티타임을 Early Morning Tea라고 한다. 상쾌한 아침을 열어주는 티타임이다. 아침식사와 함께 마시는 차를 Breakfast Tea라고 하는데 실론이나 아삼 홍차를 주로 이용한다. 부담되지 않으면서도 깔끔한 홍차에 밀크를 타서 마시는 부담되지 않는 차이다. 오전중의 가사일 중간에 한숨을 돌리며 마시는 티타임을 Elevenses라고 하는데 티타임 중 가장 가벼운 티타임이다. 과자도 가볍게 곁들여 단시간 내에 즐긴다. 영국인들이 가장 즐기는, 그리고 잘 알려진 티타임으로 Afternoon Tea가 있는데 이 시간은 귀족문화를 기반으로 발전된 만큼 화려하고 푸짐한 티 푸드가 곁들여지는 사교시간이다. 주부들은 이 시간을 이용해 사람을 초대하는데, 테이블 세팅과 과자의 선택에도 세심한 주의를 기울인다. 저녁식사 메뉴 속에 차가 있어 음식과 차가 차려진 식탁에 둘러 앉아 정겨운 잡담과 함께 즐기는 High Tea가 있다. 이 티타임은 노동계층에서 점진적으로 발전되어 모든 계층에 대중화된 티타임이다. 그리고 저녁식사를 한 후, 여유롭고 편안하게 앉아 휴식을 취하며 도란도란 이야기꽃을 피우는 티타임으로 After Dinner Tea가 있다. 초콜릿, 쿠키 등 달콤한 티 푸드를 곁들이기도 하고, 위스키나 브랜디 등을 첨가해 마시기도 한다.

A cup of tea
http://upload.wikimedia.org/wikipedia/commons/thumb/f/fc/Meissen-teacup_pinkrose01.jpg/180px-

A Nice Cup of Tea

The English constitution merely demands tea. In moments of crisis, as a remedy for shock or just at a social gathering someone will suggest tea. It is probably their only addiction.

First, the teapot has to be heated. The tea, once made, has to be left to 'stand' and 'brew.' Cold milk is poured into the bottom of each cup and then tea is added either with the addition of water or, more normally neat and strong.

Among the upper classes, China tea is considered smarter. Preparation rituals are similar, but milk is always added after the tea if it is taken at all. A slice of lemon is often substituted. Sugar goes in last.

Tea became the national drink of Great Britain and Ireland. There are some occasions when you must not refuse a cup of tea. If you are invited to an English home at early morning, you have to declare with your best smile: 'Thank you so much. I do adore a cup of early morning tea, especially early in the morning.' If you are left alone with liquid, you may pour it down the washbasin.

Then you have tea for breakfast; then you have tea at eleven o'clock in the morning; then after lunch; then you have tea for tea; then after supper; and again at eleven o'clock at night.

[Anthony Miall, *The Xenophobe's Guide to the English*(1993), p.34]

영국 법은 그저 차를 요구한다. 위기의 순간에 충격에 대한 치료제로 또는 사교모임에서 누군가 차를 접대할 것이다. 그것은 아마도 그들의 유일한 중독이다.

먼저, 차 주전자가 데워져야만 한다. 일단 준비가 되면, 찻잎을 넣고 끓여야 한다. 차가운 우유를 컵 바닥에 붓고 그 다음 물을 추가하여 차를 따르거나 또는 보통 좀 더 깔끔하고 강하게 마시려면 (물을 추가하지 않고) 차만 따른다.

상류 계층 사이에서는 중국차가 좀 더 고급스러운 것으로 여겨진다. 준비 절차는 유사하지만 우유를 넣을 경우 차를 먼저 부은 다음에 넣는다. 흔히 우유 대신 레몬조각으로 대체하기도 한다. 설탕을 마지막에 넣는다.

차는 영국과 아일랜드의 전 국민 음료가 되었다. 차 한 잔을 거절해선 안 되는 몇몇 경우들이 있다. 만약 당신이 아침 일찍 영국인의 집에 초대받는다면, 활짝 웃으며 '감사합니다. 저는 아침 일찍 차 마시는 것을 무척 좋아합니다. 특히 아침 일찍이요.'하고 말해야만 한다. 그리고 혼자 있게 되면 차를 살짝 세면기에 버릴 수 있을 것이다. 그러고는 아침 식사할 때 차를 마시고, 오전 11시에 차를 마시고, 점심 후에 마시고, 티타임 때(오후 4시경) 마시고, 저녁 식사 후에 마시고, 또다시 밤 11시에 차를 마신다.

3.2 영국의 계급제도

이튼은 '귀족'을 자임하는 사람들의 자제들이 많이 다니는 학교다. 아직도 귀족들의 말투나 생활습관을 조금씩 흉내 내는 것이 전통으로 남아 있다. 쉽게 해도 될 얘기를 좀 길게 말하고, 우리나라의 어려운 한자어처럼 영문학 책에서나 볼 수 있는 라틴어를 많이 섞어 쓰는 것이 학생과 교사들의 특징이다. 자신들의 정체성을 좀 더 나타내려고 노력한다. 이들의 일상 회화 몇 가지를 살펴보면, 이튼 말투와 일반적인 표현을 비교해 볼 수 있다. 다음의 문장 중 •는 이튼 말투이고, ○는 일반적인 표현이다.

친구 집 어머니에게 말을 할 때

- • I dare say, a cup of tea will be marvelous. (외람되지만, 차 한 잔주시면 제겐 굉장한 일이 될 겁니다)
- ○ May I have some tea, please?(차 한 잔주시겠습니까?)
- * 말을 공손히 꺼낼 때 쓰는 이튼 학생들의 말로 indeed, I suppose, I suppose chaps, m'dear('저~'에 해당) 등이 있다.

좌 영국 상층계급의 상징: Public School Boys at Eton College
ttp://www.donga.com/docs/news/img/200205/200205230126-2.jpg
우 템스 강변에서 노를 저으며 배를 타는 것도 이튼 학생들의 중요한 취미활동이다.
http://www.donga.com/photo/news/200205/ 200205230126.jpg

룸메이트들끼리 잡담을 할 때

- I found Britney's singing absolutely outstanding, *ergo*, I bought her CD. (난 브리트니 스피어스의 노래가 굉장히 좋다는 걸 알았어, 그래서 그녀의 CD를 샀지)

○ therefore (그러므로)

- I found his *dictum* rather offensive. (그 애가 말한 것은 좀 거칠지 않니?)

○ saying (말한 것)

- England football team will be *invicta*! (잉글랜드 축구팀은 아무도 못 이길 거야!)

○ unconquerable (아무도 못 이기는)

- I got *bummed out*! (아, 열 받네!)

○ I got angry (나는 화가 나).

* ergo, dictum, invicta는 라틴어이다.

여학교 학생들이 참가한 디너파티에서

- It is so lovely to meet you! (만나게 돼서 이렇게 기쁠 수가!)

○ Hi! (안녕!)

- She's my *birdage*. (그녀는 나의 여자 친구야)

○ girl friend

3.2.1 영국 상층계급의 특징

영국 사립학교(퍼블릭 스쿨)의 대명사, 이튼 칼리지에 다니는 학생들은 특권층 출신으로 신사인 척하고, 외부세계와 단절된 채, 지배계급으로 성장한다. 다음의 지문을 읽어보자.

A Public School Boy at Eton College

About Eton College

Eton College is the top public school for boys in the United Kingdom. The unusual title 'public' means exactly the opposite of what it says, for most children cannot go to this type of school. The **fees** for public schools are so high that only very few people can **afford to** send their children there. Private education of this kind exists in no other country on the same scale.

A schoolboy at Eton — Nick Harrington

I know I should feel privileged being here at Eton. It's costing my father a **fortune** in fees, as he keeps telling me. But actually, I think it can be a handicap in life to go to a school like Eton. People think we're arrogant and **snobbish**, with no brains or talent.

All right, so I'm not particularly **brainy**. I'm not **the academic type**. I don't want to go to university. I want to be a musician. At the moment I'm making **a 'demo' tape** to send round to record companies and it's really annoying **my old man**.

Nick Harrington is eighteen and in his final year at Eton College. He's taking three **A-levels** this summer in Maths, Physics and Computer Studies. However, his teachers are not happy with his work. They think he's spending too much time playing his guitar and reading music magazines. Nick has his own room at Eton where he sleeps and studies. He goes home for the weekend twice **a term** but otherwise doesn't get much freedom.

We're allowed to go into town in the afternoons but we're not supposed to go into **pubs**. And we're certainly not allowed out of school after six o'clock in the evening. Last term the headmaster sent two boys home for a week because they met some girls in a pub. I think that's **ridiculous**. Anyway, I don't really care any more. I'm leaving school at the end of term and then I can do what I like.

[Brian Abbs & Ingrid Freebairn, *Blueprint*(1994), p.8]

단어설명

fees 등록금, 수업료
can afford to ~ ~할 형편이 되는
costing my father a fortune 아버지한테 돈이 많이 든다.
snobbish 신사 티를 내는
brainy intelligent, clever
the academic type 학구파
a 'demo' tape demonstration tape. (능력을 측정받기 위해 자신이 연주한 곡을 수록한) 데모 테이프.
a pub 선술집, 대중들이 드나드는 public house의 줄임말.
ridiculous 웃기는, 말도 안 되는
my old man (구어) father
A-level test 영국의 대학입학 고사, Advanced-level test.
term 학기, 예) spring term, summer term, autumn term

해석

이튼 칼리지 학생

이튼 칼리지에 대해서

이튼 칼리지는 영국에서 남학생을 위한 최상의 사립학교이다. '일반의/대중의'라는 특이한 이름은 그 단어가 나타내는 의미와 정반대를 의미한다. 왜냐하면 대부분의 아이들이 이런 유형의 학교에 갈 수 없기 때문이다. 사립학교의 학비는 너무 비싸 소수의 사람들만 자신의 아이들을 그곳에 보낼 수 있다. 이러한 종류의 사립학교는 어느 다른 나라에도 같은 규모로는 없다.

제가 이곳 이튼에 다닌다는 것만으로도 특권이라는 것을 느껴야만 한다는 것을 알아요. 아버지가 항상 제게 말하듯 수업료로 상당한 돈을 내야 되니까요. 그러나 실제로 저는 이튼과 같은 학교에 가는 것이 인생에서의 걸림돌이 될 수 있다고 생각해요. 사람들은 우리가 머리도 없고 재능도 없이 거만하고 속물적이라고 생각하죠.

맞아요, 저는 특별히 머리가 좋지 않아요. 학구적 타입도 아니구요. 저는 대학교에 가고 싶지 않아요. 음악가가 되고 싶어요. 지금 저는 레코드 회사에 보내기 위한 데모 테이프를 준비 중에 있어요. 그것이 아버지를 정말로 화나게 하고 있구요.

닉 해링톤은 18세로 이튼 칼리지에서 마지막 학년이다. 그는 이번 여름 수학, 물리학, 컴퓨터 학으로 3개의 A-level 시험을 치를 것이다. 그러나 선생들은 그의 성적에 만족스럽지 않다. 그들은 그가 기타 연습과 음악 잡지를 읽는데 너무 많은 시간을 보내고 있다고 생각한다. 닉은 이튼에서 자고 공부하는 자기만의 방을 갖고 있다. 한 학기에 두 번씩 주말에 집에 간다. 그러나 그렇지 않아도 충분한 자유를 얻지 못한다.

우리는 오후에 시내에 나갈 수 있지만 펍에는 가선 안 돼요. 그리고 저녁 6시 이후에는 학교를 나갈 수 없어요. 지난 학기에 교장선생님이 두 학생이 펍에서 여자애들을 만났다고 일주일 동안 그 아이들을 집으로 보냈죠. 저는 그것은 말도 안 된다고 생각해요. 어쨌든 저는 더 이상 관심 없어요. 저는 이번 학기말에 학교를 떠날 거예요. 그러면 제가 좋아하는 것을 할 수 있어요.

Question

위의 글 "A Public School Boy at Eton College"에서 Nick Harrington이 하고 싶은 일은 무엇인가? 부친과의 갈등의 원인은 무엇 때문인가?

3.2.2 영국 하층계급의 특징

다음 윌리엄 블레이크의 시를 읽고 영국 하층계급의 삶에 대해 생각해보자.

"The Chimney Sweeper"

by William Blake (1757–1827)

When my mother died I was very young,
And my Father sold me while yet my tongue
Could scarcely cry "weep! weep! weep!"
So your chimneys I sweep, and in soot I sleep.

There's little Tom Dacre, who cried when his head,
That curled like a lamb's back, was shaved: so I said,
"Hush, Tom! never mind it, for when your head's bare
You know that the soot cannot spoil your white hair."

And so he was quiet, and that very night,
As Tom was asleeping, he had such a sight!
That thousands of sweepers, Dick, Joe, Ned, and Jack,
Were all of them locked up in coffin of black.

And by came an Angel who had a bright key,
And he opened the coffins and set them all free;
Then down a green plain leaping, laughing, they run,
And wash in a river, and shine in the sun.

Then naked and white, all their bags left behind,
They rise upon clouds and sport in the wind;
And the Angel told Tom, if he'd be a good boy,

He'd have God for his father, and never want joy.

And so Tom awoke; and we rose in the dark,
And got with our bags and our brushes to work.
Though the morning was cold, Tom was happy and warm;
So if all do their duty, they need not fear harm.

영국 하층계급의 상징, The Homeless

해석

「굴뚝 청소부」

윌리엄 블레이크

나의 어머니가 죽었을 때 나는 매우 어렸답니다.
그리고 나의 아버지는 내가 제대로
말을 하지 못했을 때 절 팔았습니다.
그래서 여러분의 굴뚝들을 내가 청소하고 나는 숯 더미 위에서 잠을 잔답니다.
제 친구 중에 양들의 등처럼 곱슬거리는 머리가 깎여져서 울고 있는 어린 Tom

Dacre가 있었답니다. 그래서 나는 말했죠.
"조용히 해, Tom! 신경 쓰지 마, 네 머리카락을 다 밀었기 때문에 너도 알다시피 숯 더미들이 너의 하얀 머리를 망치지 않을 거야"라고…

그러자 그는 조용해졌어요. 그리고 그날 밤
Tom이 잠들었을 때 그는 수천 명의 소제부 Dick, Joe Ned와 Jack 모두가 검정색 관에 갇혀 있는 그러한 광경을 보았답니다.
그리고 번쩍거리는 열쇠를 지닌 천사가 와서 관들을 열어 그 소제공들을 모두 자유롭게 해주었답니다.
초록색의 풀밭에 내려온 그들은 뛰면서 웃고 달리며 놀고
강에서 씻으며 햇볕에서 몸을 말렸답니다.

모두들 그들의 작업용 가방을 뒤에다 놓은 채 하얗게 발가벗었답니다.
그들은 구름 위로 올라가 바람을 타고 놀았답니다.
그리고 천사가 Tom에게 만일 그가 착한 소년이 되고 싶다면
신을 그의 아버지로 섬기면 결코 즐거움에 부족함이 없으리라 말했답니다.

그리고 Tom은 잠에서 깨었고 우리는 어두움 속에서 일어났답니다.
우리의 작업용 가방과 일하기 위해 솔들도 챙겼답니다.
그 날 아침은 추웠지만 Tom은 행복하고 따뜻했답니다.
만일 모두가 그들의 의무를 다한다면 그들은 불행을 무서워 할 필요가 없거든요.

Question

굴뚝 청소부의 삶과 블레이크 생존 당시의 영국의 사회상에 대해 알아보자.

3.3 팝송 듣기: "Englishman In New York" (sung by Sting)

「뉴욕의 영국인」

낯선 곳에서 남의 눈을 개의치 않고 홀로 이방인으로 살아가는 당당한 영국인을 묘사하고 있는 노래이다. 커피 대신 차를 마시고, 주위 사람들과 억양이 다르고, 빵도 다른 방식으로 먹고, 지팡이도 들고 다니며 튀는 행동을 하지만, 여유 만만한 합법적인 이방인은 다름 아닌 영국인이다. 그를 통해 영국(인) 문화의 특징을 접할 수 있다. 다음 노래에서 영국문화와 영국성Englishness을 나타내는 문장들을 찾아보자.

Sting
http://upload.wikimedia.org/wikipedia/commons/thumb/c/cc/Sting_ThePolice_2007.jpg/180px-Sting_ThePolice_2007.jpg

"An Englishman in New York"

by Sting

I don't drink coffee I take tea my dear
I like my toast done on the side
You can hear it in my accent when I talk
I'm an Englishman in New York

See me walking down Fifth Avenue
A walking cane here at my side
I take it everywhere I walk
I'm an Englishman in New York

I'm an alien, I'm a legal alien
I'm an Englishman in New York
I'm an alien, I'm a legal alien
I'm an Englishman in New York

If manners make the man
as someone said
Then he's the hero of the day
It takes a man to suffer
ignorance and smile
Be yourself no matter what they say

I'm an alien, I'm a legal alien
I'm an Englishman in New York
I'm an alien, I'm a legal alien
I'm an Englishman in New York

Modesty, propriety can lead to notoriety
You could end up as the only one
Gentleness, sobriety
are rare in this society
At night a candle's brighter than the sun

Takes more than combat gear
to make a man
Takes more than a license for a gun
Confront your enemies
Avoid them when you can
A gentleman will walk but never run
If manners make the man

as someone said
Then he's the hero of the day
It takes a man to suffer
ignorance and smile
Be yourself no matter what they say

I'm an alien, I'm a legal alien
I'm an Englishman in New York
I'm an alien, I'm a legal alien
I'm an Englishman in New York

해석

「뉴욕의 영국인」

스팅

난 커피 대신 차를 마시고
한쪽만 구운 토스트를 좋아해요
내가 말을 하면 억양을 들을 수 있어요
난 뉴욕에 살지만 영국인이니까요

옆에 지팡이를 끼고
5번가를 걷는 날 볼 수 있을 거예요
어딜 가나 지팡이를 가지고 다니거든요
난 뉴욕의 영국인이니까요

난 이방인, 합법적인 이방인
난 뉴욕의 영국인이에요
난 이방인, 합법적인 이방인
난 뉴욕의 영국인이에요

누군가의 말처럼 예의가 있어야 신사라면
내가 바로 그 주인공이 될 거예요
모욕을 참고 웃음을 보내는 건
신사만이 할 수 있어요
사람들이 무슨 말을 하든지
냉정을 유지해야 해요

난 이방인, 합법적인 이방인
난 뉴욕의 영국인이에요
난 이방인, 합법적인 이방인
난 뉴욕의 영국인이에요

정숙과 예의 때문에 악평이 날 수도 있죠
혼자만 품위 있는 사람으로 끝날 수 있어요
이 사회에서 친절과 근엄은 흔치 않아요
그래서 밤에는 태양보다
촛불이 더 밝게 빛나는 법이에요

남자가 되기 위해 필요한 건
전투복이 전부가 아니에요
허가만 있다고 총을 찰 수 있는 건 아니죠
당신의 상대에게 당당하게 맞서되
될 수 있는 한 피하세요
신사는 걸을 뿐 절대로 뛰지 않아요

누군가의 말처럼 예의가 있어야 신사라면
내가 바로 그 주인공이 될 거예요
모욕을 참고 웃음을 보내는 건
신사만이 할 수 있어요
사람들이 무슨 말을 하든지

냉정을 유지해야 해요
난 이방인, 합법적인 이방인
난 뉴욕의 영국인이에요
난 이방인, 합법적인 이방인
난 뉴욕의 영국인이에요

"An Englishman in New York"은 스팅Sting의 1987년 앨범 『Nothing Like the Sun』에 수록된 곡이다. 그는 영국인 친구 Quentin Crisp를 위해 이 곡을 만들었다고 한다. 영국의 작가이자 배우였던 Quentin Crisp는 게이에 대한 거부감이 강했던 1940~50년대에 '커밍아웃'을 한 후 게이의 아이콘으로 되었다. Quentin은 70세가 넘어서 뉴욕으로 이주했지만, 뉴요커가 아닌 뉴욕의 영국인(이방인)이 되었다. 뮤직비디오에 등장하는 노인(할머니가 아니다!)이 Quentin Crisp이다. 스팅이 Quentin이 살고 있던 뉴욕의 한 아파트를 방문했을 때 스팅은 Quentin한테서 동성애를 혐오하는 영국에서의 그의 삶에 관해 듣는다. 그한테서 충격과 매력을 동시에 느낀 스팅은 "An Englishman in New York"을 작곡하기로 결심했다고 한다. "When in Rome, do as the Romans do"라는 말이 있지만, Quentin은 미국사회 내에서 영국식을 고수한다. 즉 미국문화에 동화되는 것을 거부한다. 한 영국인의 자국문화에 대한 긍지와 자부심이 느껴진다.

결론

이번 장에서는 영국인들의 가치관 및 영국의 계급제도에 대해 살펴보았다. 영국인이 즐겨 사용하는 아침인사는 "(아주) 좋은 아침이군요! 좋은 날씨죠, 그렇죠? (Very) good morning (to you)! It's a lovely day, isn't it?"이다. 반면, 독일인들의 아침인사는 "(밤새) 안녕하세요! Aufwiedersehen (= See you again; 다시 만납시다)"이다. 영국인들이 특히 날씨에 민감한 이유는 형편없는 날씨와 밀접한 관련이 있다. 영국인들은 극장, 은행, 역, 버스정류장, 우체국, 거의 모든 곳에서 차례로 줄을 선다. 인간관계에 어느 정도 거리를 두는 영국인들은 개나 고양이와 같은 애완동물들을 기르며 정을 주고 외로움을 달랜다. 영국인들의 집은 크다. 난방으로 그 큰 집을 따뜻하게 하기가 충분하지 않아서 보통 잠을 잘 때 보온용 고무물주머니을 끼고 잔다. 영국인이 가장 선호하는 음료는 차Tea이다. 일반적으로 오전과 오후 하루 두 번 티타임을 갖지만 많게는 6번씩 갖는 사람도 있다. 영국은 철저한 계급사회로 이루어져 있으며, Eton College는 영국 사립학교public school의 대명사로 상류층 자제들이 다니는 학교이다. William Blake의 시 "**The Chimney Sweeper**"는 영국 노동계층의 고단한 삶을 묘사하며, 19세기 영국의 사회악을 고발한다.

자료출처

Abbs, Brian & Ingrid Freebairn (1994) *Blueprint*, Intermediate, Longman.

Miall, Anthony (1993) *The Xenophobe's Guide to the English*, Ravette Publishing.

William Blake's poem, *The Chimney Sweeper*

Sting's Englishman In New York

http://www.youtube.com/watch?v=BMXCPANHeYM&feature=fvst

Wikipedia, the free encyclopedia

http://www.google.com

04 | 귀족 마인드 읽기

노블레스 오블리주 Noblesse Oblige
후원제도 Patronage
세습귀족 Hereditary Peerage
종신귀족 Life Peerage
지주계층 Gentry
품격 dignity
고매한 천성 noble instincts

서론

이번 장에서는 영국의 귀족문화를 통해 귀족의 마인드와 가치관을 엿본다. 특히 노블레스 오블리주Noblesse Oblige정신과 후원제도Patronage에 대해서 살펴본다.

노블레스 오블리주란 노블레스(명예)+오블리주(의무)란 단어가 합쳐진 프랑스어로 '가진 자의 도덕적 의무'를 의미하는 말이다. 간단히 말하면 사회 지도층의 도덕적 의무를 뜻한다. 사회로부터 정당한 대접을 받기 위해서는 자신이 누리는 명예만큼 의무를 다 해야 한다는 의미이다. 귀족의 역사가 긴 유럽 사회에서 귀족이나 상류층으로 정당하게 대접받기 위해 가져야 했던 '귀족의 의무'이다. 전쟁이 나면 귀족들이 위험을 무릅쓰고 싸움터에 앞장서서 나가는 기사도 정신도 여기에 바탕을 두고 있다.

고대 로마에서는 병역의 의무가 지도층을 중심으로 부과되어 있었고 서민층은 오히려 병역의 의무가 없었다. 로마 귀족의 절제된 행동과 납세의 의무를 다하는 모범적 생활은 평민들에게 귀감을 주며 국가천년을 지탱하는데 초석이 되었으며 또 그들은 전쟁이 일어나자 국가에 사재를 헌납하고 솔선수범하여 전장에 나가 피를 흘리며 싸우는 것을 영광으로 생각했다. 영국과 아르헨티나의 전쟁 시 영국의 왕자 앤드류는 헬기 조종사로 전쟁에 참여하여 많은 사람을 대신하여 죽을 수 있다는 지도층의 책임감을 보여주었다.

소설 속에 나타난 영국 귀족의 솔선수범 정신과 고매한 천성에 대해 이해하고, 르네상스 시대의 이탈리아 메디치 가문의 예술인 후원제도를 통해 귀족의 마인드를 살펴보자.

본론

4.1 영국 귀족

영국 귀족문화는 내구성이 강한 브랜드가 되었다. 이것은 하루아침에 만들어진 것도 사라지는 것도 아니다. 프랑스에서는 1848년 대혁명 후에 그리고 러시아에서는 1917-1918년 볼셰비키 혁명 후에 각각 귀족제도가 폐지되었다. 미국의 경우에도 1776년 독립혁명으로 인하여 시민의 자유와 평등의 권리가 존중되면서 귀족제도가 들어서질 못했다.

이와는 달리 영국에는 21세기에 낡은 전통으로 보이는 군주제와 귀족제도가 여전히 존속한다. 물론, 여왕에 예속된 '신민'이 아니라 자유로운 '시민'이 되기를 원하는 영국인들도 상당수 있다. 하지만 산업혁명을 제외하곤 화끈한 혁명이 한 번도 없었던 나라에서 귀족제도를 철폐하는 급진적 변화가 일어날 가능성은 아주 적어 보인다. 영국 귀족은 정치에 관여하지 않고 군림하지 않는다. 따라서 존경의 대상이 된다. 그렇다면 영국 귀족의 마인드와 라이프스타일 및 문화의 특징은 무엇인가?

케임브리지에서 가장 유명한 칼리지인 트리니티 칼리지는 뉴턴과 바이런, 베이컨 등 다수의 기라성 같은 위인들을 배출한 학교다. 우리는 이들의 동상을 그 학교 채플에서 만날 수 있다. 이 채플의 벽에 빽빽하게 사람들의 이름이 적혀있다. 이 명단은 바로 1, 2차 세계대전에서 전사한 학생들 명단이다. 20세기 초에 영국 귀족들 대부분은 옥스브리지Ox(ford)+(Cam)bridge 출신이었다. 특히, 트리니티 칼리지 학생은 대부분 귀족층 자제였다. 이들은 전쟁이 나자 모두 자원해서 참전해 국가에 목숨을 바쳤다. 이것이 바로 '귀족 정신'이다.

4.1.1 영국 귀족의 종류와 호칭

오늘날 영국에는 세습귀족과 종신귀족이 있다. 세습귀족은 문자 그대로 작위를 세습하는 고전적인 의미의 진짜 귀족이다. 조상을 잘 만나 운 좋게 귀족의 지위를 이어받는 경우이다. 현재 영국에는 1,200여 명 정도의 세습귀족이 존재한다. 호칭은 여왕의 남편 및 왕과 아주 가까운 혈족에 수여되는 공작Duke으로부터 후작Marquess, 백작Earl, 자작Viscount, 남작Baron or Lord으로 이루어진다.

반면, 종신귀족은 자신의 노력과 공적으로 귀족이 된 사람으로서 자신이 죽을 때까지만 한시적으로 귀족신분을 유지한다. 즉, 세습귀족을 잘 보필하거나 자신의 직업분야에서 '두드러진distinguished' 업적을 이룬 사람들에게 수여 된다. 종신귀족은 엄밀히 말해서 정통귀족(세습귀족)이 아니지만, 세습이 아닌 자신의 노력으로 칭호를 얻었다는 사실에 대해 대단한 자부심을 지닌다. 종신귀족에는 준남작Baronet(대처 전 수상은 여 남작Baroness이란 칭호를 받았다), 기사Knight, 경Sir(처칠 전 영국수상, 레이건 전 미국대통령, 배우 로렌스 올리비에, 가수 폴 메카트니 등은 여왕으로부터 경Sir라는 칭호를 받았다) 등의 호칭이 수여된다. 여자의 경우에는 데임Dame이란 칭호가 수여된다.

종신귀족은 1958년부터 생겨났는데, 이 제도가 만들어진 가장 큰 이유는 극소수에 불과한 세습 귀족으로 이루어져 다소 위축된 상원의 숫자를 늘리기 위함이었다. 영국에서 세습 귀족의 수는 제1차 세계대전과 제2차 세계대전을 거치면서 급격히 줄어들었다. 귀족 자제들이 모두 전쟁터에 나가 죽어버렸기 때문이다. 처음엔 그렇게 상징적으로 시작했지만, 이제 이 작위는 단지 기분 문제가 아니게 되었다. 최근 세습귀족의 상원의원 자격 자동 취득권이 박탈되었기 때문이다. 영국에서 상원은 어느 정도 권한을 갖고 있다. 최소한 하원에서 의결된 사항을 1년 정도 미룰 수 있을 만큼의 힘이 있다. 이제 각계각층의 전문가들로 국정에 참여해 실력을 발휘할 수 있는 종신귀족들이 의회에서 직능 대표제를 구현할 수 있는 발판이 마련되었다. 종신 귀족은 세습할 수 없고, 본인에게만 그 작위가 주어지긴 하지만, 귀족의 나라 영국에서 새로이 만들어 낸 귀족 체계이므로 이거야 말로 '신귀족'이라고 정의할 수 있다.

지주계층Gentry은 영국에서 귀족으로서의 위계는 없었으나 가문휘장의 사용을 허용 받은 자유민을 이른다. 그러나 역사적인 개념으로는 요먼 이상, 귀족이하의 토지 소유자, 즉, 부유한 차지농과 법률가, 성직자, 개업 의사 등 전문적인 직업을 가진 자 및 부유한 상인 등을 핵심으로 한 중산계급의 상부 층을 말한다. 그들은 비교적 부유하고, 높은 학식을 갖추었고 또한 아주 중요한 것으로 그들은 명품을 애용한다. 이러한 지주계층은 16세기 이후 중산 농민인 요먼yeoman의 희생 및 귀족계급의 몰락의 결과로서 발생, 영국사상 거의 지배적인 지위를 확립했으며 그 패권은 20세기 초두까지 이르렀다. 이 계층은 영국의 자본주의와 사회발전에 있어 그 근간을 이루었으며, 영국사의 모든 국면에 걸쳐 그 각인을 남기고 있다. 윈스턴 처칠도 이 계층에 속한다.

전형적인 영국신사란 "고결하고, 정직하고, 심성이 곧으며, 감정을 절제할 줄 아는 사람"을 의미한다. 귀족의 진정한 자산은 음모와 배신이 아닌 선함과 정의로 무장된 고매한 천성noble instincts이다. 품격dignity이란 번지르르한 외양도 신이 내려준 선물도 아닌, 자신의 노력에 의해 본분을 다하려는 마음가짐의 총체적 표현이다.

4.1.2 영국 귀족의 가치관과 색깔

귀족은 평민들이 갖지 못한 부와 재산과 혈통을 소유한 특권계층이다. 필수품으로 저택(장원)Manor 혹은 성Castle, 말, 책을 소유한다. 의식주 차원에서만 보더라도 귀족은 평민과 확연히 다르다. 귀족은 실용성과 품위를 겸비한 옷을 입고, 식사 테이블에서 은제품을 사용하며, 공원과 정원이 딸린 곳에서 승마와 여우사냥을 즐긴다. 귀족은 육체노동을 하지 않아 흰 피부에 푸른 혈관이 돋보여 이른바 '푸른 피'blue blood라고 불리기도 한다. 그러나 그들은 가문의 재산을 보호하고 세습하는데 철저한 의무감에 사로잡혀 있다. 귀족 남성은 절제를, 귀족 부인은 관용을 덕목으로 삼는다.

귀족은 대중 앞에서 감정 표현을 자제하는 능력이 뛰어나다. 감정의 완벽한 통제와 슬픔 속에서도 위엄dignity을 지니는 것은 영국 왕족, 귀족, 하이클래스의 공통점이다. 그렇게 하도록 어려서부터 교육과 훈련을 받으며, 퍼블릭 스쿨 학생들은 기숙사 생활을 통해 홀로서기를 배운다. 이들은 고독 속에서 인내심과 결단력을 기르며 지배계층으로 성장한다. 영국이 해외 식민지를 경영하던 시절에 영국인 식민지 통치관은 타 인종 앞에서 결코 냉정함과 침착성을 잃지 않는 모습을 보였다. 감정표현을 자제하고 위엄을 지니며, 냉정함과 침착성을 잃지 않는다.

귀족은 자선사업과 사회봉사에 적극적으로 관여하며, 국왕과 국가가 위기에 처했을 때는 생명의 위험을 무릅쓰고 솔선수범을 보인다. 이들은 후원제도와 노블레스 오블리주를 적극 실천하여 대중으로부터 존경을 받는다. 위로는 왕과 국가에 대한 충성심으로, 그리고 아래로는 사회적 약자를 보호하려는 구휼정신으로 무장되어 있다. 포클랜드 전쟁 때 귀한 몸인 앤드류 왕자는 헬리콥터 조정사로 참전했다. 제1차 세계대전 때 영국 귀족의 20% 이상이 전쟁터에서 죽었다. 사회 지도층 양성의 요람인 이튼 칼리지와 옥스브리지(옥스포드와 케임브리지를 합성해서 만들어진 어휘) 대학은 많은 학생들을 잃어 '거대한 무덤' 혹은 '유령 학교'로 변했을 정도였다. 이튼 칼리지가 학생들에게 강조하는 덕목에는 페어플레이 정신을 실천할 것, 남의 약점을 건드리지 말 것, 배신하지 말 것, 약자를 배려할 것, 솔선수범할 것이 포함되어 있다.

귀족은 선과 정의를 지향하는 고매한 천성을 지닌 사람이다. 중세시대 기사도 전통에서 발전되어온 신사도의 핵심적 가치에는 정의를 실천하고, 패자에게 자비와 온정을 베풀고, 어려운 처지에 있는 사람을 도와주는 것이 포함되어 있다. 영국 귀족은 충성과 선행을 실천하고 자부심과 기품을 지켜온 사람이다. 귀족적인 삶이란 번지르르한 외관보다는 품격 있는 삶과 아름다운 마인드를 유지하면서 살아가는 것을 의미한다.

4.1.3 Reading passage 1: On Noble Instincts

영국 귀족의 의식주와 마인드를 이해하는데 좋은 길잡이가 되어주는 가즈오 이시구로의 소설 『남아있는 나날』*The Remains of the Day*의 일부분을 읽어보자.

"You gentlemen here, forgive me, but you are just **a bunch of naive dreamers**. And if you didn't insist on **meddling in** large affairs that affect the globe, you would actually be charming. Let's take our good host here. What is he? He is a gentleman. No one here, I trust, would care to disagree. **A classic English gentleman**. Decent, honest, **well-meaning**. But his lordship here is *an amateur."* He paused at the word and looked around the table. "He is an amateur and international affairs today are no longer for gentlemen amateurs. The sooner you here in Europe realize that the better. All you decent, well-meaning gentlemen, let me ask you, have you any idea what sort of place the world is becoming all around you? The days when you could act out of your **noble instincts** are over. Except of course, you here in Europe don't yet seem to know it. Gentlemen like our good host still believe it's their business to meddle in matters they don't understand. So much **hog-wash** has been spoken here these past two days. Well-meaning, naive hog-wash. You here in Europe need professionals to run your affairs. If you don't realize that soon you're headed for disaster. A toast, gentlemen. **Let me make a toast**. To professionalism."

There was **a stunned silence** and no one moved. Mr Lewis shrugged, raised his glass to **all the company**, drank and sat back down. Almost immediately, Lord Darlington stood up.

"1 have no wish," his lordship said, "to enter into a quarrel on this our last evening together which we all deserve to enjoy as a happy and triumphant occasion. But it is out of respect for your view, Mr Lewis, that I feel one should not simply cast them to one side as though they were uttered by **some soap-box eccentric**. Let me say this. What you describe as 'amateurism', sir, is what I think most of us here still prefer to call 'honour'."

This brought **a loud murmur of assent** with several "hear, hears" and some **applause**.

"What is more, sir," his lordship went on, "I believe I have a good idea of what you mean by 'professionalism'. It appears to mean

getting one's way by cheating and manipulating. It means **ordering one's priorities** according to greed and advantage rather than the desire to see goodness and justice **prevail** in the world. If that is the 'professionalism' you refer to, sir, I don't much care for it and have no wish to acquire it."

This was met by **the loudest burst of approval** yet, followed by warm and sustained applause. I could see Mr Lewis smiling at his wine glass and shaking his head wearily.

[Kazuo Ishiguro, *The Remains of the Day*(1989), p.102]

단어설명

a bunch of naive dreamers 한 무리의 순진한 몽상가들
meddle in ~ ~에 간섭하다.
A classic English gentleman 전형적인 영국신사
well-meaning 선한, 마음씨 좋은
noble instincts 고매한 천성
hog-wash 탁상공론
Let me make a toast. 건배합시다. 건배를 제의합니다.
stunned silence 어안이 벙벙한 침묵, 말문이 막힌 침묵
all the company 모인 사람들, 그룹
his lordship 주인(master)
some soap-box eccentric 연속극에 등장하는 괴짜
a loud murmur of assent 동의하는 커다란 웅성거림
applause 박수갈채
getting ... cheating and manipulating 속이고 조정함으로써 마음대로 하는
ordering one's priorities 우선순위를 정하는 것
prevail 우세하다, 맹위를 떨치다
the loudest burst of approval 그의 말을 동의하는 아주 시끄러운 소리내기

해석

"장내에 계신 신사 여러분, 죄송한 말씀입니다만 여러분들은 순진한 몽상가 집단에 불과합니다. 그리고 국제적으로 영향을 미치는 대사(大事)에 끼어들겠다고 고집하지만 않는다면 여러분은 정말 매력적인 사람들일 것입니다. 우리

를 초청해주신 여기에 계신 우리의 훌륭한 분을 봅시다. 그는 어떤 사람입니까? 물론 신사입니다. 이 자리의 누구도 이견이 없을 줄 압니다. 전형적인 영국 신사죠. 점잖고 정직하고 선량하고. 그러나 이 어른은 아마추어입니다." 그는 여기서 말을 멈추고 좌중을 둘러보았다. "그는 아마추어이며 오늘날의 국제 정세는 신사 아마추어들을 더 이상 필요로 하지 않습니다. 유럽인 여러분들이 이 사실을 빨리 깨달을수록 좋을 겁니다. 점잖고 선량하신 신사 여러분, 제가 한번 물어보겠습니다. 여러분을 둘러싼 세계가 어떻게 변해가고 있는지 혹시 아십니까? 여러분의 그 고상한 직관으로 활약할 수 있었던 시대는 끝났습니다. 다만, 여기 유럽인 여러분들이 아직 모르고 있을 뿐입니다. 우리를 초청해 주신 선량한 분 같은 신사 분들은 스스로 이해하지도 못하는 문제들에 끼어드는 것을 아직도 업으로 믿고 있습니다. 지난 이틀 동안 이 자리에서 시답잖은 얘기들이 너무나 많이 나왔습니다. 의도는 선량하지만 순진하기 짝이 없는 공론들이었죠. 유럽인 여러분들이 자신들의 문제를 풀어 가기 위해서는 프로들이 필요합니다. 그 사실을 깨닫지 못한다면 여러분은 조만간 재앙으로 치닫게 될 것입니다. 건배합시다, 신사 여러분. 제가 선창하겠습니다. 프로페셔널리즘을 위하여!"

모든 손님들이 대경실색하여 입을 열지도 움직이지도 못했다. 루이스 씨는 어깨를 으쓱하더니 좌중을 향해 잔을 쳐들었다가 쭉 들이켜고 다시 자리에 앉았다. 거의 동시에, 달링턴 경께서 벌떡 일어나 말씀하셨다.

"우리 모두가 행복한 승리의 순간으로 즐겨야 마땅할 이 마지막 밤에 다투는 모습을 보이고 싶지는 않습니다. 그러나 루이스 씨, 당신의 견해를 존중하는 의미에서라도, 웬 괴짜가 궤짝에 올라가 떠벌이는 소리거니 흘려버려서는 안 될 것 같습니다. 나는 이렇게 말하고 싶습니다. 선생이 '아마추어리즘'이라고 설명하는 그것을 내가 보기에는 여기에 계신 신사 분 대다수는 아직도 '명예'라고 부르고 싶어 합니다."

그러자 웅성웅성 호응하는 소리가 요란하게 일면서 몇 군데서는 "옳소, 옳소"하는 고함도 들렸고 박수를 보내는 이들도 있었다.

"하나 더 얘기하고 싶은 것은, 선생…." 나리께서 말을 이으셨다. "당신이 말하는 '프로페셔널리즘'이란 것에 대해선 나도 꽤 안다고 믿습니다. 그것은 속임수와 조작으로 자신의 목적을 달성하는 것을 뜻한다고 생각됩니다. 다시 말해, 세상에서 선과 정의의 승리를 희구하기보다 탐욕과 이익을 우선순위에 두는 것이지요. 선생이 말하는 '프로페셔널리즘'이 그런 것이라면 나는 관심도 없을뿐더러 굳이 갖추고 싶은 생각도 없습니다."

이 말이 끝나자 우레 같은 환성이 터져 나왔고 곧이어 열렬한 박수가 한참 동안 계속되었다. 나는 루이스 씨가 자신의 와인 잔을 향해 빙긋이 웃으며 질렸다는 듯 고개를 내젓는 것을 볼 수 있었다.

[출처 가즈오 이시구로의 『남아있는 나날』, 송은경 옮김, 민음사(2009), p.132-134]

영국 귀족으로서 달링턴 경Lord Darlington이 지닌 고매한 천성이란 점잖고 정직하고 선량하고 명예를 중시하는 속성을 의미한다. 반면, 미국인 루이스 씨Mr. Lewis는 오늘날의 국제 정세는 명예보다는 실리가 우선이라고 주장한다. 점잖고 정직하고 선량한 사고와 행동은 아마추어에 불과할 뿐 더 이상 필요하지 않다고 생각한다. 반면에 영국 귀족 달링턴 경은 명예를 최우선으로 삼으며 어디까지나 신사답게 고매한 천성을 지켜야한다고 생각한다. 루이스 씨가 주장하는 프로페셔널리즘은 그에게는 속임수와 조작으로 자신의 목적을 달성하는 것에 불과하며, 선과 정의의 승리를 희구하기보다 탐욕과 이익을 우선순위에 두는 것일 뿐 이다. 루이스 씨가 언급하고 있는 프로페셔널리즘과 아마추어리즘을 비교해보면서 현대에 대두되고 있는 여피족yuppies과 신사계층을 비교해보자. 1980년대에는 여피족이, 1990년대에는 보보스족Bobos이 엘리트를 대표했다면, 2000년대에는 욘족yawns이라는 새로운 엘리트 족이 부상하고 있다고 월스트리트저널Wall Street Journal은 보도했다. 여피족이 대개 집안 배경 없이(또는 개의치 않고) 자신의 능력으로 그런 위치에 도달한다면, 신사 계층은 집안 배경에 힘입은 바가 더 크다. 여피족이 철저히 자본주의 논리 속에서 태어난 프로페셔널(돈이 상당히 중요한)인 반면 신사계층은 아마추어에 가깝다. 원래 집에 돈이 있기 때문에 돈을 벌기 위해 학문을 하지는 않는다는 것이다. 그들은 법학과 의학 등을 공부해서 자신이 사는 지역사람들을 위해 봉사한다. 그래서 그런지 영국은 사회 전반에 걸쳐 아직도 아마추어리즘이 살아있는 것 같다. 노벨 화학상을 두 번 탄 프레더릭 생어Frederick Sanger(1918-)라는 생화학자가 있다. 그는 특허를 냈으면 빌 게이츠 만큼 돈

A view of Florence, Italy
http://upload.wikimedia.org/wikipedia/commons/thumb/d/d5/Sunset_over_florence_1.jpg/250px-Sunset_over_florence_1.jpg

을 벌 수 있는 분야를 개척했지만, 거의 특허를 내지 않았다. 병든 사람들이 더 저렴하고 폭넓게 혜택을 받게 하자는 아마추어리즘에서다. 빌 게이츠는 도저히 이해 못하는 부분일 것이다.

그런데 이렇게 모범적인 삶을 사는 신사계층이 명품을 애용한다. 물론 개중에는 흥청망청 돈을 쓰는 사람들도 있겠지만, 대개 일반적으로 알려진 신사들의 명품관은 좀 독특하다. 런던의 중심가에는 100년이 넘은 양복점 거리가 있다. 그런데 여기서 양복 한 벌 맞추려면 보통 다른 데서 맞추는 것의 10배쯤 비싸다고 한다. 그리고 주 고객층은 왕족, 귀족, 신사들이다. 그렇다면 그들이 이렇게 비싼 옷을 사 입는 이유는 부의 과시일까? 아니다. 이렇게 비싼 옷은 오히려 좀 촌스럽다. 그 대신, 매우 가볍고, 몸이 편하다는 것이다. 그래서 대부분의 신사들은 이런 옷 한 벌 사서 체형에 맞지 않거나 헤질 때까지 입고 다닌다. 언젠가 우리나라에 팔꿈치에 천이나 가죽을 댄 양복이 유행한 적이 있었는데, 원래 그렇게 제품화되기 전에 그런 옷을 입은 효시는 바로 이들 신사로부터 유래된다.

4.2 메디치 가문의 예술인 후원제도

서양에는 하이클래스에 속하는 왕, 귀족, 자본가가 예술인을 후원하는 제도patronage가 14세기부터 존재해오고 있다. 경제자본을 소유했어도 문화자본을 갖추지 못하면 진정한 하이클래스 혹은 명문가라고 할 수 없을 정도다. 이태리인 비아지올리Biagioli는 "후원제는 선택이 아니라 사회적 지위에 이르는데 필요한 열쇠였다"라고 말했다. 후원제 덕분에 가난하지만 재능 있는 예술가들이 문학, 음악, 그림, 조각, 건축 등 다양한 분야에서 위대한 작품을 창조하여 이를 인류의 문화유산으로 남길 수 있었다.

'물의 도시' 베네치아와 '꽃의 도시' 피렌체에서 인본주의가 번성할 수 있었던 비결은 다름 아닌 예술가의 자유정신과 하이클래스의 예술가 후원제도의 상호협력적 관계 덕분이었다. 이태리의 메디치 가문The Medicis은 단테, 갈릴레오, 다빈치, 미켈란젤로, 마키아벨리 등을 적극적으로 후원하여 피렌체를 아마도 세상에서 가장 아름답고, 화려하고, 위대한 도시로 만들 수 있었다. 평민출신으로 환전상을 통해 부를 축적했던 로렌조 메디치는 축적한 부를 피렌체의 문인, 과학자, 조각가, 화가, 정치인을 적극 후원하여 명문가로서 위신을 세울 수 있었다. 메디치 가문은 돈을 개처럼 벌어서 정승처럼 썼던 대표적인 예이다.

서양에서는 예술인을 후원하는 일이 하이클래스의 중요한 권리이자 의무로 여겨져 왔다. 그렇다면 예술인을 후원하는 주된 이유는 무엇일까? 우리는 그 답을 3 Ps, 즉 (종교적) '경건함piety', (가문의) '위신prestige', (미적) '즐거움pleasure'에서 찾을 수 있다. 메디치 가문은 예술가에게 작품의 제작을 위탁하거나 저술 작업을 지원했다. 그 결과 피렌체는 "사람의 손으로 지어진 것이 아니라 하늘에서 떨어진 것처럼 보인다."라는 찬사를 받게 되었다. 몇 년 전 피렌체에 갔을 때, 완벽한 육체의 미소년 다비드의 조각상이 세워진 언덕에서 바라본 피렌체의 모습은 정말로 아름다웠다. 하늘로 치솟은 교회 첨탑과 거대한 돔 그리고 (마치 인간의 피부색처럼 따뜻하고 편안한 느낌을 주는) 연주황 지붕색은 탄성을 자아내기에 충분했다.

이런 아름다움에 정의와 형평과 관용이란 피렌체 시민들의 덕성이 더해져 피렌체는 위대한 도시로 자리매김을 할 수 있었다. 역사학자 레오나르도 브루니Leonardo Bruni는 도시국가 "피렌체는 성공의 순간에 절제를, 역경의 순간에는 끈기를, 그리고 모든 행동에는 정의와 분별력을 보여주었다."라고 예찬했다. 만약 한 도시를 여행하고 싶다면, 미와 덕이 조화를 이룬 공간, 피렌체를 권하고 싶다.

후원제도는 후원자patron의 예술적 취향을 충족시키고 가족주의를 탈피하여 공동선을 지향하기 위해서 고안된 것이다. 사람은 돈이 있는 친구보다 예술적 취향과 재능이 있는 친구에게 더 끌린다는 말이 있다. 이것은 우리 인간에게 문화적·예술적·미적 취향이 잠재되어 있음을 말해준다.

14세기와 17세기에 걸쳐 유럽에서 성행했던 후원제도는 오늘날 '기업체 후원 corporate patronage'제도라는 형태로 여전히 존속한다. 이런 후원전통은 가톨릭 종교 내의 '관대한 정신'의 실천과 깊은 연관이 있다. 또한, 이런 후원전통은 부를 사회에 환원해야 한다는 윤리의식의 발현이었다.

많은 사람들이 부를 꿈꾼다. 한국의 경우만 보더라도 『위대한 개츠비』, 『위대한 유산』, 『메디치 가의 이야기: 부, 패션, 권력의 제국』이 인기도서와 비디오 목록에 올라있다. 그 이유는 아마도 많은 한국 독자들이 개츠비의 성공신화와 메디치 가문의 처세술을 알고자 하는 호기심 때문일 것이다. 하지만 가난하지만 재능 있는 예술가를 적극 후원하는 실천의 문제에도 관심을 가져야 한다. 귀족은 돈을 제일로 생각하여 그것을 움켜진 사람들이다. 예를 들면, 영국의 귀족 nobility은 혈통의 순수성을 지키고 가문의 재산을 대물림하기 위해서 사촌간의 결혼도 서슴지 않았다. 또한, 영국인은 국익에 도움이 된다면 형수와도 결혼할 수 있다고 생각할 정도로 실리에 밝은 민족이다. 메디치 가문도 부가 피렌체에서 유출되는 것을 금지시켰다 (그러나 부를 모두 사회에 환원했다).

하이클래스는 지독하게 부를 모으고 예술을 관대하게 후원하는 양면전술을 구사해왔다. 경제자본과 문화자본, 실리추구와 명분 쌓기란 두 마리의 토끼를 잡아, 존경을 받고 위신을 세울 수 있다. 이제 한국의 하이클래스가 후원제도에 관심을 갖고 실천할 때이다.

[참조 『라비도르』 10월호/ 글 사진 박송성(충남대 영문과 교수)]

4.2.1 Reading passage 2: A Brief History of Patronage

A Brief History of Patronage

Patronage is most commonly associated with artists and **the arts in general**, but, as with the case of Galileo, it extended to **academia** and the sciences. ***Notability*** and ***credibility*** went hand-in-hand, particularly for the scientist. Working under an increasingly ***prominent noble*** made one an increasingly credible thinker, or respectable ***craftsman***. Perhaps the best example of this patron-reputation linkage is Michaelangelo, whose patron was the Pope himself (Julius II). By the time of his death, he had been **practically raised to a level of divinity** among Florentine artists.

The **social standing** of the patron also benefitted from **the arrangement**. Sponsoring several clients indicated **substantial wealth** and an interest in the community. Especially **accomplished clients** brought to their patrons added prestige. In the academic **hierarchy**, the most prestigious patrons tended not to identify with clients from **the "lower" disciplines** (mathematics and the natural sciences), which further illustrates **the remarkable accomplishments** of Galileo. Ironically, patrons tended to distance themselves publicly from their clients as much as possible, so as not to give the appearance of relying on their patrons for their status.

[http://galileo.rice.edu/lib/student_work/florence96/jessdave/patronage.html]

단어설명

the arts in general 예술 전반
academia 대학, 학계
notability 명성, 저명함
credibility 신용도
prominent noble 이름난(저명한) 귀족
craftsman 장인(skilled artist), 명공, 기술자
practically raised to a level of divinity 사실상 신(divine being)의 경지까지 올랐다.
social standing 사회적 지위
the arrangement 주선, 즉 (후원) 제도
substantial wealth 상당한 (considerable) 부
accomplished clients 업적을 이룬 고객들(예술가들)
hierarchy (특히 사회나 조직 내의) 계급[계층]

the "lower" disciplines "저급한" 학문들
the remarkable accomplishments 놀라운 업적(성취)

• 해석 •

후원제도의 간략한 역사

후원은 아주 흔히 예술가와 예술전반과 연관되지만, 갈릴레오의 경우처럼 학계와 자연 과학에 까지 확대되기도 하였다. 특히 과학자들의 경우 명성과 신용도가 관련되었다. 더 저명한 귀족 밑에서 일하는 것은 더 신뢰할 수 있는 사상가나 훌륭한 장인이 되는 길이었다. 아마도 이러한 후원자와 명성이 결합된 가장 좋은 예는 미켈란젤로와 그의 후원자였던 교황 (줄리어스 2세)이었다. 죽을 무렵 그는 사실상 플로렌스의 예술가들 중 신의 경지까지 올라있었다.

후원자의 사회적 지위도 그러한 제휴로 혜택을 받았다. 몇몇의 고객들을 후원하는 것은 상당한 부를 상징하는 것이었고 지역사회에서 관심을 받는 것이었다. 특히 업적을 이룬 고객들은 그들의 후원자들에게 부가된 명망을 가져다 주었다. 학문적인 위계질서 상 가장 명망 있는 후원자들은 "저급한" 학문(수학과 자연과학)을 하는 고객들과 제휴하려하지 않는 경향이 있었는데, 그것은 갈릴레오의 놀라운 업적을 한층 더 예증해준다. 아이러니컬하게도 후원자들은 그들의 지위를 위해 후원자들에게 의존하는 모습을 보여주지 않기 위해서 공적으로 그들 스스로를 고객들로부터 멀리하는 경향이 있었다.

여기서 후원자와 후원을 받는 예술가의 관계에 대해 생각해보자. 후원자는 예술가의 후원을 통해 자신의 사회적 지위를 높일 수 있고, 예술가는 후원을 통해 예술작업에 전념할 수 있다. 후원제도에서 가장 중시되는 두 가지 덕목은 명성notability과 신용도credibility이다. 특히 저급한 학문으로 취급되던 과학자들의 경우는 더욱 그러했다.

4.2.2 Reading passage 3: The Role of Patrons in the Renaissance

The Role of Patrons in the Renaissance

There are three main motives for the patronage of art－**piety**, prestige and pleasure. Art patronage was good **public relations** for rulers. It became firmly **institutionalized** in Florentine life. As Biagioli describes it, patronage was not an "**option**" It was **the key to social status**, and, in Florence, there was an absolute social hierarchy. A career and **social mobility** were impossible apart from being involved in a network of patronage relationships. Patronage is most commonly associated with artists and the arts in general. In the medieval times, most patronage came from the Church but **the ruling classes**, the kings, princes and nobles, made up a second group of patrons. These two systems of patronage continued during the Renaissance, along with the newer systems.

Once the patron had chosen an artist, it was usual for the two of them to draw up **a formal contract, setting out the specifications** in some detail. Conflicts between artists and patrons were generally about money but sometimes they argued over the work itself. In the Early Renaissance, the patron **had the upper hand** in such arguments, but **as the status of artists rose** they became less willing to **be dictated to** in matters of art. Of course the more powerful patron was, the more he was able to **impose his will on** an artist.

[글 전문보기
http://www.rabungap.org/uploaded/faculty/tmanoogian//Renaissance_Study_Guide.htm]

• 단어설명 •

piety 신에 대한 경건함

public relations 대인관계
institutionalized 제도화되다
was not an "option" "선택" 사항이 아니었다. 즉, 필수였다.
the key to social status 사회적 지위를 얻는데 필요한 열쇠
social mobility 사회적(계급의) 이동(상승)
the ruling classes 지배 계층
draw up a formal contract 정식 계약서를 작성하다
setting out the specifications 명세 내역을 상설하면서
had the upper hand get[obtain] ~ 형세가 우세했다. 우위를 점했다.
as the status of artists rose 예술가들의 지위가 상승함에 따라서
be dictated to 지시를 받다
impose his will on ~ ~에 자신의 의지를 부과하다

해석

르네상스 시대의 후원자의 역할

예술의 후원을 위해 3개의 주요한 동기가 있는데 바로 신에 대한 경애심, 명성 그리고 즐거움이다. 예술 후원은 통치자들에게 좋은 대인관계였다. 그것은 플로렌스 인들의 생활에 확고하게 제도화되었다. 비아지오리가 표현한 것처럼 후원제는 "선택"사항이 아니었다. 사회적 지위에 이르는데 필요한 열쇠였고, 플로렌스에는 절대적인 사회적 계층이 있었다. 직업과 사회적 (계급의) 이동은 후원 관계의 연결망에 포함되지 않고서는 불가능했다. 후원은 가장 일반적으로 예술가와 예술 전반과 연관되었다. 중세 시대에는 대부분의 후원이 교회에 의해 이루어졌지만 지배계급, 왕, 황태자와 귀족들이 제2의 후원자 그룹을 형성했다. 이 두 후원 조직은 새로 나타난 조직들과 함께 르네상스 시기 동안 계속되었다.

일단 후원자가 예술가를 선택하면 그 둘은 명세 내역을 자세히 상설하면서 정식 계약서를 작성하는 것이 보통이었다. 예술가와 후원자 간의 충돌은 일반적으로 돈에 관한 것이었지만 때로는 일 자체에 대해 논쟁하기도 했다. 르네상스 시대 초기에는 후원자가 그런 논쟁에서 우위를 점했지만 예술가들의 지위가 상승함에 따라 그들은 예술에 관한 한 덜 지시를 받게 되었다. 물론 후원자가 더 강력하면 할수록 그는 더 예술가에게 자신의 의지를 부과할 수 있었다.

Questions

1. 후원을 하는 세 가지 주된 동기는 무엇인가?

2. 후원자에 해당되는 계층과 그룹은 누구인가?

3. 후원자와 후원받는 예술가 사이의 힘의 우위와 종속의 관계는 어떤지 기술해보자.

Answers

1. 신에 대한 경애심piety, 명성prestige, 즐거움pleasure
2. 중세 시대에는 대부분의 후원이 교회에 의해 이루어졌지만 지배계급, 왕, 황태자와 귀족들이 제2의 후원자 그룹을 형성했다.
3. 르네상스 시대 초기에는 후원자가 우위를 점했지만 예술가들의 지위가 상승함에 따라 예술에 관한 한 덜 지시를 받게 되었다. 물론 후원자가 더 강력하면 할수록 더 예술가에게 자신의 의지를 부과할 수 있었다.

결론

위 글에 따르면, 후원을 하는 세 가지 주된 동기는 신에 대한 경애심piety, 명성prestige, 즐거움pleasure이다. 중세 시대에는 대부분의 후원이 교회에 의해 이루어졌지만 지배계급, 왕, 황태자와 귀족들이 제2의 후원자 그룹을 형성했다. 후원자와 후원받는 예술가 사이의 힘의 우위와 종속의 관계는 르네상스 시대 초기에는 후원자가 우위를 점했지만 예술가들의 지위가 상승함에 따라 예술에 관한 한 덜 지시를 받게 되었다. 물론 후원자가 더 강력하면 할수록 더 예술가에게 자신의 의지를 부과할 수 있었다.

학습평가

1. 다음의 영국귀족 중 세습귀족이 아닌 것을 고르시오.
   a. Duke　b. Earl　c. Sir　d. Marquess

2. 영국신사의 덕목에 포함되지 않는 것을 고르시오.
   a. 정직함　b. 품위　c. 선한 품성　d. 교활함

3. 후원을 하는 주된 동기가 아닌 것을 고르시오.
   a. 부의 축적　b. 명성　c. 즐거움　d. 경애심

4. 후원제도에서 중요시되는 덕목은 무엇인가?
   a. 신용도　b. 사회적 지위　c. 재능　d. 학식

정답

1. c　2. d　3. a　4. a

자료출처

Ishiguro, Kazuo (1989) *The Remains of the Day*, Rogers, Coleridge and White Ltd.
송은경 옮김 (2009) 가즈오 이시구로의『남아있는 나날』, 민음사.
『라비도르』10월호 영국특집호/ 글 사진 박종성
Wikipedia, the free encyclopedia
http://www.google.com
http://galileo.rice.edu/lib/student_work/florence96/jessdave/patronage.html
http://www.rabungap.org/uploaded/faculty/tmanoogian//Renaissance_Study_Guide.htm

05 | 영국의 군주제 및 정당제도
British Monarchy and The Houses of Parliament

군주제 The Monarchy
여왕 The Queen
여왕폐하 정부 Her Majesty's Government
국회: 양당제도 The Houses of Parliament
상원 The House of Lords
하원 The House of Commons
수상 The Prime Minister
그림자 내각 Shadow Cabinet
추밀원 The Privy Council
공무원 The Civil Servants

서론

이번 장에서는 영국의 군주제 및 정당제도에 대해 살펴본다. 영국 왕실의 역할과 기능에 대해서 알아보고, 입헌군주제를 채택하고 있는 영국의 양당제도의 특징을 살펴본다. 영국 국회는 상원과 하원으로 나뉘어 있다. 상원과 하원의 구성원은 누구이며 역할은 무엇인지 알아본다. 또한 영국의 모든 공공기관에는 HM Government란 문구가 새겨져 있는데, 이 문구가 무엇을 의미하는지 조사해본다.

본론

5.1 헌법 Constitution

The British **constitution**, unlike that of most other countries, is not contained by any single document. Formed partly by **statute**, partly by **common law** and partly by **convention**, it can be altered by **Act of Parliament,** or by general agreement to create, **vary or abolish** a convention. The constitution thus **adapts** readily **to** changing political conditions and ideas.

단어설명

constitution 헌법
statute 법령, 성문법
common law (영국에서의) 관습법
convention 관습, 관례
Act of Parliament 의회 법령
vary or abolish 고치거나(modify) 철폐하다
adapt to~ ~에 적응하다

해석

영국 헌법은 대부분의 다른 나라들의 헌법과는 달리 하나의 문서로 되어 있지 않다. 그것은 부분적으로는 법령에 의해, 부분적으로는 관습법에 의해 그리고 부분적으로는 관례대로 만들어져 있으며, 의회 법령에 의해서 또는 관례를 만들거나 고치거나 철폐하는 전반적인 합의에 의해서 바뀔 수도 있다. 따라서 영국 헌법은 정치적 상황이나 방안에 따라 쉽게 변경된다.

5.2 군주제 The Monarchy

5.2.1 여왕 The Queen

The British people look to the Queen not only as **their head of State**, but also as the symbol of their nation's unity. The monarchy is the most ancient **secular institution** in Britain.

Queen Elizabeth Ⅱ 기념우표

단어설명

their head of State 국가의 우두머리(수장), Nation은 민족국가
secular institution (성스런 종교기관이 아닌) 세속 기관

해석

영국민들은 여왕을 국가 수장으로서뿐만 아니라 그들 국가의 통합의 상징으로서의 역할을 기대한다. 군주제는 영국에서 가장 오래된 세속적 기관이다.

The Queen **personifies** the State. In law, she is head of the executive, an integral part of the legislature, head of the **judiciary**, the commander-in-chief of all armed forces of **the Crown** and the 'supreme governor' of the established **Church of England**. As a long process of evolution, during which the monarchy's absolute power has been progressively reduced, the Queen acts on the advice of her ministers. Britain is governed by **Her Majesty's Government** in the name of the Queen.

단어설명

personifies 구현하다(embody), 상징하다(typify)
judiciary 사법부; legislature(입법부); executive(행정부)
the Crown 왕권
Church of England 성공회
Her Majesty's Government 여왕 폐하를 위해 봉사하는 정부

해석

여왕은 국가를 상징한다. 법적으로 여왕은 행정부의 수장이고, 입법부의 필수

적인 일원이며, 사법부의 수장이고, 왕권의 모든 군대의 최고 사령관이며, 국교인 성공회의 '최고 수장'이다. 오랜 시간이 지나면서 군주제의 절대적인 힘은 점차적으로 축소되었고, 여왕은 장관들(각료들)의 충고에 따라 행동한다. 영국은 여왕의 이름으로 여왕 폐하를 위해 봉사하는 정부에 의해 통치된다.

The Royal Family
Queen Elizabeth, Prince William, Queen Mother, Prince Charles

Question

여왕은 군림하되 통치하지 않는다. 따라서 영국은 입헌군주제를 택하고 있다. 군주제가 폐지되어야 한다고 생각하는지 혹은 존속되어야 한다고 생각하는지에 대한 의견을 적으시오.

5.2.2 Reading passage 1: The Declaration of Accession to the Throne

"By the sudden death of my dear father I am called to assume the duties and responsibility of **sovereignty. My heart is too full for me to say more to you today than** I shall always work, as my father did throughout his **reign**, to uphold **constitutional government** and to advance the happiness and prosperity of my peoples, spread as they are the world over. I know that **in my resolve to** follow his shining example of service and devotion I shall be inspired by the loyalty and affection of those whose Queen I have been called to be, and **by the counsel of** their elected Parliaments. I pray that God will help me to **discharge** worthily this heavy task that has been **laid upon me so early in my life**."

[From "the Declaration of Accession to the Throne", Feb. 1952]

• 단어설명 •

accession (국가 통치자로) 취임, 즉위
e.g. the accession of Queen Victoria to the throne 빅토리아 여왕의 즉위
sovereignty: 군주
My heart is too full for me to say more to you today than ~ 너무 가슴이 벅차서 오늘은 ~ 이상으로는 말씀드릴 수 없습니다.
reign: (왕으로) 재임 기간
constitutional government: 입헌 정치
in my resolve to ~ ~하고자 굳게 결심하여
by the counsel of ~ ~ 의 상담(협의)에 의해서
discharge (책임, 약속을) 이행하다
laid upon me so early in my life (부친의 뜻하지 않은 죽음으로) 너무 일찍 저에게 부과된

• 해석 •

여왕 즉위 선언문

사랑하는 아버지의 갑작스런 죽음으로 저는 군주의 의무와 책임을 맡도록 부름을 받았습니다. 너무 가슴이 벅차서 오늘은 저의 아버지가 입헌 정치를 유지하기 위해 그리고 세계 도처에 흩어져 있는 국민들의 행복과 번영을 증진시키기 위해 재임기간 내내 행하셨던 것처럼 저도 항상 열심히 노력하겠다는 것 이상으로는 말씀드릴 수 없습니다. 저는 그의 빛나는 봉사와 헌신의 모범을 따를 것을 굳게 결심하며 저를 여왕으로 추대해준 분들의 충성과 애정으로 그리고 그들의 선출된 의회와의 협의에 의해 (자신감을 갖도록) 격려 받을 거라는 것을 압니다. 너무 일찍 저에게 부과된 이 무거운 책무를 가치 있게 이행할 수 있도록 신의 은총이 있기를 기도합니다. [1952년 2월 "여왕 즉위 선언문" 중에서]

Question

여왕의 자리에 오르며 어떤 각오를/약속을 하고 있는가?

5.2.3 Reading passage 2: In Her Christmas Message

"In the old days the monarch led his soldiers on the battlefield and his leadership at all times was close and personal. Today things are very different. I cannot lead you into battle. I do not give you laws or **administer justice.** But I can do something else. I can give you my heart and devotion to these old islands and to all the people of our brotherhood of nations."

[In her "Christmas message" delivered at Guildhall in 1957]

단어설명

administer justice 법을 집행하다.

해석

"옛날에는 군주가 그의 부하들을 전장으로 이끌었고 그의 통치력은 항상 밀착되었고 개인적이었습니다. 그러나 오늘날은 아주 다릅니다. 저는 여러분을 전장으로 이끌 수 없습니다. 저는 여러분을 복종케 하지 않고 법을 집행하지 않습니다. 그러나 저는 그밖에 것들을 할 수 있습니다. 여러분들에게 저의 마음을 줄 수 있고 이 오래된 국가를 위해 그리고 우리 영연방 국가들의 모든 국민들을 위해 헌신할 수 있습니다."

[1957년 길드홀에서 연설한 여왕의 "크리스마스 메시지" 중에서]

"유튜브 엘리자베스여왕 성탄메시지" 듣기

http://tvpot.daum.net/brand/ClipView.do?clipid=5884776&idx=6&ownerid=eNs27WM_Xy10&page=327&svcid=8&totalcnt=3538

엘리자베스 2세 영국 여왕이 동영상 공유 사이트인 유튜브를 통해 성탄절 축하 메시지를 발표하고 있다. 50년 전 젊은 모습으로 1957년 텔레비전을 통해 성탄 메시지를 발표하는 엘리자베스 여왕의 모습이다.

참조 외신들에 따르면 영국 왕실은 지난 23일(현지 시간) 유튜브에 '로열채널(www.youtube.com/theroyalchannel)'을 개설했다. 영국 왕실은 이 채널에 엘리자베스 여왕을 비롯한 주요 왕실 사람들의 활동 상황을 올릴 예정이다.

Question

여왕은 국민들에게 어떻게 봉사하겠다고 맹세하고 있는가?

Answer

직접 법을 집행하고 통치를 하지는 않지만 국민을 사랑하고 헌신하겠다는 의지를 보이고 있다.

5.2.4 Reading passage 3: The Queen's Speech

Text: The Queen's speech

The following is the full text of the Queen's speech on the opening of parliament.

The Queen's Speech

Wednesday November 26, 2003

My Lords and members of the House of Commons

[...]

My government will **introduce a bill** that will provide all children born from September 2002 with a Child Trust Fund, with an initial endowment from the government and more for poorer children. This will mean that when children reach the age of 18 they have **an asset to draw on** as a springboard for the future.

Legislation will also be introduced to encourage both employers to provide good quality **pensions** and individuals to save more effectively for their **retirement**. A Pension Protection Fund will be set up to protect employees and pensioners **if companies become insolvent.**

[...]

My Lords and Members of the House of Commons. I pray that the blessing of Almighty God may rest upon your **counsels**.

[글 전문 보기 http://politics.guardian.co.uk/flash/0,10291,1090584,00.html]

단어설명

introduce a bill 법안을 도입하겠다.
those from disadvantaged backgrounds 가정환경이 안 좋은 사람들
an asset to draw on 의지할 자산(자원)
pensions 연금
retirement 퇴직
if companies become insolvent 만약 회사가 파산한다면(지불 불능 상태에 놓인다면)
counsels 조언, 협의, 심의

해석

여왕의 연설

2003년 11월 26일 수요일

> 친애하는 상원, 하원 의원님들
>
> [중략]
>
> 정부는 2002년 9월부터 태어나는 모든 아동들에게 정부로부터 첫 기부금과 더 빈곤한 아동들에게는 추가로 지불되는 아동신탁기금을 제공할 법안을 도입할 것입니다. 이것은 아이들이 18세가 될 때 미래를 위한 발판으로써 의지할 자산을 갖는다는 것을 의미합니다.
>
> 또한 양질의 연금을 제공하는 고용주들과 퇴직을 위해 더욱 효과적으로 저축하는 개개인들 둘 다의 용기를 북돋아주기 위해 제정법이 도입될 것입니다. 회사가 파산하는 경우 고용인들과 연금수령자들을 보호하기 위해 연금보호기금이 조성될 것입니다.
>
> [중략]
>
> 존경하는 상원, 하원 의원님들, 전지전능한 신의 은총이 당신들의 협의에 가득하기를 기원합니다.

Question

1. 위 여왕의 국정 연설문에서 강조하고 있는 내용은 무엇인가?

2. 교육과 18세 이하의 아동에게 어떤 변화가 예상되는가?

5.3 국회: 양당제도 The Houses of Parliament

영국 정치의 특징은 무엇보다도 전형적인 양당제도의 확립이라고 할 수 있다. 예전의 영국 사회는 계급 사회라고 볼 수 있는 상층과 하층의 서로 상충되는 두 계급의 이익을 대표하는 전형적인 양당제도로 자연스럽게 정착되어 갔다. 따라서 보수당과 노동당은 각기 내거는 정책이 너무나 뚜렷이 구별되었고, 영국의 유권자들도 자연히 두 정당의 정책이 어떠하든 거의 습관적으로 자기가 지지하는 정당이 미리 확고히 정해져 있는 경우가 많았다. 하지만 산업화의 진전과 경제의 발전은 복잡한 사회계층의 구조적 변화를 가져오게 되고 종래의 서로 상충되는 두 개의 계급은 오히려 점점 소수화되고 그 사이에 새로이 생겨난 수많은 새로운 사회계층들이 결정적 정치적 영향력을 행사하게 되었다.

영국의 유권자들은 이제 더 이상 전통적인 방식대로 거의 본능적이고 습관적으로 자기의 '천부의 정당'만을 지지하는 것이 아니라 두 정당이 추구하는 정책 중 어느 것이 자기의 이익에 더 합당한가 하는 관점에서 투표를 하고 있다. 다시 말해서 양당제도하의 영국정치는 과거의 단순한 도식이나 자기이념의 선명성 경쟁으로는 더 이상 유권자들의 계속적 지지를 기대할 수 없는 더욱 복잡한 정치, 사회적 변화를 맞이하였다. 1988년 사민당과 자유당의 합당으로 탄생한 자유민주당은 현재까지 국민들의 지지를 받으면서 꾸준한 성장을 이어오고 있다.

보수당의 New Right인 신보수주의New Right와 대처리즘Thatcherism이 대두되는가 하면, 노동당도 신노동당New Labour이 대두되어 노동당 정부의 이념과 정책적 진로를 계승하고 있다.

The Houses of Parliament
http://upload.wikimedia.org/wikipedia/commons/thumb/4/42/London_Parliament_2007-1.jpg/285px-London_Parliament_2007-1.jpg

Parliament is the supreme legislative authority. Its three elements, the Queen, the **House of Lords** and **the elected House of Commons**, are outwardly separate and are constituted on different principles.

As there are no legal restraints imposed by **a written constitution**, Parliament is able to legislate as it pleases. It can make, abolish or change any law; and can destroy **established conventions** or turn a convention into law.

• 단어설명 •

Parliament 영국의 의회, 국회의원은 M.P.(Member of Parliament)로 부른다.
House of Lords 상원. 미국에서는 the Senate라고 부른다.
The elected House of Commons 국민투표로 선출된 하원.
미국에서는 The House of Representative라고 부른다. 귀족(Lords)이 아닌 평민이란 의미에서 Commons를 사용함
a written constitution 성문법
established conventions 이미 존재하는(확립된) 관습법

• 해석 •

영국의 의회는 최고 입법 기관이다. 의회를 구성하는 세 요소인 여왕, 상원 그리고 국민투표로 선출된 하원은 외관상으로 분리되어 있고 서로 다른 원칙 하에 구성된다.

성문법에 의해 의무를 지는 법적 제지가 없기 때문에 의회는 원하는 대로 법률을 제정할 수 있다. 의회는 어떤 법을 제정할 수 있고, 폐지할 수 있거나 변경할 수 있다. 또한 이미 존재하는 관습법을 없앨 수도 있으며 관습법을 법으로 바꿀 수도 있다.

Question

영국 국회는 어떻게 이루어져 있는가?

Answer

영국 국회는 여왕, 상원, 하원의 세 요소로 구성되어 있다.

5.3.1 상원 The House of Lords

The House of Lords consists of **the Lord of Spiritual** and **the Lords Temporal**. The Archbishop of Canterbury belongs to The Lords of Spiritual, for example. The Lords Temporal consist of (1) all **hereditary peers and peeresses**, (2) **life peers**, and (3) all other life peers. Hereditary peerages carry a right to sit in the House, **provided** the holder **establishes his or her claim** and is aged over 21 years or over.

• 단어설명 •

the Lord of Spiritual 성직관계의 상원의원 (주로 성공회의 주교)
the Lords Temporal 성직관계 이외의 상원의원
hereditary peers and peeresses 세습 귀족, peeress(피어리스)는 peer의 여성 명사
life peers 작위가 세습되지 않고 당대에 끝나는 귀족
provided~ 만약(if) ... 이면; ~을 조건으로 (on the condition that ~)
establishes his or her claim 권리를 주장하다.

• 해석 •

상원은 성직관계의 상원의원과 성직관계 이외의 상원의원으로 구성된다. 예를 들면, 캔터베리 대주교는 성직관계의 상원의원에 속한다. 성직관계 이외의 상원의원은 모든 세습 귀족과 작위가 세습되지 않고 당대에 끝나는 귀족, 그리고 모든 다른 당대 귀족들로 구성된다. 세습 귀족 계급은 만약 보유자가 자신의 권리를 주장하면 그리고 21세 이상인 경우 상원에 출석할 권리를 행사한다.

House of Lords chamber
http://upload.wikimedia.org/wikipedia/en/thumb/6/6b/House_of_Lords_chamber_-_toward_throne.jpg/200px-House_of_Lords_chamber_-_toward_throne.jpg

5.3.2 하원 The House of Commons

The House of Commons consists of 650 Members of Parliament (MPs). At the present time there are 43 women, one Asian and three black MPs. Of the 650 seats, 523 are for England, 38 for Wales, 72 for Scotland, and 17 for Northern Ireland. (as of 1995)

• 해석 •

하원은 650명의 국회의원들로 구성된다. 현재 43명의 여성의원이 있고, 1명의 아시아인과 3명의 흑인 의원이 있다. 650개의 의석 중 523개가 영국, 38개가 웨일즈, 72개가 스코틀랜드, 17개가 북아일랜드 의석이다. (1995년 기준)

House of Commons chamber
http://upload.wikimedia.org/wikipedia/en/thumb/2/23/House_of_Commons.jpg/200px-House_of_Commons.jpg

5.4 정당제도 Political Party System

For the last 150 years a two-party system has operated, and since 1945 either **the Conservative Party or the Labour Party** has held power. A new party－the Liberal Democratic Party was formed in 1988. Other parties include two nationalist parties, Plaid Cymru (founded in Wales in 1925) and the Scottish National Party (founded in 1934).

By tradition, the leader of **the majority party** is asked by **the Sovereign** to form a government. The largest minority party becomes **the official Opposition**, with its own leader and '**shadow cabinet**.'

• 단어설명 •

the Conservative Party 보수당
the Labour Party 노동당
the majority party 다수당
the official Opposition 공식 야당
the Sovereign 군주, 주권자, (여)왕
shadow cabinet 그림자 내각, 예비 내각. 수권정당이 될 경우에 대비하여 야당에 만들어진 내각진

• 해석 •

지난 150년 동안 두 개의 정당이 운영되어 왔고, 1945년 이후로 보수당 또는 노동당이 권력을 행사했다. 신당인 자유민주당이 1988년에 형성되었다. 다른 정당들로 두 개의 국민당인 (1925년에 웨일즈에서 창립된) Plaid Cymru와 (1934년에 창립된) 스코틀랜드 국민당이 있다.

전통적으로 다수당의 당 대표는 군주에 의해 정부를 구성하도록 요청받는다. 가장 큰 소수당이 공식 야당이 되고 당 대표와 예비 내각 진을 갖는다.

5.5 추밀원 The Privy Council

Until the 18th century, the Privy Council was the chief source of executive power in the State. As the system of Cabinet government developed, however, the Privy Council became less prominent. Nowadays the main function of the Privy Council is to advise the

Queen to approve **Orders in Council**.

단어설명

Orders in Council 〈영국〉 추밀원령.

해석

18세기까지 추밀원은 국가의 권력을 집행하는 주요 기관이었다. 그러나 내각 제도가 발전함에 따라 추밀원은 덜 중요해졌다. 요즘 추밀원의 주요 기능은 여왕에게 추밀원령을 승인하도록 권고하는 것이다. (추밀원은 영국 국왕의 자문 기관이다.)

5.6 여왕폐하의 정부 Her Majesty's Government

Her Majesty's Government is the body of ministers responsible for **the administration of national affairs. The Prime Minister** is appointed by the Queen, and all other ministers are approved by the Queen **at the recommendation of** the Prime Minister. **The Lord Chancellor** is always a member of the House of Lords.

The Prime Minister's unique position of authority derives from majority support in the House of Commons and from the power to choose ministers and to obtain their resignation or dismissal individually.

단어설명

the administration of national affairs 국정운영
The Prime Minister 수상, 내각의 수반
at the recommendation of~ ~의 추천에 따라서

The Lord Chancellor [영] 대법관 (상원 의장으로 국새를 보관하며 재판관으로서도 최고의 관직)

• 해석 •

여왕폐하의 정부는 국정운영을 책임지는 장관들의 몸체이다. 수상은 여왕에 의해 임명되고, 모든 다른 장관들도 수상의 추천으로 여왕에 의해 승인된다. 대법관은 항상 상원의 구성원이다.

수상의 특별한 권위는 하원의 다수의 지지로부터 파생되고 장관을 선택하고 그들의 사임 또는 해임을 개별적으로 행하는 힘에서 나온다.

Question

영국의 공공기관인 우체국, 경찰, 소방서, 감옥 등의 문서에 어떤 문구가 써 있는지 관찰해봅시다.

Answer

영국의 공공기관인 우체국, 경찰, 소방서, 감옥 등의 문서나 복장 등에는 Her Majesty's Government란 문구가 적혀 있다.

5.7 공무원 업무 The Civil Service

The Civil Service is concerned with the conduct of the whole range of government activities as they affect the community. **Civil servants** are servants of **the Crown.** The duty of the individual civil servant is first and foremost to the Minister of the Crown who is in charge of the Department concerned. A change of minister, for whatever reason, does not involve a change of staff.

• 단어설명 •

Civil servants 공무원
the Crown (군주 국가의) 정부
first and foremost 맨 먼저(first of all), 다른 무엇보다도 더
is in charge of the Department concerned 관련 부서를 담당하고 있는 (장관)

• 해석 •

공무원 업무는 지역사회에 영향을 미치는 전 영역의 정부 활동 행위에 관여한다. 공무원은 정부의 하인이다. 개별 공무원의 임무는 다른 무엇보다도 더 관련 부서를 담당하고 있는 장관을 위한 것이다. 어떠한 이유에서건 장관이 바뀐다 해도 직원은 바뀌지 않는다.

Question

영국에서 공무원을 어떻게 부르는지 알아보고, 그 이름이 무엇을 의미하는지 생각해봅시다.

5.8 지방 자치(체제) Local Government

A wide range of public services is provided by democratically elected **local authorities** throughout Britain.

• 단어설명 •

local authorities (영) 지방 정부 당국

• 해석 •

광범하게 유효한 공공 서비스는 영국 도처에 있는 민주적으로 선출된 지방 정부 당국에 의해 제공된다.

결론

영국 법은 하나의 성문법으로 구성된 것이 아니라, 과거에 이루어진 판례법과 관습법에 새로 제정된 법을 고려하여 운영된다. 경험을 통해 축적된 노하우와 판례를 중시한다.

영국의 여왕은 군림을 하지만, 실제로 통치하지 않는다. 의회가 개원할 때, 여왕은 아동복지, 연금, 교육, 의료, 외교 등 다방면에 걸쳐 국정의 기본방향에 대해 연설을 하지만, 내각진에 일일이 간섭하지 않는다. 가끔 여왕은 총리를 불러 주요 국정 현안에 대해 이야기를 듣는다. 여왕은 국가통합의 구심점이다. 현 엘리자베스 2세 여왕은 1952년 왕위에 올랐다.

영국의 국호는 U.K.(United Kingdom of Great Britain and Northern Ireland)이다. 통합왕국이란 의미인데, 북아일랜드, 스코틀랜드, 웨일즈, 잉글랜드가 모여 통합왕국을 구성하고 있다.

영국의회는 상원The House of Lords과 하원The House of Commons의 양원제도로 구성된다. 상원 의원들은 조상 덕분에 특권을 누리는 경우이고, 하원은 국민들의 직접선거로 선출된 국회의원들MPs=Members of Parliament로 구성된다. 그림자내각Shadow Cabinet은 야당이 수권정당이 될 경우에 대비하여 미리 구성한 내각진이다.

영국의 모든 공공기관은 여왕정부를 위해 봉사한다. 그래서 우체국, 경찰, 소방서, 감옥소에 근무하는 사람들의 모자와 문서에는 HM Government란 표찰(문구)이 따라 붙는다. HM은 여왕폐하Her Majesty의 줄임말이다.

영국에서 공무원은 civil servants라 부른다. 군림하지 않고 봉사하는 사람들이란 의미가 강하다. 정권이 보수당에서 노동당으로, 노동당에서 보수당으로 바뀌어도 관계부처의 공무원들은 바뀌지 않는다. 이는 중립적 입장에서 업무를 수행할 것을 요구받고 그렇게 수행하고 있다는 증거일 것이다.

학습평가

1. 다음 중 영국의 헌법에 대한 설명으로 잘못된 것을 고르시오.
   a. 영국의 헌법은 하나의 문서로 구성되어 있다.
   b. 영국의 헌법은 부분적으로 관습법의 적용을 받는다.
   c. 영국의 헌법은 정치적 상황에 따라 수정 변경될 수 있다.
   d. 영국의 헌법은 의회의 결의안에 따라 바뀔 수 있다.

2. 다음 영국 여왕에 대한 설명 중 옳지 않은 것을 고르시오.
   a. 여왕은 국가의 수장으로써 국가를 통치한다.
   b. 여왕은 왕권의 모든 군대의 최고 사령관이다.
   c. 여왕은 행정부의 수장이다.
   d. 여왕은 국교인 성공회의 최고 수장이다.

3. 영국의 의회에 대한 설명으로 옳지 않은 것을 고르시오.
   a. 영국 의회는 여왕, 상원, 하원으로 구성된다.
   b. 영국 의회는 의결을 하여 법률을 제정할 수 있다.
   c. 영국 의회는 존재하는 관습법을 폐지할 수 있다.
   d. 영국 의회는 관습법을 법으로 바꿀 수 없다.

정답 및 해설

1. a **해설** 영국 헌법은 대부분의 다른 나라들의 헌법과는 달리 하나의 문서로 되어 있지 않다.
2. a **해설** 여왕은 군림하되 통치하지 않는다.
3. d **해설** 영국 의회는 필요시 관습법을 법으로 바꿀 수 있다.

자료출처

http://tvpot.daum.net/brand/ClipView.do?clipid=5884776&idx=6&ownerid=eNs27WM_Xy10&page=327&svcid=8&totalcnt=3538

www.youtube.com/theroyalchannel

http://politics.guardian.co.uk/flash/0,10291,1090584,00.html

Wikipedia, the free encyclopedia

http://www.google.com

06 | 영국의 교육제도

Tutorial System
Prep School (Preparatory School)
Primary School
Comprehensive School
Grammar School
Public School (Independent School)
Boarding School/Day School
GCSE (General Certificate of Secondary Education)
A-level (The Advanced Level General Certificate of Education)
AS-level (Advanced supplementary level)
Sixth Form

서론

이번 장에서는 영국의 교육제도와 특징에 대해서 살펴본다. 영국의 초등교육, 중등교육, 대학교육에서 지향하는 교육의 목표에 대해서 알아보고, 영국과 우리나라의 교육의 차이점을 비교해보고 각 제도의 특징과 장, 단점을 분석해본다.

영국 정부에서 제공하는 초등교육Primary Education은 만 4세(준비반)부터 11세(6학년)까지이다. 4세부터 7세까지를 유아학교Infant school라 부르는데 이 시기에는 기초단계Foundation Stage와 주요 1단계Key Stage 1 교육과정이 행해진다. 7세부터 11세까지는 초등학교Junior school 과정으로 주요 2단계Key Stage 2 교육과정이 행해진다. 그리고 7세부터 13세까지 다니는 사립 초등학교Prep school가 있다. 이곳에서는 사립 중등학교에 입학하기 위한 준비를 한다. 사립 중등학교의 예로 St Paul's School가 있다.

중등교육Secondary Education은 11세부터 16세까지 행해진다. 주요 3단계Key Stage 3와 주요 4단계Key Stage 4 교육과정이 이 시기에 행해진다. 학생들은 14에서 16세 사이에 중등 교육 수료 시험GCSE: General Certificate of Secondary Education을 치른다. 대학 진학을 목표로 하지 않는 학생은 16세에 GCSE를 끝으로 정규 교육과정을 끝내고 취업을 하게 된다. 반면 대학 진학을 목표로 하는 학생은 16세에서 18세까지 2년 동안 6학년The sixth form 과정에 들어가 대학 입학을 위한 과목별 상급 시험A-level: The Advanced Level General Certificate of Education 준비를 한다. 이 과정은 주요 5단계Key Stage 5 교육과정으로 중등과정의 마지막 단계이다.

대학 수업은 튜토리얼 제도Tutorial System를 중심으로 교수와 학생 쌍방 간의 의사소통을 중시하는 토론 수업으로 진행된다.

본론

6.1 영국의 교육과정

6.1.1 취학 전 교육 (2년 과정, 연령: 3-5세)

5세 미만의 어린이에 대한 교육이 의무적인 것은 아니지만 영국 학부모들은 5세 미만 자녀 교육의 중요성을 인식하여 대부분 지방교육청(LAE)에 의해 주관되는 취학 전 준비반/유치원(Pre-school/Nursery)에 자녀를 보낸다. 일반 개인이나 지원 단체들도 지방 교육청과는 별도의 취학 전 그룹을 운영하여 어린이들이 초등학교에 입학 시 학교생활에 적응할 수 있도록 돕는다. 이것은 한국의 유치원과 같은 단계의 교육 부분이다. 공립으로 운영되는 유치원State Nursery Schools이 있는가 하면, 초등학교에 부속된 취학 전 준비반Nursery Classes Attached to Primary Schools도 있다. 또한 교회와 같은 비영리기관에 의해 운영되는 놀이 학교Playgroups in the Voluntary Sector도 있고, 개인이 운영하는 유치원Privately Run Nurseries도 있다. 이러한 유치원은 최고 15명 정원을 기준으로 오전반과 오후반으로 나누어 모집하고, 읽기, 말하기, 듣기, 쓰기 등의 기초적인 내용의 수업과 미술, 음악, 스포츠 등을 통화여 단체생활의 기본을 가르치는데 초점을 맞추며, 개개인의 특성에 따른 잠재력을 발굴하는데 목표를 둔다.

6.1.2 초등교육Primary Education (5-7년 과정, 연령: 5-11세)

영국에서의 의무 교육은 5세부터 시작된다.

- 공립 초등학교 나이: 5세-7세(Infant school), 7세-11세(Junior)
- 대다수 초등교육 기관의 학생 수: 100~300명 사이
- 교사 대 학생 간의 비율: 공립학교=1:22, 사립학교=1:15

학기는 3학기제로 운영된다. 학기 중간에 약 7일에서 10일 간의 방학half-term이 있는 것이 특징이다.

- 1학기Autumn term: 9월 1일 ~ 12월 20일경
- 2학기Spring term: 1월 초순 ~ 부활절 직전 (3월 말경)
- 3학기Summer term: 부활절 직후 ~ 7월 초순

학교생활은 최고 16명 정원(사립학교 기준)을 기준으로 정규 시간표에 따라 오전에는 수학·영어·역사·지리·과학·외국어(라틴어·프랑스어 등)·컴퓨터 등의 기본 수업이 있고, 오후에는 예체능 수업이 진행된다. 예체능 수업은 그리기·칠하기·만들기 등의 단계별 미술 수업이 진행되고, 피아노·첼로·하프 등 15개 이상의 악기 중 하나를 선택하여 음악 수업이 이루어지며, 체조·수영·말 타기 등의 체육 수업을 통해 학생들의 재능을 창출할 수 있는 기회를 제공한다. 시간표는 학교별, 학년별로 약간씩 다르다.

6.1.3 중등교육Secondary Education (5년 과정, 연령: 11-16세)

영국의 중등교육은 5년 과정으로 만 11세부터 16세까지 행해진다. 우선 공립학교로 종합 중등학교Comprehensive School가 있는데 이곳은 선발시험 없이 모든 능력의 학생들을 받아들이며 학문적 교과목을 포함하여 광범위한 일반 중등교육을 실시하는 학교이다. 반면 공부를 잘하는 11-18세의 학생들이 다니는 인문계 중등학교Grammar School는 11+Eleven plus라고 불리는 시험을 통해 선발된 학생들에게 학문적인 교과목을 가르치는 학교이다. 이 학교는 입학 지원자가 일정 수준에 미치지 못할 경우 입학을 거부한다. 또한 2차 대전 후에 설치한 실무 교육을 중시하는 신 중등학교Secondary Modern School가 있는데 이곳은 보통 시민으로서의 교양을 터득시킬 목적으로 일반 교육을 실시하는 학교이다.

사립학교Independent School는 선발고사를 통해 입학한 학생들이 수익자 부담으로 공부하고 있다. 사립중등학교는 학문 중심의 형태로 특별한 교육 철학을 배경으로 운영되고 있다. 외국인과 소수의 특정인을 위한, 특수 상황에 있는 학생을 위한 학교로 평균 학생 수는 600~1,000명 사이이고, 교사 대 학생 간의 비율은 1:15

이다. 이곳의 학교생활은 학문적 교과목 중심의 수업 단계로서 학교마다 방침에 따라 9~11과목의 수업을 받게 된다. 기본 과목 및 선택 과목(영어, 수학, 과학, 정보, 기술, 역사, 지리, 외국어, 미술, 음악, 종교, 컴퓨터, 디자인, 드라마, 미디어, 영화, 사회학 등)에 의해 학생들의 시간표가 짜이며, 일반적으로 오전 9시에 시작하여 오후 4시 정도에 수업 시간을 마친다. 시간표에 따라 발레, 스케이팅, 펜싱, 크리켓, 호신술, 승마 등의 개별 활동 후에는 교내 식당에서 저녁 식사를 한다. 식사 후에는 2시간 정도의 의무 자습이 있으며, 취침 시간 전까지는 (밤 10~11시경) 자유 시간으로서 휴식을 취하기도 하고, 개인적으로 공부 또는 숙제를 한다. 수업 일정에 따라 전체 관람으로 전시회, 미술관, 박물관, 영화관 등을 방문하며, 계절별로 고적지 방문 또는 단체 여행을 통해 타 지역 및 유럽의 역사와 문화를 직접 체험하기도 한다. 정기 외출이 아닌 일반 주말에는 필드하키, 조정 경기, 산책 및 자연 학습, 쇼핑 등을 하거나 골프, 테니스, 수구 게임, 오케스트라, 밴드 등의 다양한 서클 활동에 참여한다.

각 기숙사에는 담당 사감선생님이 24시간 함께 생활하며 학생들의 취침, 기상, 자유 시간 등의 기본 생활 및 전반적인 생활을 돌보도록 되어 있으며, 외출 시에도 부모님이나 가디언의 승낙 및 사감 선생님의 허가를 받게 되어 있다. 정기 외출이 아닌 일반 주말에는 타 학교와의 운동 시합, 학교 내 바비큐 파티 등의 다양한 여가 활동 및 선생님과 외출, 소풍을 가거나 종교 활동으로 교회에 가기도 한다.

GCSE: General Certificate of Secondary Education

- 중등교육과정에 대한 전반적인 학력 테스트로 10-11학년 2년 동안 준비해서 치른다.
- 필수과목: English, Mathematics, Science, PSHE[11], Religious Studies
  선택과목: Art and Design, Business Studies, Design & Technology, Drama& Theatre Arts, French, Geography, German, History, Information & Communication Technology(ICT),

11) 사회 및 건강 교육(personal, social and health education: 영국 학교에서 가르치는 교과목 중 하나. 개인의 정서적 · 사회적 발달 및 건강, 마약, 인간관계와 관련된 생점들을 나룸)

Music, Physical Education, Spanish 중 4개를 선택한다.

- 상급Core과 하급Extended으로 나뉘어 있어 학생의 수준에 따라 선택함.
- 보통 5개 이상의 과목을 합격(C 이상)해야 고등교육과정의 A-level 시험 준비를 할 수 있다.

6.1.4 고등교육GCSE, A-Level (2년 과정, 연령: 16-18세)

A-level (Advanced level)

대학 진학을 원하는 학생들은 A-level(Advanced level) 시험 준비를 주된 목적으로 하는 6학년Sixth Form 과정으로 진급한다. 2년의 학문 중심 과정으로 학생들은 일반적으로 첫 번째 학기에 4~5개 과목을 선택하여 학습을 하고, 두 번째 학기가 되면서 성적에 따라 과목을 줄이는 것이 일반적이다. 과목 선택에는 외국어, 과학, 인문학을 포함한 10개 이상의 과목 중 대학 진학 학과에 따라 과목 선정을 한다. 보통 3과목의 A-level 시험을 치른다. 시험 평가는 내부 평가와 외부 평가로 구성되어 있다. 참고로 A-level에 진학하기 위해서는 최고 GCSE 5개 과목 이상을 합격하여야 하며, 결과 기준 성적은 C 이상이 되어야 한다.

AS-level (Advanced supplementary level)

정부에서는 학생들에게 좀 더 광범위한 교과 선택을 장려하기 위해 AS-level 과정을 개설했다. AS-level은 A-level의 1/2 자격에 해당하며, 2개의 AS-level은 1개의 A-level과 동등한 자격으로 인정된다. 6개의 AS-level 자격을 획득하면 대학진학이 가능하며, 2 A-level + 2 AS-level, 1 A-level + 4 AS-level 등도 마찬가지로 가능하다.

고등교육의 학교생활은 대학 진학을 위해 본인의 진로에 따라 중등 교육 과목 중 3~4과목을 선택하여 수업을 하게 되므로 대학 수업 방식과 같이 과목별로 전문적인 지도를 받게 된다. 대학 시험을 대비하는 본 단계에서는 선생님들이 시험 결과 및 수업 시 학생 개개인들의 상황을 체크하며 학생들의 대학 지원 및 합격에 만전을 기한다. 수업 및 활동, 자습, 외출 등의 시간표는 중등 교육 때와 동일하게 진행되며 2년째 되는 첫 학기(9월)에 대학 원서를 작성하여 각 대학에 제출한 후 대학 시험 준비를 하게 된다. 주말 외출 시 학생에 따라서 영국인 학급 친구 집 또는 가디언 숙소에서 진학에 대한 상담을 하며 함께 주말을 보내기도 하고, 지원 대학을 견학하거나 예체능계 지원 학생들은 각 특성에 따라 전시회 및 음악회에 참석해 실질적인 교육 보충을 받기도 한다.

6.2 영국 교육의 특징

이제 영국 교육의 특징을 관련 지문들을 통해 살펴보자. 영국식 교육의 목적은 개인의 창의성 개발에 있다. 영국인들이 창의성이 요구되는 문화산업에서 두각을 나타내는 것은 우연이 아니다. 영국 대학(원)에서는 세미나와 강의와 시험에 이르기까지 단순한 내용요약이 아니라 철저히 개인의 생각을 요구한다. 요점정리와 암기 및 기존의 견해를 재활용하는 방식으로는 시험에 통과하기 어렵다. 평소에는 말수가 적고 수줍어 보이는 영국학생들이지만, 자신들의 발표만큼은 놀라울 정도로 잘 해낸다. 오랜 전통을 지닌 옥스퍼드, 케임브리지, 런던 대학 등에서는 여전히 튜토리얼Tutorial(개인별 혹은 소규모별 문답식 수업) 수업을 고수한다. 이 방식은 특정 주제에 대하여 자신의 견해를 정리해서 발표하는 것으로서 개성을 존중하고 창의력을 키워주는 영국식 교육의 핵심을 이룬다. 이러한 교육은 초등교육부터 도입되어 철저하게 훈련된다.

British School Boys
좌 http://www.ac-nancy-metz.fr/enseign/anglais/Henry/tradcostume.jpg
우 http://i.telegraph.co.uk/telegraph/multimedia/archive/01238/school_boy_1238810a.jpg

Question

영국 교육의 특징은 무엇인가?

Answer

영국 교육은 개인의 창의성 개발에 중점을 두는 교육으로 학생들이 자기 주도적으로 학습에 임하도록 유도한다. 튜토리얼을 이용하여 학생과 교수는 1:1로 마주앉아 관심 주제에 대해 토론을 하며 서로의 생각을 주고 받는다. 학생은 자신이 준비해온 자료와 생각을 피력하고 교수는 그에 대한 기존의 연구 자료를 소개하며 자신의 의견을 전달한다. 학생과 교수 간의 쌍방 간의 의사소통에 의해 학습이 이루어진다. 영국교육의 특징은 개인의 창의성 개발에 중점을 두는 데 있다. 단순 암기와 일방적인 주입식보다는 자기 주도적 학습을 실시한다. 개성의 발현, 잠재력 끌어내기, 학습동기 부여 등이 특징이다. 따라서 객관식 평가는 거의 하지 않는다. 이는 다양한 사고의 가능성을 제한하기 때문이다. 왜 한국에서는 객관식 평가를 그토록 선호할까? 물론 평가의 편리함 때문일 것이다. 하지만, 학습자의 입장에서 자신의 견해를 서술할 수 있는 기회가 주어지고, 이를 바탕으로 평가가 이루어진다면, 심도 있는 학습이 이루어진다는 것은 자명한 사실이다.

영국의 학생들은 "I think …"라고 말을 시작한다. 타인의 눈치를 보기보다는 자신의 입장과 생각을 당당하게 표현한다. 설득을 하든지 비판을 받든지, 논리적 일관성을 지닌다. 차분한 이성이 과도한 감정 위에 군림한다. 대화도 fair play 원칙에 따라 진행된다. 일정한 규칙이 있고, 그 규칙 내에서 일정한 자율성이 허용되는 것이다.

6.2.1 Reading passage 1: Attendance and Punctuality

Attendance and Punctuality

We pride ourselves on our excellent attendance record. By law we are required to publish details of children's **absences**. The percentage attendance level at the school during last year was 96%, showing a continuing increase in attendance which is very encouraging. **The**

unauthorised absence rate recorded for this year is 0.1%. Please help us to maintain and to improve on our excellent record.

We **have a computerised registration system in place** and individual records are **retrieved** for each pupil giving numbers of absences, authorised and unauthorisd, as well as **the number of occasions they are late** and these will be recorded on our annual report to parents.

It is essential that you let us know (early) by telephone if your child is absent and that you send a letter explaining the absence when he or she returns to school. Children who arrive after 9:00 a.m. must go to the Office to be registered.

If pupils are not **collected** by 3:15 p.m., a late register is taken and children must be signed out by the person collecting them. For the sake of children's safety we insist that children who need to be taken home during the school day must be collected by an adult. We keep a book in the School Office which must be signed by the adult collecting the child and a reason given.

["Guide to Caring for Your Children Day by Day", St. Anthony's Primary School, London]

• 단어설명 •

absences 결석 vs 출석(attendance)
The unauthorised absence rate 승인되지 않은 결석률
have a computerised registration system in place 컴퓨터로 출결을 관리하는 시스템을 갖추고 있는
retrieve (정보를) 검색하다.
the number of occasions they are late 지각한 경우의 총 횟수
collect 학교에서 집으로 데려가다. (=pick up)

해석

출석과 시간엄수

우리는 학생들의 훌륭한 출석률에 자부심을 느낍니다. 법에 의해 우리는 아동들의 결석에 대한 세부 내역을 공개해야 합니다. 작년 학교 출석률은 계속적인 출석률의 증가로 96%였습니다. 아주 고무적입니다. 이번 해 동안 기록된 승인되지 않은 결석률은 0.1%에 불과합니다. 우리의 기록을 유지하고 더 향상시킬 수 있도록 도와주시기 바랍니다.

우리는 컴퓨터로 출결을 관리하는 시스템을 갖추고 있습니다. 각 학생들의 개인적인 기록, 즉 지각 횟수뿐만 아니라 결석 횟수도, 승인된 것이든 승인되지 않은 것이든, 개별적으로 검색되고, 이러한 정보는 학부모들께 보내는 연간 보고서에 기록될 것입니다.

만일 아이가 결석할 경우 전화로 먼저 우리에게 알려주고 다시 학교에 올 때 결석사유서를 가져오는 것이 필수입니다. 아침 9시 이후에 도착하는 아이들은 사무실에 들러 등록을 해야만 합니다.

학생들을 오후 3시 15분까지 데려가지 않는 경우 명부에 기록될 것이고, 그들을 데려가는 사람은 서명을 해야만 합니다. 아이들의 안전을 위해 우리는 수업 중에 집으로 가야 될 필요가 있는 아이들은 어른이 꼭 와서 데려가도록 하고 있습니다. 학교 사무실에 아이를 데려갈 때 서명하고 이유를 써야만 하는 장부가 준비되어 있습니다.

[성 안토니 가톨릭 초등학교의 「날마다 지켜야 하는 아동 보호 가이드」 중에서]

Questions

1. 영국 초등학교가 부모에게 당부하는 두 가지 주요 사항은 무엇인가?

2. 출석과 시간 엄수를 초등교육에서 강조하는 이유는 무엇인가?

3. 등하교할 때 반드시 어른들이 아이들을 데려가고 데려와야 하는 주된 이유는 무엇인가?

Answers

1. 영국 학교에서 가장 강조하는 두 가지는 학교 출석attendance과 시간 엄수punctuality이다.
2. 엄격한 출석은 성실성과 책임감을 고양하기 위한 것이고, 시간 엄수는 타인에게 방해를 주어서는 안 되기 때문이다.
3. 등하교시 반드시 어른들이 아이들을 데려가고 데려와야 하는 주된 이유는 안전 때문이다. 어린 아이들은 위험에 노출될 우려가 있기 때문에 만약의 경우를 대비하여 항상 부모가 동행하도록 되어 있다.

6.2.2 Reading passage 2: Ps and Qs

Ps and Qs

The first rule English children come across at an early age is "Mind your Ps and Qs." These have nothing to do with waiting politely to use the **lavatory**. Ps and Qs are **short for** "Pleases" and "Thank Yous." **Supplication**, gratitude and, most important of all, apology are central to English **social intercourse**, which is why English people seem to express them endlessly as if **to the hard of hearing**.

단어설명

lavatory 화장실
short for ~의 줄임말
Supplication 탄원
social intercourse 사교
to the hard of hearing (너무 자주 들어서) 귀가 아플 정도로

해석

Ps 와 Qs

영국 아이들이 일찍이 마주치는 첫 번째 규칙은 "Ps와 Qs를 명심해라"이다. 이것은 화장실을 사용할 때 예의바르게 기다리라는 것과는 전혀 상관없는 말이다. Ps와 Qs는 "Pleases"와 "Thank Yous"의 줄임말이다. 탄원, 감사 그리고 가장 중요한 것으로 사과가 영국의 사교(생활)에 중심이 된다. 이것이 바로 영국인들이 귀가 아플 정도로 끊임없이 그러한 말들을 내뱉는 이유이다.

Question

영국인들이 습관적으로 즐겨 사용하는 두 가지 말은 무엇인가?

Answer

영국인들이 습관적으로 즐겨 사용하는 두 가지 말은 "please"와 "thank you"이다.

6.2.3 Reading passage 3: A Good Education

For English children whose parents can afford it, school often means a public (which really means private) school and frequently means boarding. The English approve of boarding schools. They believe that children develop better away from home. Although there are some mixed public schools, many are single-sex establishments, where pupils have the opportunity of experiencing some aspects of their monastic or prison existence at an early stage in their lives.

The alternative is the State system with its free public (which really means public) day schools. But whether state or private, the emphasis is still on 'a good education', for the feeling is that life and all its glories will thereafter be yours for the asking.

단어설명

can afford it 경제적으로 여유가 있는
a public (which really means private) school 사립학교
boarding (먹고 자며) 기숙하는
approve of boarding schools 기숙형 학교를 좋다고 인정하다(think good)
single-sex establishments 남녀 공학이 아닌 설립기관(단체, a unified order)
their monastic or prison existence 수도원 혹은 감옥소 생활(존재)
The alternative (사립학교에 보낼 수 없는 경우의) 대안
for the asking 청구하는 대로, 원하는 대로

해석

경제적으로 여유가 있는 부모를 가진 영국 아이들은 흔히 기숙 형 사립학교에 간다. 영국인들은 기숙형 학교를 좋다고 생각한다. 아이들이 집에서 떨어져 있으면서 더 성숙해질 수 있다고 믿기 때문이다. 남녀공학인 사립학교도 있지만, 많은 학교들이 남녀공학이 아닌 학교들이다. 거기서 학생들은 그들의 인생 초기에 수도원 혹은 감옥소 생활 같은 것을 경험하는 기회를 갖는다.

(사립학교를 가지 않는 경우의) 대안은 매일 통학하는 자유 공립학교에 가는 것이다. 그러나 공립학교 건 사립학교건 중요한 것은 여전히 '좋은 교육'에 있다. 인생과 모든 인생의 영광은 그 후에 당신이 원하는 대로 될 것이기 때문이다.

Question

영국 사립학교의 장점과 단점에 대해 생각해봅시다.

Answer

영국 사립학교에 다니는 장점은 일찍부터 부모로부터 독립하여 자기 스스로 선택하고, 판단하고, 결정하는 능력을 키울 수 있으며, 인내심을 키우고 조숙하게 성숙하는 기회를 가질 수 있다. 반면

에 단점은 일찍부터 가족과 떨어져 생활하면서 심리적 불안감과 외로움을 느낄 수 있다. 사립 기숙학교는 선망의 대상이 되기도 하지만, 저주의 대상이 되기도 한다. 수도원과 감옥 같은 공간에서 부모와 떨어져 일정 기간을 보내야 한다는 것은 어린 아이들에게 심리적 상처를 줄 수 있다. 이들은 이곳에서 자기 선택과 결정 그리고 인내심을 배우며 조숙하게 성숙한다. 반면 공립학교를 선호하는 부모들은 자녀들이 집에서 등교하면 심리적 안정감을 가질 수 있는 이점이 있다고 생각하여 이를 활용한다. 선택은 부모와 학생에게 달려 있다.

6.3 영국 사립학교Public School의 교육이념

영국에서의 통지표, 혹은 학습보고서 작성은 평균과 등수에 의한 서열화, 즉 한 줄로 줄 세우기 방식에 의한 것이 아니다. 자신이 흥미를 느끼고 잘 하는 과목을 집중적으로 공부하고 평가를 받는다. 선택과 집중의 방식에 의해 대입학력고사A-level: Advanced Level를 준비한다. 우리는 너무 많이 배우고 있는 것은 아닌지 생각해 볼 필요가 있다. 지식의 축적보다는 지혜의 발견과 탐구의 습관을 형성하는 일이 더 시급하지 않을까 생각한다. 교사의 보고서 작성은 성의가 있어야 하고 관찰과 평가에 의한 정확한 기록이어야 한다. 각종 경시대회 입상 실적을 우대하는 것은 교사의 권위를 부정하는 그래서 공교육의 위기를 초래한다. 학교의 교육은 기본적으로 재미가 있어야 한다. 학습의 즐거움, 몰랐던 사실을 알게 되는 즐거움, 지식과 생각을 공유하는 즐거움이 있는 공간이어야 한다. 팀워크를 익히고 타인의 견해를 존중하는 그런 공간이 되어야 한다.

Oxford University, Oxford
http://www.lhwe.org/wp-content/uploads/Oxford-University.jpg

Dulwich College, London
http://srv-londonimages-1.londontown.com/2005/September/XA977680_429long.jpg

Boys at Eton
http://tory-politico.com/wp-content/uploads/2009/12/eaton-college-pupils.jpg

6.3.1 Reading passage 4: Eton College is a full boarding school

Eton College is a full boarding school committed to:

- promoting the best habits of independent thought, learning, and research in its boys;
- providing a broadly-based education **designed to enable all boys to** discover their strengths, and **to make the most of their talents** within Eton and beyond;
- **engendering respect for** individuality, difference, and the

contribution that each boy makes to the life of the school and the community;

- supporting systems of **pastoral care that nurture** physical health, emotional maturity and spiritual richness; and **fostering** self-confidence, enthusiasm, **perseverance**, tolerance and integrity.

단어설명

designed to enable all boys to ~ 남학생들이 ~할 수 있도록 고안된
to make the most of their talents 재능을 최대한 발휘할 수 있도록
engendering respect for ~ ~에 대해 존경심을 생겨나게 하는 (producing)
pastoral care that nurture ~ ~에 자양분을 주는 전원(생활)의 관심(체계)을 지원해주는
fostering 기르다, 불러일으키다.
perseverance 인내심

해석

이튼 칼리지는 다음의 사항들을 준수하는 기숙형 학교입니다.

- 남학생들의 독립심을 키우고 학습과 연구를 하기 위한 좋은 습관을 키우도록 매진함.
- 남학생들이 그들의 강점을 발견하도록 그리고 이튼 칼리지와 그 이상을 넘어 그들의 재능을 최대한 발휘할 수 있도록 폭넓은 교육을 제공함.
- 개성과 차이를 존중하고 학생들에게 학교생활과 공동체 생활에 기여하는 마음을 갖도록 도움.
- 육체적 건강과 감정의 성숙 그리고 정신적 풍요로움에 자양분을 주는 전원생활을 할 수 있는 체제를 지원함. 또한 자신감과 열정, 인내심, 관용, 진실성을 키우도록 지도함.

Question

영국의 명문 사립 기숙학교인 이튼 칼리지가 강조하는 교육의 이념은 무엇인가? 경쟁과 성적 위주의 한국의 학교 현실과 비교해보자.

Answer

영국의 사립명문고 이튼 칼리지의 교육이념은 독자적인 사고, 배움, 연구, 잠재력의 개발, 타인의 존중, 학교와 공동체에 공헌, 지덕체의 연마, 자신감과 열성과 인내심 배양 등의 가치를 추구한다. 지배계급으로 성장할 인재를 키우는데 초점을 맞추고 있다. 개인의 입신출세보다는 공익을 중시하고 타인을 위한 배려think for others의 마음을 키우는 교육을 행한다. 이들에게 가족주의는 야만일 수도 있다. 이들은 개인주의도 공동의 이득을 위해서 양보하거나 포기할 수도 있다고 생각하고 또한 실천한다. 영국인들은 상식common sense과 공익public interests을 최우선으로 한다.

6.3.2 Reading passage 5: From Charles Dickens's *Hard Times*

From Charles Dickens's *Hard Times*

"NOW, what I want is, Facts. Teach these boys and girls nothing but Facts. Facts alone are wanted in life. Plant nothing else, and root out everything else. You can only form the minds of reasoning animals upon Facts: nothing else will ever be of any service to them. This is the principle on which I **bring up** my own children, and this is the principle on which I bring up these children. **Stick to Facts**, sir!"

[...]

"In this life, we want nothing but Facts, sir; nothing but Facts!" The speaker, and the schoolmaster, and the third grown person present, all backed a little, and swept with their eyes **the inclined plane of little vessels** then and there arranged in order, ready to have **imperial gallons of facts** poured into them until they **were full to**

the brim.

THOMAS GRADGRIND, sir. A man of realities. A man of fact and **calculations**. A man who proceeds upon the principle that two and two are four, and nothing over, and who is not to be talked into allowing for anything over.

[Charles Dickens, *Hard Times*(1995), Chapter 1 & 2]

Charles Dickens (1812 – 1870)
http://upload.wikimedia.org/wikipedia/commons/thumb/a/a7/Charles_Dickens2.jpg/250px-Charles_Dickens2.jpg

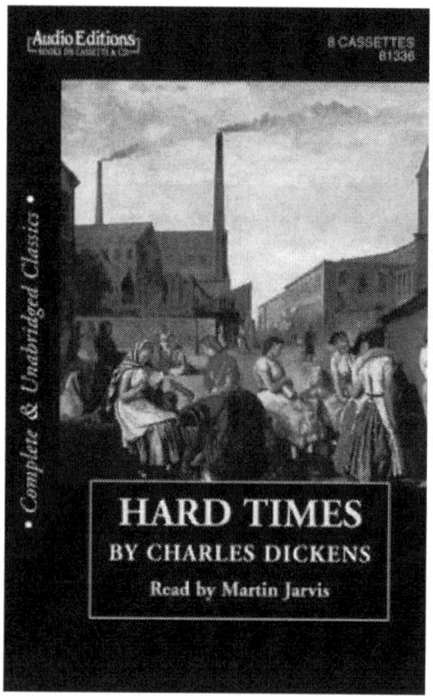

Charles Dickens's *Hard Times* (1853)
http://www.audiobookbargains.co.uk/ekmps/shops/okantfossaudios/images/charles-dickens-hard-times-cassette-unabridged-audio-book-504-p.jpg

• 단어설명 •

bring up 양육하다, 기르다
Stick to Facts 사실만 고수하다. Fancy와 imagination을 무시하는.
the inclined plane of little vessels 정렬된 작은 그릇의 경사면
imperial gallons of facts 엄청나게 많은 양의 사실을
were full to the brim 넘치도록 가득한 상태
calculations 셈 계산 (능력을 지닌 사람)

해석

찰스 디킨스의 『어려운 시절』에서

"자, 내가 원하는 것은 사실이오. 이 학생들에게 사실만을 가르치시오. 살아가는 데는 사실만이 필요한 거요. 사실 외에는 어떤 것도 심지 말고 사실 이외의 모든 것을 뽑아버리시오. 사실에 기초할 때만 논리적으로 사고하는 인간을 만들 수 있는 거요. 학생들에겐 사실 이외의 어떤 것도 하등의 도움이 되지 못하오. 이것이 내가 내 자식들을 키우는 원칙이고, 이것이 내가 이 학생들을 교육시키는 원칙이요. 사실만을 고수하시오. 선생!"

[중략]

"이 세상은 사실만을 원할 따름이오. 선생, 사실만을!" 이야기하던 사람과 학교 선생, 그리고 같이 있던 다른 한 사람이 교실 뒤편으로 약간 물러나서, 무지막지한 양의 사실들이 가득 채워질 때까지 자신들에게 쏟아 부어지기를 기다리며 바로 그 순간 그곳에 줄을 맞춰 정렬해 있는 작은 그릇들의 사면을 눈으로 훑어보았다.

토마스 그래드그라인드입니다. 여러분, 대단히 현실적인 인간. 사실과 계산의 인간. 둘 더하기 둘은 넷이지 그 이상도 이하도 아니라는 원칙에 따라 살아가는 인간이고 넷 이외의 다른 숫자를 생각하도록 설득될 수 없는 인간.

[찰스 디킨스, 『어려운 시절』 (2003), 1장과 2장]

Question

화자인 Thomas Gradgrind의 의식구조는 어떠한가? 그를 바라보는 작가의 태도는 어떠한가? 사실facts과 숫자figures를 중시하는 교육의 맹점은 무엇인가? 무엇을 강조하는 교육이 바람직한지 의견을 적으시오.

Answer

찰스 디킨스는 이 소설에서 교육의 목적이 실생활에 필요한 효용성, 즉 실용성에 치중하는 이른바

공리주의utilitarianism[12]의 폐해를 고발한다. 즉 그는 인간성과 도덕성의 상실을 비판하고 있다. 사실facts과 수치figures를 강조하는 교육은 상상력imagination과 인간성humanity의 결여를 초래한다고 보았다.

여기서 고 장영희 교수의 강연 내용을 참고해보자.

문학의 기능

영국인들이 자랑스럽게 여기는 작가 찰스 디킨스의 작품 중에 『어려운 시절』(*Hard Times*, 1854)이란 작품이 있습니다. 그 소설 중에 현실주의 실리주의자이자 정치가인 토마스 그랜드그라인드(Thomas Gradgrind)는 "학생들에게 절대 상상력을 가르치지 마시오. 이 세상을 살아가는 데는 사실만이 필요할 뿐이오."라고 말하며 자신이 운영하는 학교에서 철저하게 학생들에게 사실만을 가르칠 뿐, '상상력'을 가르치는 것을 금지합니다. 그는 어떤 교실에서 씨씨(Sissy)라는 한 여학생을 불러 세워서 "'말'을 정의해 보라"라고 합니다. 서커스 단원의 딸인 씨씨는 그랜드그라인드가 원하는 '사실'로서 말을 정의하지 못해서 당황합니다. '서커스'라면 어쩐지 팩트fact하고는 거리가 먼 것 같지요. 곡예를 하고, 재미있고, 꿈을 꾸고 상상력이 풍부한 것을 중요하게 생각하는 그런 가정에서 자란 학생이었습니다.

그 '씨씨'라는 여학생이 대답을 못하고 우물쭈물하니까 그랜드그라인드는 화를 내면서 그 학교에서 가장 모범생인 학생에게 다시 "말을 정의하라"고 시킵니다. 그 모범생은 답합니다. '말은 사족수로 초식성. 40개의 치아 중 24개의 구치, 네 개의 상악치, 12개의 절단치, 봄에 털을 갈고 늪지대에서는 굽도 감 등등 …" 등등 그야말로 팩트만을 죽 나열하지요. 그러자 토마스 그랜드그라인드가 말합니다. "아, 참 훌륭한 학생이에요. 이 학생은 반드시 성공해서 우리 학교의 가장 큰 자랑이자 모범이 될 것입니다" 하고 말합니다.

이 소설의 전체 내용을 다 이야기할 수는 없겠지만, 토마스 그랜드그라인드에게는 딸 루이자와 아들 탐이 있습니다. 그는 자기의 아들 딸에게도 무조건 팩트와 넘버, 즉 사실과 숫자만을 강조해서 가르칩니다. 결과적으로 탐과 루이

12) for the great happiness of the greatest number를 위해서 모든 행위와 교육에서 실용성을 강조하는 주의

자는 불행한 삶을 살게 됩니다. 모든 것을 팩트로 설명하고, 모든 것을 돈으로 계산하고, 강제결혼으로 남편도 그런 사람을 맞게 되고 정말로 자기가 사랑하는 사람이 누구인지, 아니 자기 마음이 어떤지, 자기가 누구인지조차 스스로 파악할 수 없는, 그런 삶을 사는 것으로 묘사됩니다.

이 소설을 통해서 찰스 디킨스는 독자들에게 무슨 말을 하고 싶었을까요? 아마도 그는 상상력과 창의력이 없는 삶이 얼마나 비참할 수 있는지, 정말 사실에만 옭매여 사는 삶이 얼마나 감옥과 같은 삶인지 하는 것을 우리에게 말하고 있습니다.

하지만 찰스 디킨스가 만약 이런 이야기를 여러분 앞에 나와 직접적으로 "팩트와 넘버만 아는 삶은 재미없습니다"라고 말하고 들어가 버린다고 생각해 보세요. 이건 문학이 아니라 또 하나의 팩트fact일 뿐이겠지요. 하지만 찰스 디킨스는 '루이자'와 '토마스'라는 인물들을 등장시켜서 이 인물들이 어떻게 살아나가는가를 묘사하고 어떤 갈등을 맞닥뜨리고 어떻게 해결하면서 살아가는가를 우리에게 묘사해 줌으로써 우리들에게 "너는 어떤 삶을 살고 있는가?" 또 "너는 이에 대해 어떻게 생각하느냐?" 하고 묻고 있지요.

그래서 사실과 현상, 논리를 주로 연구하는 과학자 아인슈타인은 말했습니다. '지식은 fact의 흡수이고, 한계가 있다. 그러나 문학은 상상의 세계이고, 한계가 없다.'라고.

[글 장영희 전 서강대 영문과 교수, 제40회 대전 인문학 포럼 원고 중에서]

6.4 튜토리얼 제도Tutorial System

영국의 대학교육은 튜토리얼 제도로 이루어진다. 튜토리얼 제도란 영국식 교육방식의 기본으로 교수와 학생간의 일대일 혹은 그룹별로 토론과 대화로 진행된다. 특정 주제에 대해 발표하고 토론한 후 교수의 논평을 듣고 심화학습을 위해 참고도서를 소개받는다. 교수와 학생 쌍방 간의 대화와 토론을 통해 학생(들)은 자신의 지식과 관점과 생각을 피력하고, 교수는 잘못된 점을 바로 잡아주거나 학생(들)의 신선한 생각에 자극을 받기도 한다. 이 제도는 자아 주도적 학습을 추구하며 자아 발견식 교수법을 지향한다.

Tutorial System
http://t2.gstatic.com/images?q=tbn:DfwWE3GsiB_jXM

6.4.1 Reading passage 6: The Tutorial System

The Tutorial System

The **foundation** of undergraduate teaching at Oxford is the tutorial system. The essence of the tutorial system is the personal dialogue and exchange of ideas between the undergraduate and the **tutor**.

We consider your freedom to **specialise** in your own area of interest, to read widely and independently and to exchange ideas independently with a large number of staff and fellow students to be an important part of the educational experience we are providing. Of course, we are here to assist and support you, not only through lectures and seminars, but also through a tutorial system.

Undergraduates pursue a course of independent study under the personal guidance of tutors. They attend tutorials at least once a week, **singly or in pairs**, to present and discuss completed work.

Your Tutor will normally be a **Fellow** of the College, and may be assisted by one or more College Lecturers.

Undergraduates will also attend university lectures, and will participate in class or group teaching in their **faculty** or department, but the College-based tutorial is the **core** of the system.

단어설명

foundation 토대, 기본
tutor (영국대학의) 개별 지도교수
specialise in ~을 전공하다 [영국식 표기: specialise, 미국식 표기: specialize]
Undergraduates 학부생들 [대학원생들은 postgraduates]
singly or in pairs 혼자 혹은 그룹으로
Fellow (영국대학의) 선임 연구원
faculty 대학의 학부
core 핵심, 중핵

해석

튜토리얼 제도

옥스퍼드 대학교 학부 교육의 기본은 튜토리얼 제도입니다. 튜토리얼 제도의 핵심은 학부생 간의 그리고 지도교수와의 개인적인 대화와 의견의 교환입니다.

우리는 여러분 자신이 관심 있는 분야를 전공하고 폭넓게 독립적으로 읽고 많은 교수들과 또한 동료들과 의견을 교환하는 것이 우리가 제공하고 있는 교육 경험의 중요한 부분이라고 생각합니다. 물론, 우리는 강의와 세미나를 통해서 뿐만 아니라 튜토리얼 제도를 통해서 여러분을 도와주고 지지해주기 위해 여기 있습니다.

학부생들은 지도교수의 개별적인 지도하에 독립적인 연구 과정을 수행해나 갑니다. 학생들은 완료된 학업을 발표하고 논의하기 위해 적어도 일주일에 한 번씩은 혼자서든 쌍을 이루어서든 튜토리얼에 참여합니다.

여러분의 지도교수는 보통 우리 대학의 교수이고 한 명 또는 그 이상의 학교 강사들로부터 도움을 받을 것입니다.

학부생들은 또한 대학 강의에도 출석할 것이고 학부 또는 학과 단위의 반별, 그룹별 교육에도 참가하게 될 것입니다. 그러나 우리 대학교에 기반을 둔 튜토리얼 제도가 교육의 핵심입니다.

Question

영국 교육방식의 기본인 튜토리얼 제도에 대한 의견을 적으시오.

해설 튜토리얼의 장점은 개인의 생각과 관심사를 심화하고 개발할 수 있다는데 있다. 튜토리얼을 통해 학생들은 발표 능력, 표현 능력, 논리적 전개, 어휘 선택, 말투와 어법, 발음 훈련, 논박의 기술 등을 종합적으로 훈련할 수 있다. 이런 기회를 통해 자아실현과 개인의 완성도를 이루어낼 수 있다는 점에서 가치가 있다.

이 제도는 개인의 생각과 관심사를 심화하고 개발하도록 하기 위해 고안된 제도이다. 놀라운 점은 교수 자신도 학생을 통해 배운다는 점이다. 학생(들)은 발표능력, 표현능력, 논리적 전개, 어휘선택, 말투와 어법 및 발음의 훈련, 논박의 기술 등을 종합적으로 훈련할 수 있다. 한 개인이 자신의 생각과 느낌을 논리정연하게, 품위 있는 언어로, 유창하게 구사할 수 있다는 점은 자아실현과 개인의 완성이란 측면에서 가치가 크다. 웅변학원에 다니며 앵무새처럼 똑같은 어투와 표현으로 획일화된 아이들을 대량으로 만들어내는 한국의 현실은 문제가 있다. 영어 말하기 대회에서도 손짓과 온갖 제스처를 사용하는 것은 말하는 것이 아니라 코미디일 뿐이다. 영어연설은 언어의 논리적 구사와 풍부한 내용이 가장 중요하다. 나머지 장식적인 것은 군더더기에 불과할 뿐이다. 한국의 영어 말하기 대회에 대해 생각해보기 바란다.

6.4.2 Reading passage 7: Foreword by Secretary of State for Education and Skills

Foreword by Estelle Morris, Secretary of State for Education and Skills

Our aim is nothing less than a world-class education service with standards that match the best in the world, and where all our young people develop the confidence, skills and knowledge that they will need as adults. Our proposal for a new 14-19 **phase** is an important step towards achieving that goal for our country.

In the last Parliament we said that we would get the basics right in **primary schools.** We have made an excellent start. Standards of literacy and **numeracy** have risen sharply. The pledge to reduce* infant class sizes to no more than 30 has been delivered. There is further progress to make in primary and early years provision, but the foundations are now secure.

The **drive** for world-class performance demands that we now modernise **secondary education**, as we consolidate and **extend** the growing success of the primary sector.

Bringing about a step-change in performance at secondary level is the top **priority** for us in the next five years. This Paper on how we deliver education for 14-19 year olds **underpins our commitment to this cause**. We want to ensure that every secondary school and college is excellent in providing the central core of learning, but also has a distinctive mission and **ethos**.

In the 21st century, to be prosperous, the economy will depend heavily on the creativity and skills of its people. In a knowledge economy it is vital that we **tap the potential** of every one of our citizens.

So what young people need from our education system is changing rapidly. We must build a flexible system around the needs and aspirations of individual pupils.

[...]

We want every young person to have the chance to be involved in sport, music and the arts, and to play a role in their local community, as well as achieving academically. We have **taken steps to** increase the opportunities for secondary school children in these areas, and put forward here our proposal for **an overarching award** which could be used to recognise and reward participation in wider activities.

Taken together, our 14-19 proposals offer a coherent vision for the transformation of secondary education: higher standards; greater diversity of provision; high-quality **vocational education**; every school and college improving; and every young person able to achieve their potential in education and life.

Our young people are entitled to nothing less.

[http://www.dfes.gov.uk/14-19greenpaper/foreword.shtml]

• 단어설명 •

phase 단계(stage)
primary schools 초등학교
The pledge to reduce ~ ~을 줄이겠다는 약속이 (이행되었다).
Standards of literacy and numeracy 글을 읽고 쓸 수 있는 능력과 셈하는 능력의 수준
drive: 추진안
secondary education 중등교육
the top priority 우선순위
consolidate and extend ~ ~을 강화하고 늘려나가다
underpins our commitment to this cause 이런 명분에 우리의 헌신(수행)을 지지하다.
ethos (한 사회와 민족의) 기품, 정신
tap the potential 잠재력을 개발하다.
taken steps to ~ ~하려는 조치를 취하다.
an overarching award 무엇보다 소중한 상
Taken together 모든 것을 종합해 보건데
vocational studies 직업 교육

Estelle Morris 교육부 장관의 모두발언 중에서

우리의 목표는 이 세상에서 최고를 지향하며 우리의 젊은이들이 자신감을 배양시키고 그들이 성인이 되었을 때 필요로 하는 기술과 지식을 아우르는 세계적인 명품 교육제도를 만드는 것입니다. 새로운 14-19세의 학제를 만들고자

하는 우리의 제안은 우리의 조국을 위해 목적을 달성하기 위한 중요한 도약인 것입니다.

지난 의회에서 우리는 초등학교에서는 기본적인 도리나 의무를 습득하면 된다고 말했으며 순조로운 항해를 하고 있습니다. 글을 읽고 쓸 수 있는 능력과 산술적인 수준이 현저히 향상되었습니다. 유아 교실을 30명 이하로 줄이겠다는 약속은 이행되었고, 초등교육과 조기교육을 위한 많은 안건들이 발의되도록 진행 중에 있지만 현재 그러한 안건들의 기초는 확고합니다.

세계적 수준의 교육으로 도약하기 위해서는 성장하고 있는 초등교육의 성공을 견고하게 하고 확대시키는 것과 똑같이 이제 중등교육도 현대화시키는 것이 필요합니다.

중등교육 과정을 개혁하려는 의지는 향후 5년 내 우리가 최우선적으로 처리해야 할 과제입니다. 우리가 14-19세의 청소년들을 위하여 어떻게 교육을 수행할 것인지에 관한 연구서는 이러한 명분에 대한 우리의 헌신적인 노력을 지지하고 있습니다. 우리는 모든 중학교와 대학이 배움에 대한 중심적 역할을 훌륭히 수행할 뿐만 아니라, 깊은 책임감을 가지고 분별력 있는 의지를 가질 것을 강력히 요구합니다.

21세기에 경제가 번영하기 위해서는 국민들의 창의력과 현격한 기술력에 전적으로 의존하게 될 것입니다. 지적 재산을 위해 국민들 개개인의 잠재력을 개발하는 것은 필수적인 사항입니다.

그래서 젊은이들이 우리의 교육제도에서 필요로 하는 것들은 신속하게 바뀌고 있습니다. 우리는 우리의 학생 일원 하나하나의 욕구와 열망을 반영할 수 있는 융통성을 보여주어야만 합니다.

우리는 모든 젊은이들이 학업뿐만 아니라 스포츠, 음악, 미술, 그리고 지역공동체에서 제 역할을 훌륭히 수행할 수 있는 기회를 가지기를 바랍니다. 우리는 중학생들이 이러한 영역에서 활동할 수 있게끔 더 많은 기회를 늘리고자 행보하여 왔으며, 더 폭 넓은 활동에 참여하였다고 인증받은 무엇보다도 소중한 상을 제정할 것을 제의하는 바입니다.

모든 것을 종합해 볼 때, 우리의 14-19세 제안서는 중등교육에 대한 변화를 모색할 수 있는 더 향상된 수준, 더 폭 넓어진 다양성, 질 높은 직업 교육, 모든 학교와 대학의 개혁, 모든 젊은이들이 교육과 자신들의 삶에 있어 잠재력을 발휘할 수 있는 획기적인 비전을 제시해줍니다.
우리의 젊은이들은 적어도 그 이상은 받을 자격이 있습니다.

Questions

1. 영국 교육부 장관의 연설 내용의 주된 내용은 무엇인가?

2. 14-19세 학생들을 위한 중등교육의 개혁방안의 골자는 무엇인가?

3. 영국 초등 교육에서 강조하는 내용은 무엇인가?

Answers

영국 교육부 장관의 연설 중에서 초등 교육에서는 글을 읽고 쓸 줄 아는 능력Literacy과 산술능력numeracy 향상에 역점을 두겠다는 내용이 있다. 동시에 "잠재력을 개발하다"tap the potential란 단어 사용에 주목하자. 한국의 공교육 위기와 사교육 과열, 과연 무엇이 문제인지, 우리나라의 교육의 발전을 위해 한번쯤 생각해보고 개선안을 찾아보고 공론화함으로써 정책에 반영해보자.

결론

이제 이번 장에서 다룬 내용을 정리해보자. 영국교육의 특징은 개인의 자율성autonomy과 창의성creativity 개발에 중점을 둔다. 영국 학교에서 가장 강조하는 두 가지는 엄격한 출석attendance과 시간 엄수punctuality이다.

영국 사립학교Public school와 공립학교State school를 비교해보았다. 영국의 대표 사립명문고 이튼의 교육이념은 독자적인 사고, 배움, 연구, 잠재력의 개발, 타인의 존중, 학교와 공동체에 공헌, 지덕체의 연마, 자신감과 열성과 인내심 배양 등의 가치 추구이다. 이들은 지배계급으로 성장한다. 개인의 입신출세보다는 공익을 중시하고 타인을 위한 배려의 마음을 키운다. 이들은 개인주의도 공동의 이득을 위해서 양보하거나 포기할 수도 있다고 생각하고 실천한다. 영국인들은 상식common sense과 공익public interests을 최우선으로 한다.

찰스 디킨스는 인간성과 도덕성의 상실을 비판했던 작가이다. 사실facts과 수치figures를 강조하는 교육은 상상력imagination과 인간성humanity의 결여를 초래한다고 보았다.

튜토리얼 제도Tutorial System는 개인의 생각과 관심사를 심화하고 개발하도록 고안된 제도이다. 학생(들)은 발표능력, 표현능력, 논리적 전개, 어휘선택, 말투와 어법 및 발음의 훈련, 논박의 기술 등을 종합적으로 훈련할 수 있다. 한 개인이 자신의 생각과 느낌을 논리정연하게, 품위 있는 언어로, 유창하게 구사할 수 있다는 점은 자아실현과 개인의 완성이란 측면에서 가치가 크다.

영국 교육부 장관은 초등 교육은 읽고 쓰는 능력Literacy, 산술능력Numeracy 향상에 역점을 두고, 동시에 잠재력을 개발tap the potential하는데 중점을 두겠다고 강조하고 있다.

학습평가

1. 영국 사립학교의 교육이념 중 거리가 먼 것을 고르시오.
   a. 독자적인 사고와 잠재력을 개발하는데 주력한다.
   b. 타인에 대한 배려심과 공동체에 기여하는 마음을 갖도록 돕는다.
   c. 상식과 공익을 우선하는 솔선수범의 정신을 가르친다.
   d. 입시출세를 위해 학업성취에 전력한다.

2. 다음 중 영국의 초등학교에서 강조하는 덕목이 아닌 것을 고르시오.
   a. attendance
   b. bullying
   c. creativity
   d. punctuality

3. 찰스 디킨스가 중요하게 생각하는 교육의 덕목이 아닌 것을 고르시오.
   a. imagination
   b. practicality

c. humanity

d. morality

정답

1. d 2. b 3. b

자료출처

찰스 디킨스 지음, 장남수 옮김, 『어려운 시절』, 푸른미디어, 2003.

Charles Dickens, *Hard Times*, Wordsworth Editions Limited, 1995.

Wikipedia, the free encyclopedia

http://www.google.com

http://mybox.happycampus.com/scv1357/4409631

우리나라와 영국의 교육제도 비교 사이트: http://mybox.happycampus.com/scv1357/4409631

07 | 영국의 대중문화 1

대중문화 popular culture
반문화 counter culture
브리티시 록 British Rock
레게 Reggae
유토피아 Utopia
계급이 없는 사회 classless society

개요

7.1 영국의 대중문화

7.1.1 Reading passage 1: About British Young People

7.1.2 Reggae: "One Love" by Bob Marley

7.2 The Beatles and John Lennon

7.2.1 Reading passage 2: The Beatles–Prototypes of Evolutionary Agents

7.2.2 "Working Class Hero" by John Lennon

7.2.3 "Imagine" by John Lennon

7.2.4 Reading passage 3: What "Imagine" Tells Us

서론

이번 장에서는 영국의 대중문화를 살펴보며, 타 문화를 이해하고 비교하는 시각을 가져보자. 봅 말리의 레게, 비틀즈의 팝, 미니스커트와 펑크족의 고향인 영국의 대중문화를 접하며, 전통과 보수를 지키며 동시에 파격성과 개혁성을 발현시키는 영국의 문화를 조명해본다. 특히 다양하고 비판적인 목소리를 허용하는 성숙된 사회의 면모를 관찰해보고 음악을 통해 영단어와 표현에 익숙해지는 기회를 갖는다.

두산 백과사전에 설명되어 있는 영국의 대중문화와 반문화에 대해 살펴보자.

영국의 대중문화

1960년대의 소비문화는 영국 대중문화, 특히 뮤지컬과 팝, 록 음악에서 절정을 이루었다. 영국 런던의 뮤지컬은 런던 웨스트 앤드는 물론이고 미국 브로드웨이까지 영국의 문화적인 식민지로 만들었다. 런던의 뮤지컬은 물량공세로 화려한 스펙터클을 자랑하는 미국의 뮤지컬에 비해 높은 예술성과 장인정신을 보여주는 것이 특징이다. 흔히 뮤지컬의 4대 명작으로 손꼽히는 〈오페라의 유령〉, 〈레미제라블〉, 〈캐츠〉, 〈미스사이공〉 등의 뮤지컬을 보려는 사람들은 영국인들뿐 아니라 외국 관광객도 많다.

뮤지컬 외에 록 그룹인 비틀즈The Beatles와 퀸Queen의 나라, 엘튼 존과 조지 마이클을 배출한 영국은 팝, 록 음악에서 브리티시 록British Rock이라는 신조어가 생겨날 정도로 독특한 계승을 자랑한다. 영국에서 가장 유명한 대중음악 공연장은 웸블리 아레나Wembly Arena다. 런던 교외의 웸블리에 위치한 이 공연장은 크기도 하려니와 음향 상태가 훌륭해 유명한 팝 스타들이 반드시 거쳐 가는 곳이다. 이곳에는 야외공연장인 웸블리 스타디움이 함께 위치하고 있다.

영국은 페스티벌의 원산지인 만큼 페스티벌의 기획과 조직체계에서 상당한 노하우를 가지고 있으며 이 중 고전음악을 저렴한 가격으로 들을 수 있는 프롬스Proms가 유명하다. '프롬스'는 산책을 의미하는 '프롬나드Promenade'와 '콘서트Concerts'의 합성어로 일반 클래식 공연과 달리 가격도 저렴하고 형식에 얽매이지 않아 영국인들은 물론 세계 음악팬들에게도 사랑을 받고 있는 음악 축제이다. 또한 에든버러에서 벌어지는 실험 연극의 축제 '에든버러 페스티벌Edingurgh Festival', 그리고 오페라의 향연 '글라인드 본 페스티벌'이 유명하다.

[출처 두산백과사전 EnCyber & EnCyber.com]

반문화

반문화란 사회의 지배적인 문화에 정면으로 반대하고 적극적으로 도전하는 하위문화subculture이다.

어떤 집단의 문화가 그 사회의 지배적인 문화와 크게 대립될 때 이 문화를 일반적인 하위문화와 구분하기 위하여 J. M. 잉거가 도입한 개념이다. 반문화의 대표적인 예로는, 부분집단을 형성하고 전통적인 기성문화에 도전한 1960년대 미국의 히피 같은 하위문화를 들 수 있다. 그 밖에 비행청소년 집단, 과격한 여성해방운동가의 모임, 종교적인 급진적 종파운동, 동성애의 자유화 운동자 집단 등이 반문화의 예가 될 수 있다. 반문화를 때로는 대항문화라고도 하는데, 지배문화에 대립한다는 의미에서는 반문화나 대항문화 어느 것이든 별 차이가 없겠으나, 지배적인 문화에 대한 입장을 기준으로 이들 개념을 구분하여 사용하기도 한다.

먼저 반문화는 그 대표적인 예로 범죄문화를 들 수 있다. 범죄 집단에 속한 사람들은 지배문화를 공유하고는 있으나, 반문화를 형성하여 지배문화를 파괴하고 이용하는 부정적인 역할을 수행한다. 한편 60년대에 미국·유럽을 휩쓸었던 청년문화는 기성문화, 즉 이들 지역의 지배문화에 대한 공공연한 대항으로 해석할 수 있다. 그들의 목표는 지배문화를 파괴하는 것이었으나 그것은 단순한 파괴가 아닌 새로운 질서에 의한 대치였다. 이를 부정적인 의미를 강하게 풍기는 반문화와 구별하여 대항문화라고 부르는 것이다.

반문화나 대항문화는 모두 넓은 뜻의 하위문화에 속한다고 하겠다. 반문화

(대항문화)에 있어서 대항운동은 3가지 형태를 가진다. 즉, 지배적인 가치에 대한 직접적인 대립, 권력구조에 대한 대립, 그리고 지배적인 가치와 얽혀 있는 유형화된 교환에 대한 대립 등이다.

[출처 두산백과사전 EnCyber & EnCyber.com.]

본론

7.1 영국의 대중문화 British Popular Culture

뮤지컬

- 런던의 웨스트 앤드West End 지역에 극장이 밀집되어 있다.
- 특징: 높은 예술성과 장인정신을 보여준다.
- 4대 명작: 〈오페라의 유령〉, 〈레미제라블〉, 〈캐츠〉, 〈미스사이공〉

팝과 록 음악

- 비틀즈, 퀸, 롤링 스톤스, 스팅, 엘튼 존, 조지 마이클 등. → 브리티시 록이라는 신조어가 생겨날 정도로 독특한 계승을 자랑한다.
- 웸블리 아레나Wembly Arena: 영국에서 가장 크고 음향상태가 훌륭한 공연장, 야외공연장인 웸블리 스타디움이 함께 위치해 있다.

페스티벌의 원산지

- 프롬스Proms: 고전음악을 저렴한 가격으로 들을 수 있다. '프롬스'는 산책을 의미하는 '프롬나드Promenade'와 '콘서트Concerts'의 합성어로 일반 클래식 공연과 달리 가격도 저렴하고 형식에 얽매이지 않아 영국인들은 물론 세계 음악팬들에게도 사랑을 받고 있는 음악 축제이다.
- 에든버러 페스티벌Edingurgh Festival: 실험 연극의 축제

- 글라인드 본 페스티벌: 오페라의 향연

팝아트

1950년대 중반 영국에서 시발점이 되어 1950년 중후반 미국에서 발달하여 미국에서 적극적으로 수용했던 구상미술의 한 경향이다. 이전에 가졌던 미술에 대한 고정관념을 타파하고 매스 미디어와 광고 등 대중 문화적 시각이미지를 미술의 영역에 들여놓은 것이다. 영국의 비평가 로런스 알로웨이Lawrence Alloway가 이 용어를 처음으로 사용하면서 팝아트에 대한 이론적 토대 마련에 기여했다. 그는 시각 문화의 극히 중요한 새로운 영역이 현대 세계를 극적으로 변화시키고 있는 동시에 예술 표현의 전통적인 위계질서에 도전하고 있다고 설명했다. 그럼으로써 그는 예술품을 고정된 카테고리 안에서 차별하여 한 부류가 다른 부류보다 더 낫다고 규정하는, 전통적으로 위계질서 적이며 엘리트적인 구분방법을 인간의 표현에 대한 민주적이고 포괄적인 방법으로 대체했다. 앤디 워홀은 팝아트의 대표적인 예술가이다.

7.1.1 Reading passage 1: About British Young People

About British Young People

In the 1960s in Britain, there used to be one kind of teenage fashion, one style, one top pop group. Then, the girls all wore mini-skirts and everyone danced to the music of the Beatles and the Rolling Stones. But now an eighteen-year-old might be a punk, with green hair and chains round his legs, or a skinhead, with short, short hair and **right-wing politics**, or a "**rasta**," with long uncombed hair and a love for Africa. There's a lot of different music around too. There's **reggae**, the West Indian sound, there's rock, there's heavy metal, country and western, and disco. All these kinds of music are played by different groups and listened to by different fans.

단어설명

right-wing politics 극우 정치색(을 표방하는 젊은이, 예를 들면, 스킨헤드 족)
rasta Rastafarian의 줄임말. Africa로 돌아갈 것을 가르치는 종교를 신봉하는 자메이카의 흑인들을 가리킴. 특이한 외모를 자랑함. reggae의 전설 Bob Marley가 대표적인 인물.
reggae 레게 (자메이카에서 시작된 록 풍 음악의 한 장르)

해석

영국의 젊은이들에 대하여

1960년대 영국에는 한 가지 종류의 십대 패션, 하나의 스타일, 하나의 톱 팝그룹이 있었다. 그 당시 소녀들은 모두 미니스커트를 입었고 모두 비틀스와 롤링 스톤스의 음악에 맞추어 춤을 추었다. 그러나 요즘의 18세는 초록색 머리를 하고 다리에 체인을 두르거나 짧은 머리의 스킨헤드를 한 극우 정치색을 표방하는 펑크거나 빗지 않은 긴 머리를 늘어뜨리고 아프리카를 사랑하는 "자메이카 종교 신자"의 스타일을 표방하기도 한다. 또한 많은 종류의 다양한 음악이 있다. 레게, 서인도제도의 음악, 록, 헤비메탈, 컨츄리 웨스턴, 디스코 등 다양하다. 이런 모든 종류의 음악들이 다양한 그룹에 의해 연주되며 다양한 팬들을 갖고 있다.

7.1.2 Reggae: "One Love" by Bob Marley

Bob Marley(1945-1980) worked tirelessly in spreading reggae music and the message of rastafari worldwide.

해석

봅 말리(1945-1980)는 레게 음악과 라스타파리를 전 세계에 알리기 위해 지칠 줄 모르고 노력했다.

Bob Marley performing in Zurich, Switzerland on May 30, 1980.
http://upload.wikimedia.org/wikipedia/commons/thumb/3/3a/Bob-Marley-in-Concert_Zurich_05-30-80.jpg/242px-Bob-Marley-in-Concert_Zurich_05-30-80.jpg

"I love the development of our music, that's what I really dig about the whole thing. How we've tried to develop, y'know? It grows. That's why every day people come forward with new songs. Music goes on forever."

• 해석 •

"저는 우리의 음악이 발전하기를 염원합니다. 그것이 내가 이 모든 일을 하는 진정한 이유입니다. 우리의 음악을 발전시키기 위해 우리가 어떻게 시도해왔는지 당신은 아십니까? 우리의 음악은 발전하고 있습니다. 매일 사람들이 새로운 노래를 알려왔습니다. 음악은 영원할 것입니다."

"One Love" 음악듣기 사이트
http://www.youtube.com/watch?v=CnIFZt0kxcU&feature=related

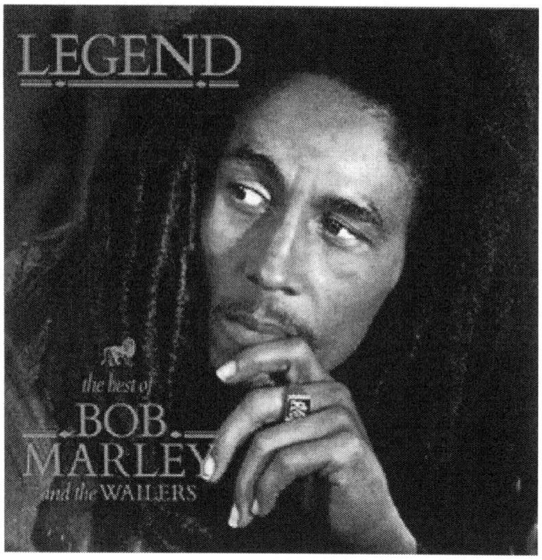

Bob Marley
http://cfs4.tistory.com/upload_control/download.blog?fhandle=YmxvZzEwMzk1NUBmczQudGlzdG9yeS5jb206L2F0dGFjaC83Lzc5NS5qcGc%3D

"One Love"

by Bob Marley

One love, one heart
Let's get together and feel all right
Hear the children crying (One love)
Hear the children crying (One heart)
Sayin', "Give thanks and praise to the Lord and I will feel all right."
Sayin', "Let's get together and feel all right."
Whoa, whoa, whoa, whoa

Let them all pass all their dirty remarks (One love)
There is one question I'd really love to ask (One heart)
Is there a place for the hopeless sinner
Who has hurt all mankind just to save his own?
Believe me

One love, one heart
Let's get together and feel all right
As it was in the beginning (One love)
So shall it be in the end (One heart)
Alright, “Give thanks and praise to the Lord and I will feel all right.”
“Let’s get together and feel all right.”
One more thing

Let’s get together to fight this Holy Armageddon (One love)
So when the Man comes there will be no, no doom (One song)
Have pity on those whose chances grow thinner
There ain’t no hiding place from the Father of Creation

Sayin’, “One love, one heart
Let’s get together and feel all right.”
I’m pleading to mankind (One love)
Oh, Lord (One heart) Whoa.

“Give thanks and praise to the Lord and I will feel all right.”
Let’s get together and feel all right.
(Repeat)

「하나의 사랑」

봅 말리

하나의 사랑, 하나의 마음으로
우리 함께 갑시다. 괜찮을 거예요.
아이들의 울음소리를 들어봐요 (하나의 사랑)
아이들의 울음소리를 들어봐요 (하나의 마음)
“주님께 감사와 찬양을 드리면 난 기분이 좋아질 거예요”라고 말하세요.

"함께 가자고 그러면 기분이 좋아질 거라고" 말하세요.
워, 워, 워, 워
그들의 모든 추한 발언들에 신경 쓰지 맙시다 (하나의 사랑)
내가 정말로 묻고 싶은 질문이 하나 있어요 (하나의 마음)
희망이 없는 죄인을 위한 장소가 있습니까?
누가 단지 자기 자신을 구하기 위해 모든 인류에게 상처를 입혀왔습니까?

절 믿으세요

하나의 사랑, 하나의 마음
같이 갑시다 그러면 괜찮을 거예요
처음에 그랬던 것처럼 (하나의 사랑)
결국 그렇게 될 텐데 (하나의 마음)
좋아요, "주님께 감사하고 주님을 찬양하면서 난 괜찮아질 거예요."
"같이 갑시다 그러면 좋을 거예요."
한 가지 더

함께 뭉쳐 이 대전쟁을 싸워나갑시다 (하나의 사랑)
그래서 주님이 오실 때 거기에는 더 이상 파멸이 없도록 합시다 (하나의 노래)
그 누구의 가능성이 점점 더 희박해지는 것에 동정심을 가지세요
창조의 아버지로부터 숨을 곳은 없습니다

말하세요 "하나의 사랑, 하나의 마음으로
같이 가자고 그러면 좋을 거라고"
모든 이들에게 호소합니다 (단 하나의 사랑)
오, 주여 (하나의 마음), 와우.

"주님께 감사 찬양하면 난 괜찮아질 거야"
함께 갑시다 좋을 거예요.
(반복)

국제적 명성을 얻은 자메이카 출신 뮤지션 봅 말리는 1945년 영국 육군 퇴역 소령과 자메이카인 어머니 사이에서 태어났다. 스카 1대 때부터 킹스턴의 슬럼가인 트렌치 타운Trenchtown에서 웨일러즈를 결성해 높은 평가를 받고 있었다. 봅 말리가 서구에 알려진 것은 1973년 영국의 아일랜드Ireland 레벨과 계약을 맺고 발표하면서부터였다. 이는 레게가 영미 록의 최신 테크놀로지와 미디어를 처음 만나게 된 기념비적인 앨범이다. 1980년 괌에서 뇌종양으로 요절하기까지 봅 말리는 아름다운 러브 송에서 정치적인 메시지가 담긴 노래에 이르기까지 숱한 작품을 남겼다.

그는 서인도 권의 정치에 대한 직간접 관여와 진보적인 정치 발언으로 두 번이나 암살 기도를 당하기도 했지만 1978년 제3세계 평화 메달을 수상하면서 그의 실천적인 행동은 그 빛을 발한다. 질질 끌리면서도 뛰어오를 듯한 레게의 반복 리듬을 깔고 들려오는 봅 말리의 음울한 자메이카 사투리와 그 날카로운 메시지는 영미의 성인 취향 록에 권태를 느끼던 음악 팬들에게 강한 충격을 주고도 남았다.

자메이카에선 웨일러즈에 뒤이어 버닝Burning, 스피어 새드 월드Sphere Sad World, 블랙 파워Black Power들의 레게 뮤지션이 연이어 등장했고, 1980년 봅 말리가 목숨을 거둔 후 봅 말리의 장례는 자메이카 국장으로 치러졌다.

런던에는 자메이카인의 이민이 증가하여 1970년대 후반부터 영국을 본거지로 한 레게 음악가가 잇달아 나타났다.

Question

전통과 규범을 중시하는 영국사회 속에서 영국 젊은이들이 보여주는 다양성과 파격성에 대해 알아보자.

Answer

영국은 전통과 보수가 지배하는 사회인 동시에 이에 맞선 파격성과 개혁성이 꿈틀거리며 발현하는 사회이다. 비틀즈의 팝 음악, 그룹 퀸의 록 음악, 미니스커트와 펑크족의 고향이 바로 영국이다. 답답하고 억누르는 것이 많다보니 저항의 몸짓도 그만큼 절박하고 강하다고 할 수 있겠다. 정당의 경우를 보더라도, 보수당이 있고 노동당이 있다. 보수당의 로고는 횃불이고 노동당은 붉은 장미이다. 붉은 장미는 인간에 대한 경의와 존엄성의 상징이다. 두 이질적인 요소, 이념, 정당의 조화와 견제와 균형 그리고 더욱 중요한 합의와 타협정신이 영국사회를 만드는 힘이 되어주고 있다.

7.2 The Beatles and John Lennon

1940년 10월 9일, 리버풀의 노동계급 가정에서 태어난 존 레논(본명 John Winston Lennon)은 아버지가 가정을 버리자 세 살 무렵부터 숙모의 손에 자라야 했다. 이런 불우하고 가난한 환경은 그에게 반항심을 북돋았고 점점 성장해 감에 따라 자신의 불행의 근본 원인이 자본주의 사회제도에 있다는 인식을 하게 된다.

16세 때 쿼리맨 고등학교를 그만두고 리버풀 예술학교에 입학한 그는 본격적으로 음악에 빠져들어 폴 메카트니 등과 함께 쿼리맨Quarrymen이란 로컬밴드를 조직해 활동했다. 몇 년 후에 쿼리맨은 '박자Beat'와 '딱정벌레Beetle'를 합성한 새로운 밴드명 비틀즈Beatles로 거듭나게 된다.

매카트니와 레논은 10년간의 비틀즈 활동기간 동안 환상적인 작곡파트너로 활약했지만 기질이나 음악적 성향은 매우 달랐다. 매카트니가 뛰어난 팝 센스로 멜로디 메이커의 재능을 불태운 반면, 레논의 관심사는 LSD와 연관된 사이키델릭을 비롯해 인도의 요기Yogi로부터 영향을 받은 명상적이고 신비주의적인 주제를 추구하며 비틀즈 멤버 가운데 가장 독특하고 창조적인 역량을 발휘했다.

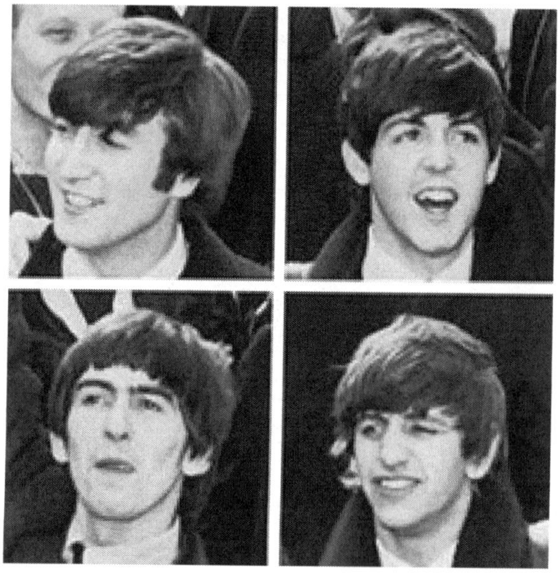

The Beatles in 1964
Clockwise (from top left): John Lennon, Paul McCartney, Ringo Starr, George Harrison
http://upload.wikimedia.org/wikipedia/commons/thumb/d/df/The_Fabs.JPG/220px-The_Fabs.JPG

마틴 루터 킹 목사의 살해사건과 격화되어가는 베트남 전쟁에 대한 반발로 60년대 말 미국은 대학생들의 반전시위와 흑인들의 무장봉기가 잇따르고 있었다. 보수적인 닉슨 정부는 무력을 동원해 이들을 탄압했고 선동적이며 급진적인 대중가수들도 공권력의 손아귀에서 벗어날 수 없었다. 끊임없이 자선공연과 반전 및 평화운동에 나서며 좌충우돌하던 존 레논은 정부의 제거대상 1호였다. 마리화나 소지라는 비교적 경미한 위법행위를 들어 미국 영주권 발급을 거부당하고 국외추방이 거론되는 상황에 맞서 레논은 이민국을 상대로 기나긴 법정 투쟁을 벌인 끝에 1976년 미국 영주권을 받게 된다.

존 레논의 재등장에 음악계는 촉각을 곤두세웠으나 안타깝게도 그의 음악여정은 갑작스러운 죽음으로 인해 〈Double Fantasy〉에서 멈추고 만다. 80년 12월 8일 아침, 존 레논은 뉴욕에 위치한 자신의 아파트를 나서다 사인autograph을 요청하는 정신질환자 마크 데이비드 채프먼Mark David Chapman의 권총에 맞아 그 자리에서 숨을 거둔다. 살해된 존 레논을 기리기 위해 세계 도처의 팬들은 12월 14일 오후 2시에 일제히 10분간의 묵념을 올렸고 미국의 권위 있는 양대 시사주간지 〈**타임**〉과 〈**뉴스위크**〉지도 동시에 그를 커버스토리로 다루며 비극적인 죽음을 애도했다.

7.2.1 Reading passage 2: The Beatles-Prototypes of Evolutionary Agents

The Beatles: Prototypes of Evolutionary Agents

Lennon and McCartney **set in motion revolutionary changes** in the music publishing industry. They carried their audience with them, and even while following traditional pop **routes** they always invested their work with originality.

In the course of history the Rolling Stones and **countless** other major groups are loved, but the Beatles are universally and unconditionally **adored**.

This was further proved in November 2001 when George Harrison

lost his long battle with cancer. The worldwide mourning resulted in **massive coverage in the press** and on radio and television. After this, Lennon's famously **flippant** 1966 comment about the Beatles being more popular than Jesus Christ **should be taken very seriously indeed**. The Beatles were, and still are, the greatest popular group of **all-time. It is inconceivable that** this could ever change.

[Edited From *Encyclopedia of Popular Music*]

"I declare that the Beatles are **mutants. Prototypes of evolutionary agents** sent by God, **endowed with** a mysterious power to create **a new human species**, a young race of laughing freemen."

[Timothy Leary "On the Beatles Significance"]

단어설명

set in motion revolutionary changes 혁명적 변화를 시작하다
countless 수많은
routes 통로, 길, 채널
adored 열렬히 (팬들의) 사랑을 받다.
lost his long battle with cancer 암 투병에 지다. 암으로 죽다.
The worldwide mourning 전 세계적 애도
massive coverage in the press 언론에서 대규모 취재 (대상이 되다)
flippant 경박한, 까부는
should be taken very seriously indeed (비틀즈가 예수보다 더 인기가 있다는 말은) 정말로 진지하게 받아들여져야 한다.
all-time 전례 없는, 사상 최고의
It is inconceivable that ~ ~은 상상할 수도 없다.
mutants 돌연변이, 변종
Prototypes of evolutionary agents 진화인자의 원형(모범).
endowed with ~ ~을 (신으로부터) 부여받은
a new human species 새로운 인류(종), 즉 웃고 자유로운 젊은 인종
Significance 중요성

• 해석 •

비틀즈: 진화 인자의 원형

레논과 메카트니는 음악 출판 시장에서 혁명적인 변화를 일으켰다. 그들은 그들의 청중을 데리고 다녔고, 심지어 전통적인 팝을 따르는 동안에도 항상 그들의 음악이 독창성을 갖도록 투자했다.

역사적으로 롤링 스톤스와 수많은 다른 주요 그룹들이 사랑을 받았지만 비틀즈만큼 보편적으로 그리고 무조건적으로 숭앙을 받은 그룹은 없다.

이러한 사실은 조지 해리슨이 긴 암 투병으로 사망했던 2001년 11월에 더욱더 입증되었다. 전 세계적 애도는 언론과 라디오 텔레비전의 대규모 취재 대상이 되었다. 이후, 그 유명한 레논의 1966년 경박한 멘트인 "비틀즈가 예수보다 더 인기가 있다"는 말은 정말로 진지하게 받아들여야만 했다. 비틀즈는 전례 없는 가장 위대한 팝 그룹이었고 여전히 지금도 그렇다. 이러한 사실이 변할 거라는 것은 상상할 수도 없다.

[『대중음악 백과사전』에 실린 내용을 편집함]

"나는 비틀즈가 돌연변이라고 선언한다. 비틀즈는 새로운 인종, 즉 웃는 자유인인 젊은 인류를 만들어내기 위해 신비로운 힘을 부여받은 신이 보내준 진화 인자의 원형이다." [티모시 리어리, 「비틀즈의 중요성에 대해」]

Questions

1. 세상을 바꾸는 혁명의 힘의 근원은 무엇인가? 총구, 대포, 시, 노래…?
   예술가는 어떻게 정치적(저항적) 태도를 표현할 수 있는가?

2. 레논을 피 흘리는 예수와 계급혁명을 일으킨 레닌에 비유할 수 있는 근거는 무엇인가?

Answers

1. 예술가들은 세상을 바꾸는 혁명의 힘은 총구도 대포도 아닌 예술 그 자체라고 생각한다. 그래

서 음악가는 노래를 만들고 가사를 붙여 자유를 노래하고, 미술가는 화폭위에 표현을 하며, 작가들은 소설이나 시 속에서 자신들이 꿈꾸는 유토피아를 건설한다.

2. 레논의 음악은 시대를 막론하고 모든 사람들이 사랑하는 보편성을 갖추었으며 조건 없는 사랑을 받아왔다. 1966년 그는 비틀즈가 예수보다 더 인기가 있다는 '경박한' 말을 하여 논란을 빚기도 했지만 그 이후 비틀즈의 강력한 힘은 이 말을 의미 있게 만들기도 했다.

또한 레닌이 계급혁명을 이루었다면 레논은 문화적 혁명을 이루었다고 볼 수 있다. 러시아 혁명가 레닌에 못지않게 역사에 큰 자취를 남긴 인물이기 때문이다. 계급의식이 강한 [영국]사회class-bound society에서, 그는 계급의 구분이 없는 사회classless society를 꿈꾸기도 했고, 가진 자에 대한 적개심을 드러내기도 했다. 맹목적 적개심이 아니라 무시하고 못살게 굴었다는 이유를 조목조목 든다. 노동계급은 "더럽고, 시끄럽고, 게으르다"는 것도 지배계급이 자신들의 우월감과 지배의 정당성을 확보하기 위해서 만들어 낸 허구이자 편견일 수 있다.

7.2.2 "Working Class Hero" by John Lennon

You tube로 보고듣기

http://www.youtube.com/watch?v=4lKwXwU5iWs

"Working Class Hero"

Words and music by John Lennon

As soon as you're born they make you **feel small**
By giving you no time instead of it all
Till the pain is so big you **feel nothing** at all
A working class hero is something to be
A working class hero is something to be

They hurt you at home and they hit you at school
They hate you if you're clever and they despise a fool
Till you're so fucking crazy you can't follow their rules
A working class hero is something to be

A working class hero is something to be

When they'**ve tortured and scared** you for 20 odd years
Then they expect you to **pick a career**
When you can't really function you're so full of fear
A working class hero is something to be
A working class hero is something to be

Keep you doped with religion and sex and TV
And you think you're so clever and classless and free
But you're still **fucking peasants** as far as I can see
A working class hero is something to be
A working class hero is something to be

There's room at the top they are telling you **still**
But first you must learn how to smile as you kill
If you want to be like **the folks on the hill**

A working class hero is something to be
If you want to be a hero just follow me
If you want to be a hero well just follow me

• 단어설명 •

feel small (신분, 지위가) 낮다고 느끼게 만드는
feel nothing 무가치한 존재라고 느끼게 만드는
A working class hero is something to be 노동계급의 영웅은 될 만한 가치가 있는 대단한 것
have tortured and scared 고문하고 겁나게 해왔던
pick a career 출세하다(take[make] a career)
Keep you doped with ~ ~에 중독된(be addicted to ~)
fucking peasants 빌어먹을 촌사람, 시골뜨기
still 조용히(quiet), 움직이지 않는

But first you must learn how to smile as you kill 하지만 사람을 죽일 때 감정을 감추고 태연히 웃는 법을 먼저 배워야만 한다.
the folks on the hill (밑바닥이 아닌) 언덕 위에 사는 사람들이 (되려면)

해석

「노동계급의 영웅」

존 레논 작사·작곡

네가 태어나자마자 그들은 너에게 굴욕을 느끼게 했어
네게 시간을 주지 않음으로써
고통이 너무 커서 네가 아무것도 느끼지 못할 정도로
노동계급의 영웅은 되어볼 만한 것이지
노동계급의 영웅은 되어볼 만한 것이지

그들은 집에서 널 해치고 학교에서 널 때렸지
그들은 네가 똑똑한 사람이면 미워하고 바보이면 무시하지
네가 완전히 미칠 정도가 되어 그들의 규칙을 따를 수 없도록
노동계급의 영웅은 되어볼 만한 것이지
노동계급의 영웅은 되어볼 만한 것이지

널 상식 밖의 기묘한 20년 동안 괴롭히고 겁주고 나서는
그들은 너에게 직업을 가지라고 강요하지
넌 제대로 해내지 못하면 곧 두려움에 빠지게 되지
노동계급의 영웅은 되어볼 만한 것이지
노동계급의 영웅은 되어볼 만한 것이지

종교와 섹스, TV에 널 중독되게 만들고
넌 이제 현명하고 계급도 없고 자유롭다고 생각하겠지
하지만 내가 보기엔 아직도 형편없는 농부에 불과해
노동계급의 영웅은 되어볼 만한 것이지
노동계급의 영웅은 되어볼 만한 것이지

그들은 네게 아직 저 꼭대기에 자리가 있다고 말하지만
우선 넌 미소 지으며 죽이는 법을 배워야하지
언덕 위에 있는 사람들이 좋아지길 바란다면
노동계급의 영웅은 되어볼 만한 것이지
그래, 노동계급의 영웅은 되어볼 만한 것이지

영웅이 되고 싶다면 지금 날 따라와
영웅이 되고 싶다면 지금 날 따라와

Questions

1. 존 레논은 영국의 어느 도시, 무슨 계층, 어떤 가정환경에서 성장했는가?

2. 이 노래가 담고 있는 반항·저항적 정서 혹은 메시지는 무엇인가?

Answers

1. 존 레논은 부두노동자들이 붐비는 항구도시 리버풀 출신으로 노동계층의 결손가정에서 성장하여 음악계의 영웅이 되었다.
2. 계급의식이 강한 영국사회class-bound society를 비판하며 계급의 구분이 없는 사회classless society를 지향한다. 노동계급을 예찬하며 노동계급 사람들은 당당하게 행동하고 마약, 종교, 섹스, TV 중독에서 벗어나 노동계급을 무시하고 짓밟는 지배계급을 전복시키고 복수할 수 있는 혁명적 역량을 갖추어야 한다는 점도 주문한다.

위 노래는 노동계층의 영웅은 해볼 만한 가치가 있다는 당찬 선언을 담고 있다. 반항기와 적개심이 가득하면서도 냉소와 체념이 뒤섞인 노래로 다가온다. 노동계급을 예찬하면서, 노동계급을 못 살게 굴고 무시하는 지배계급을 멋지게 복수하려는 충동이 가득하다. 그러면서도 노동계급이 촌티를 벗고, 마약·종교·섹스·TV 중독에서 벗어나 지배계급을 전복시키고 복수할 수 있는 혁명적 역량을 갖추어야 한다는 점도 주문한다. 자신의 출신계급에 열등감이 아닌 당당함을 드러내는 레논은 "노동계급 출신으로 영웅이 되고 싶으면 나를 따르라!"고 주문한다. 볼셰비키 혁명을 주도했던 혁명가 레닌의 모습과 중첩된다. 레닌은 총으로 레논은 노래로 세상을 뒤흔들었다.

7.2.3 "Imagine" by John Lennon

Imagine 음악듣기 사이트
http://www.youtube.com/watch?v=okd3hLIvvLw

"Imagine"

by John Lennon

Imagine there's no heaven.
It's easy if you try.
No hell below us,
Above us only sky.
Imagine all the people
living for today . . .

Imagine there's no countries.
It isn't hard to do.
Nothing to kill or die for.
And no religion too.
Imagine all the people

John Lennon (1940-1980)
http://t2.gstatic.com/images?q=tbn:90MmRroXKSBDMM:http://www.obituary.cc/photos/fallen/john_lennon

living life in peace . . .

[후렴]
Aha, you may say I'm a dreamer.
but I'm not the only one.
I hope some day you'll join us.
And the world will live as one —

Imagine no possessions.
I wonder if you can.
No need for greed or hunger.
A brotherhood of man.
Imagine all the people
Sharing all the world . . .

[후렴 반복]
Aha, you may say I'm a dreamer.
but I'm not the only one.
I hope some day you'll join us.
And the world will live as one —

해석

「상상」

존 레논

천국도 없고
우리 아래 지옥도 없고
오직 위에 하늘만 있다고 생각해봐요
노력해보면 어려운 일이 아니에요
오늘을 살아가는

모든 사람들을 상상해 봐요

국가라는 구분이 없다고
생각해 보세요
생각해보면 어렵지 않아요
그러면 죽이지도 않고, 죽을 일도 없고,
종교 역시 없어요
평화롭게 살아가는 모든 사람들을 상상해 보세요

[후렴]
아하, 날 몽상가라고 부를지도 몰라요
하지만 나만 이런 생각을 가진 게 아니에요
언젠가 당신도 우리와 같은
생각을 갖길 바라요.
그리고 이 세상은 하나가 될 거예요.

소유가 없는 세상을 상상해 봐요
그럴 수 있을까 의문이 들지요.
탐욕을 부릴 필요도 없고
굶주릴 필요도 없고, 형제애가 넘쳐나요
세상의 모든 것을 나누는
사람들을 상상해 봐요

[후렴 반복]
아하, 날 몽상가라고 부를지도 몰라요
하지만 나만 이런 생각을 가진 게 아니에요
언젠가 당신도 우리와 같은
생각을 갖길 바라요.
그리고 이 세상은 하나가 될 거예요

7.2.4 Reading passage 3: What "Imagine" Tells Us

What "Imagine" Tells Us

In 1971 Lennon released his first important and successful solo album called Imagine. "Imagine" was the most successful song of John Lennon's solo career. The lyrics of "Imagine" **disparage** religion, capitalism, and patriotism, and embrace **an atheistic, socialist utopia**. Lennon wrote the song in 1971 when he had turned increasingly political. As he prepared a new album that spring and summer, he continued to **explore these concerns**, and "Imagine" was one result. Composed on the piano, the song has a gentle tone and a simple melody. Lennon wrote **lyrics** in which he asked listeners to imagine a world without religion, national borders, or possessions, in which people lived in peace and brotherhood. It was **rendered** with such an appealing arrangement and in such a hopeful mood. Joan Baez, whose **outspoken left-wing views** would have seemed to make her particularly sympathetic to the song's message, seemed to be one of the few who **paid close attention to the words**.

• 단어설명 •

disparage 비방하다, 나쁘게 말하다. vs embrace(받아들이다)
an atheistic, socialist utopia 무신론자와 사회주의자가 꿈꾸는 이상사회(유토피아)
explore these concerns 이런 관심사들을 탐색하다.
lyrics 서정시 vs 서사시(epics)
rendered 만들어지다(made)
outspoken left-wing views 솔직한 좌파적 시각(을 지닌 존 바에즈)
paid close attention to the words 가사에 세밀한 주의를 기울였다.

해석

"Imagine"이 우리에게 전하는 메시지

1971년에 레논은 "Imagine"이라는 그의 첫 번째 중요한 솔로 앨범을 냈다. "Imagine"은 존 레논의 솔로 이력 중 가장 성공적인 노래였다. "Imagine"의 가사는 종교와 자본주의, 애국주의를 비방하고 무신론자와 사회주의자가 꿈꾸는 이상세계를 받아들인다. 레논은 이 노래를 점점 더 정치적으로 변하고 있었던 1971년에 작곡했다. 그 해 봄과 여름에 새로운 앨범을 준비할 때 레논은 계속 이런 관심사들을 탐색했고 "Imagine"이 하나의 결과였다. 피아노를 기반으로 작곡된 이 노래는 부드러운 음조와 단순한 멜로디로 이루어져 있다. 레논은 자신이 쓴 가사에서 종교나 국가의 국경, 혹은 소유가 없는 세상, 사람들이 평화와 형제애 안에서 사는 세상을 상상해보라고 요청했다. 그것은 대단히 호소력 있는 방식으로 그리고 희망적인 분위기로 만들어졌다. 솔직한 좌파적 시각을 지닌 조안 바웨즈는 이 노래의 메시지에 특별히 공감하게 되었고, 이 노래말에 세밀하게 주의를 기울인 몇 안 되는 사람 중의 하나였다.

유토피아를 상상하는 **"Imagine"** 이란 노래는 언제 들어도 상큼하다. 분쟁과 전쟁이 끊이질 않는 시대에 이 노래는 늘 우리가 지향해야할 좌표를 상기시킨다. "천국도 지옥도 없고… 국가도 종교도 없고… 탐욕도 소유도 없는 세상"을 그렸던 이상주의적 몽상가 존 레논. 우리는 꿈을 꾸며 산다. 홀로. 꿈이 없으면 희망이 없기에. 꿈은 자신을 지탱시켜주는 힘. 세상을 바꾸는 것은 총구가 아니라, 한 곡의 음악이다. **"Imagine"** 이란 노래를 들으며 좀 더 나은 세상을 꿈꾸게 된다. 영국 리버풀 항구 출신의 '시골뜨기들'은 음악을 통해 제도권에 도전하고, 유토피아를 꿈꾸었다. 아바ABBA는 "I Have a Dream"을 노래로, 마틴 루터 킹은 "I Have a Dream"을 연설로 표현했다.

Question

이 노래에 나타난 유토피아의 세계는 어떤 모습인가?

Answer

천국도 지옥도 없고, 국가도 종교도 없고, 탐욕도 소유도 없는 세상, 분쟁과 전쟁도 없고, 신분상의 계급 차이가 없는 평등한 세상이다.

결론

1. 영국은 전통과 보수가 지배하는 사회인 동시에 이에 맞선 **파격성**과 **개혁성**이 꿈틀거리며 발현하는 사회이다. 비틀즈의 팝음악, 그룹 퀸의 록음악, 미니스커트와 펑크족의 고향이 바로 영국이다.
2. 영국에서 계급을 구분하는 기준은 외양, 재산, 직업이 아니라, 바로 그 사람이 구사하는 **영어(언어)**이다. 품위 있는 영어를 구사하거나, 말의 구사력articulation이 뛰어난 사람은 교육받은 사람으로 인식된다.
3. 비트beat를 선문으로 하는 그룹 **비틀즈**The Beatles는 지배문화에 반대하는 저항의 목소리를 냈다. "Imagine", "A working class hero is something to be"는 모두 강한 사회비판적 메시지를 전달하고 있다.
4. 이런 다양하고 비판적인 목소리를 허용하는 사회가 성숙하고 유연한 사회이다. 지나친 검열제도censorship는 예술의 자율성과 다양성을 위축시킨다. 톨스토이는 예술의 기능이, "상호이해와 감정결속을 가져오게 하여, 폭력을 일소하고 인간을 행복에 이르게 하는 것"이라고 보았다.

학습평가

1. 존 레논의 "Imagine"이란 노래가 우리에게 전하는 메시지 중 거리가 먼 것을 고르시오.
   a. 종교, 자본주의, 애국주의를 비방한다.
   b. 무신론자와 사회주의자가 꿈꾸는 이상세계를 받아들인다.
   c. 국가의 국경이 없는 무소유의 세상을 지향한다.
   d. 라스타파리를 전 세계에 알리기 위해 끊임없이 노력하여야 한다고 주문한다.

2. 레게음악에 대한 설명으로 적절하지 않은 것을 고르시오.
   a. 레게음악은 1970년대 후반 뉴욕 할렘 가에 거주하는 흑인이나 스페인계 청소년들에 의해 형성된 춤과 음악을 총칭한다.
   b. 레게음악을 전파하는데 기여도가 가장 큰 뮤지션은 Bob Marley이다.
   c. 레게음악은 독재와 정치적인 면을 비판하는 것에서 시작되었고, 평화, 사랑(넓은 의미), 정의, 권리, 평등, 자유를 노래한다.
   d. 레게음악은 자메이카 전통음악 특유의 비트와 정서가 담겨 있는 노래이다.

정답 및 해설

1. d. **해설** 라스타파리를 전 세계에 알리기 위해 끊임없이 노력했던 사람은 Bob Marley이다.
2. a. **해설** a는 힙합에 대한 설명이다.

자료출처

Wikipedia, the free encyclopedia
http://www.google.com
http://www.youtube.com/watch?v=CnlFZt0kxcU&feature=related
http://www.youtube.com/watch?v=4lKwXwU5iWs
http://www.youtube.com/watch?v=okd3hLIvvLw

08 | 영국의 대중문화 2

예술(가) arts/artist
사회적 약자 second-class citizen
주변인 outsiders
차별 discrimination
펍 public house
영국 신문 British newspapers

개요

8.1 Rock Group Queen & Freddie Mercury

8.1.1 Reading passage 1: Freddie as an Artist

8.1.2 "We Are the Champions" by Queen

8.2 British Pub (public house)

8.2.1 Reading passage 2: About pubs

8.3 British Newspapers

8.3.1 Reading passage 3: *The Rise and Fall* of London Newspapers

서론

이번 장에서는 영국의 대중문화를 대표하는 또 하나의 그룹 퀸Queen의 노래에 담긴 의미와 그들이 세상에 전달하고자 하는 메시지에 대해 고찰해본다. 또한 영국 대중생활의 산실인 펍pub의 기능과 특징에 대해 살펴보고, 영국에서 발행되는 신문들의 성향과 독자층에 대해 비교해본다.

우선, 록그룹 퀸의 음악성향에 대해서 알아보자. 퀸은 1971년 영국 런던에서 결성된 그룹으로 일상적이고 진부한 것으로부터 탈피하여 자기들만의 개성을 찾아가며 독창적인 음악을 선보인 그룹이다. 1975년 "Bohemian Rhapsody"에서 보여준 록오페라의 가능성은 이들의 최고 업적이라 할 수 있다. 지배문화에 반대하는 저항의 목소리를 냈으며, "We are the champions"란 노래를 통해 주류 사회에 속하지 못하는 사회적 약자의 입장을 음악으로 대변하고, 차이를 인정하는 성숙한 사회의 관용정신을 베풀 것을 주문하였다.

톨스토이의 예술론에 따르면, "예술이란 인간이 느낄 수 있는 모든 감정을 선이나 움직임, 색채나 음 또는 말로 표현하는 것이다. 예술 작품을 보거나 듣는 사람과 그 작가가 작품을 통해서 소통을 하며 똑같은 인상을 갖게 될 때 그것을 예술이라 부른다. 예술은 한 사람이 어떤 외부 징후의 도움으로 의식적으로 다른 사람에게 그가 경험했던 감정을 전달해주는 인간의 행위이다. 예술은 우리의 인생에서 꼭 필요한 것이며 모든 개인의 행복과 인류의 행복을 위해 꼭 필요한 것이다. 예술은 인간과 인간을 서로 이해시키는 도구이다. 즉 그들을 함께 묶는 감정의 끈과 같은 것이다." 이런 의미에서 퀸의 음악은 진정한 예술이다. 왜냐하면 퀸의 음악은 결코 파괴적이지 않고 생명력으로 가득 차 있기 때문이다.

본론

8.1 Rock Group *Queen* & Freddie Mercury

8.1.1 Reading passage 1: Freddie as an Artist

Freddie as an Artist

Persian FARROKH BULSARA, whom the whole world knows as Freddie Mercury, was a born artist. His voice **bewitches** in the same way today as it had during his life, when he used to fascinate millions with his image, voice and performance.

But, what is art after all? What human activity can we **declare as art**? Leo N. Tolstoy, the truly greatest **authority**, has given us the most beautiful and at the same time **the most precise definition of that term**. In his essay "About Art", Tolstoy writes:

"Art deals with a whole range of feelings—with very strong and very weak ones, very important and very **shallow** ones, very beautiful and very ugly ones, as long as people **get infected** by them. When spectators or listeners get infected by the same impression the author had, that is what we can call art. Duty of an artist is to hold a feeling and then to express it through movements, lines, colors, sounds or pictures described by words in such a way, so the others would feel the same **sensation** as the artist had. Art is a human activity in which one person, with the help of certain external signs, consciously **passes on** other people the feelings he/she had experienced, and then the others get infected by them and experience them as well. Art is not an expression of some mysterious idea, beauty or God, **as metaphysics claim**. It is not a game, in which a person loses **the accumulated energy**, as **aesthetics of physiology** would say. It is not mere expressing feelings through some outer signs, nor producing nice objects, and **in no way** is it all about **obtaining aesthetical pleasure**. Not at all, art is a necessity for life and for directing every single person and the whole mankind towards happiness, it is an instrument of understanding between people, an emotional **band**, which brings them together."

These words written by the greatest teacher of mankind are a precise description of what had been going on the concerts of Queen. Feeling safety inside the band, Freddie Mercury was able **due to** the magic of the music and his magnificent artistic personality to communicate with **huge masses of people** (communicate is the word he used to describe it).

Tolstoy said that "ART MUST CLEAN THE WORLD OF VIOLENCE, BECAUSE ONLY ART IS CAPABLE OF DOING IT." It rings true and is most fitting to the case of Freddie Mercury.

Music of Queen is a true art, because it was never destructive. It is loud and full of life. A lot of their songs disappeared as victims of time, fashion or a style, but the majority stays for the future, because their true value is still not recognized. Here I have to mention Freddie's life work - songs. These songs are a true **inheritance** for the future.

[글 직접 링크 http://freddie.webz.cz/en.html]

"Is this the real life
Is this just fantasy
Caught in a landslide
No escape from reality"

Freddie Mercury (1946–1991)
http://kuws.fm/freddie%20mercury.gif

• 단어설명 •

bewitches 마법을 걸다, 매혹하다
authority 권위자
declare as art 예술로 단언하다.
the most precise definition of that term 그 용어(예술)에 대한 가장 정확한 정의를 (내리다)
shallow 얇은, 피상적인
get infected 감염된
sensation 감흥
passes on 전하다.
as metaphysics claim 형이상학이 주장하듯
the accumulated energy 축적된 에너지
aesthetics of physiology 생리학의 미학
in no way ~이 아니다.
obtaining aesthetical pleasure 미학적 즐거움을 얻다.
band 밴드, 끈
due to ~ ~ 덕분에. due to the magic of the music and his magnificent artistic personality 부분은 괄호로 묶고, was able ~ to communicate...로 연결된다.
huge masses of people 거대한 규모의 군중들
inheritance 상속, 유산

• 해석 •

예술가 프레디

전 세계에서 Freddie Mercury로 알려진 페르시아인인 FARROKH BULSARA는 타고난 예술가였다. 생전에 그의 이미지와 목소리 그리고 행위로 수백만을 매료시켰던 것처럼 오늘날도 그의 목소리는 똑같은 방식으로 매혹적이다.

그러나, 결국 예술은 무엇인가? 우리는 어떤 인간의 행동을 예술이라고 단

언할 수 있는가? 예술이라고 단언하는 인간의 행동이 할 수 있는 것은 무엇인가? 정말로 가장 위대한 권위자인 톨스토이는 우리에게 예술이란 용어에 대해 가장 아름답고 동시에 가장 정확하게 정의해주었다. 「예술에 관하여」라는 그의 수필에서 톨스토이는 다음과 같이 말했다.

"예술이란 인간이 그러한 감정들에 의해 감염되는 한 아주 강한 감정과 아주 약한 감정, 아주 중요한 감정과 아주 피상적인 감정, 매우 아름다운 감정과 매우 추한 감정 등 모든 감정의 범위를 다룬다. 보는 사람이나 듣는 사람이 그 작가가 가진 똑같은 인상에 감염됐을 때 그것을 우리는 예술이라 부를 수 있는 것이다. 예술가의 의무는 감정을 유지하고 그것을 움직임이나 선, 색채, 음 또는 그림으로 표현하고 어떤 방식으로는 말로 묘사된 그래서 다른 사람들도 예술가가 가졌던 것과 똑같은 감흥을 느끼게 하는 것이다. 예술이란 한 사람이 어떤 외부 징후의 도움으로 의식적으로 다른 사람들에게 그가 경험했던 감정을 전달해주는 인간의 행위이다. 그리고 다른 사람들은 그러한 감정에 의해 전염되고 그러한 감정을 또한 경험한다. 예술이란 형이상학자가 주장하듯이, 미(美)나 신(神)에 대한 뭔가 신비적인 관념을 나타내는 것은 아니다. 또 유미주의적인 생리학자가 말하듯이, 인간의 축적된 에너지를 발산하기 위한 유희도 아니다. 단순히 어떤 외부의 징후를 통해 감정을 표현하는 것이 아니며 또한 멋진 대상물을 만들어내는 것도 아니고, 전적으로 미학적 즐거움을 얻기 위한 것도 아니다. 천만에, 예술이란 인생의 필수품이다. 모든 개인 각자와 전 인류의 행복을 위해 꼭 필요한 것이다. 그것은 인간 사이를 이해시키는 도구이다. 즉 그들을 함께 묶는 감정의 끈과 같은 것이다."

인류의 가장 위대한 스승이 쓴 이 말은 퀸의 콘서트에서 행해졌던 것에서 정확히 묘사된다. 밴드 속에서 안전함을 느끼면서, 프레디 머큐리는 음악의 마법과 그의 훌륭한 예술성 덕분에 거대한 규모의 군중들과 소통할 수 있었다(여기서 소통은 그가 사용했던 단어이다).

톨스토이는 "예술은 폭력의 세계를 정화시켜야만 한다. 왜냐하면 예술만이 그것을 할 수 있기 때문이다"라고 말했다. 이 말은 정말처럼 들린다. 프레디 머큐리의 경우에 딱 맞는 말이다.

퀸의 음악은 진정한 예술이다. 왜냐하면 그것은 결코 파괴적이지 않았기 때문이다. 그것은 소리가 강하고 생명력으로 가득 차 있다. 많은 그들의 노래가 시대나 유행 또는 스타일의 희생물로 사라졌지만, 대다수가 미래를 위해 남아 있다. 왜냐하면 그들 음악의 진정한 가치가 아직 인식되지 않았기 때문이다. 여기에서 프레디의 평생의 일, 즉 노래에 대해 언급해야만 한다. 이 노래들은 미래의 진정한 유산들이다.

Questions

1. 톨스토이가 내린 예술에 대한 정의는 무엇인가? 예술(가)의 주된 기능은 무엇인가?

2. 프레디 머큐리의 장점 또는 자질은 어떤 것인가? 그가 믿었던 예술(가)의 힘은 무엇인가?

Answers

1. 톨스토이는 예술의 기능이 "상호이해와 감정결속을 가져오게 하여, 폭력을 일소하고 인간을 행복에 이르게 하는 것"이라고 보았다. 진정한 예술가는 이런 일을 하는 사람들이어야 한다.
2. 프레디 머큐리의 음악은 파괴적이지 않으며 소리가 강하고 생명력으로 가득 차 있다. 예술가는 세상에 대한 편견 없이 자유로운 영혼을 지니고 살아가는 사람이다.

비트/가락을 전문으로 하는 그룹, 비틀즈, 영국의 또 다른 여왕, 록 그룹 퀸은 지배문화에 반대하는 저항의 목소리를 냈다. 신선하고 도발적이다. "Imagine", "A working class hero is something to be", "We are the champions"는 모두 강한 사회비판적 메시지를 전달하고 있다. 이런 다양하고 비판적인 목소리를 허용하는 사회가 성숙하고 유연한 사회이다. 지나친 검열제도는 예술의 자율성과 다양성을 위축시킨다. 톨스토이는 예술의 기능이, "상호이해와 감정결속을 가져오게 하여, 폭력을 일소하고 인간을 행복에 이르게 하는 것"이라고 보았다. 동성애자를 동등한 인간으로 받아들여주길 바랐던 프레디 머큐리. 그의 허물과 과오를 너그럽게 받아줄 수 있어야 한다. 변태성욕을 지닌 동성연애자로 차별하고 단죄하는 것은 경직된 사고의 표출이 아닐까? 예술가는 자유로운 영혼을 지닌 사람들이기 때문이다. 차이를 인정해주지 않는 사회는 성숙된 사회가 아니다.

8.1.2 "We Are the Champions" by Queen

"우린 모두 일상적이지 않은 것, 우리에게 기대하지 않는 것.
그리고 평범하지 않은 것들을 한다고 강하게 믿고 있다.
우린 틀에 박힌다든지 밴드로서 진부해지는 게 싫다.
하지만 우리처럼 오래 함께 지내다보면 위험이 따르기 마련이다.
이미 얻은 명예에 만족해서 느슨해질 염려가 있지만,
우리 중 어느 누구도 그런 것은 원하지 않는다.
우린 결코 정체되고 싶지 않다."

[프레디 머큐리, 『낯선 세상에 서서 보헤미안 랩소디를 노래하다』, 뮤직트리 프레디머큐리, 130쪽]

퀸의 멤버는 모두 천재라고는 하지만 그들이 얼마나 노력했는지 그 땀과 숨결이 프레디 머큐리의 인터뷰 행간에서도 느껴진다. 남들보다 한발 앞서가기 위해서 부단히 노력했다. 새롭고 혁신적인 음악을 시도했고 끊임없이 도전했다. '퀸의 스타일'로 굳어지는 것을 무엇보다 두려워했기에 오페라 록이라는 퀸만의 독특한 장르를 만들어냈다. 퀸의 이러한 활동에는 프레디 머큐리라는 걸출한 리드 싱어가 있었다. 프레디 머큐리는 활화산 같은 열정과 에너지, 터질듯한 아이디어, 발상으로 가득한 사람이었다. 그는 오로지 노래를 위해 태어난 사람이었다. 그 자신 스스로도 자기가 할 줄 아는 것은 작곡을 하거나 노래를 부르는 것뿐이라고 말할 정도였다.

Freddie Mercury, Group Queen
http://i55.photobucket.com/albums/g160/Retro_Guru/freddie-mercury.jpg

음악듣기
http://www.youtube.com/watch?v=sogKUx_q7ig

"We Are the Champions"

by Queen

I've **paid my dues**—
Time after time—
I've done my sentence

But committed no crime—
And bad mistakes
I've made a few
I've **had my share of sand kicked in my face**—
But I've come through

We are the champions—my friends
And we'll keep on fighting—till the end—
We are the champions—
We are the champions
No time for losers
Cause we are the champions—of the world—

I've taken my bows
And my **curtain calls**—
You brought me fame and fortune and everything that goes with it—
I thank you all—

But it's been no **bed of roses**
No pleasure cruise—
I consider it a challenge before the whole human race—
And I ain't gonna lose—

We are the champions – my friends
And we'll keep on fighting – till the end –
We are the champions –
We are the champions
No time for losers
Cause we are the champions – of the world –

• 단어설명 •

paid my dues 형을 무사히 다 마치다(done my sentence).
had my share of sand kicked in my face 비난을 받다.
No time for losers 패자들에겐 설 자리가 없다.
I've taken my bows 난 맹세를 해왔다.
curtain calls (가수, 배우를) 무대로 다시 불러내다. 앙코르
bed of roses 안락한 지위, 걱정 없는 환경

「우린 이 세상의 승리자」

그룹 퀸

내 죄과는 몇 번이고 치렀어요
내게 내려진 형을 다 살았어요

그렇다고 내가 죄를 지은 건 아니에요
안 좋은 실수를 몇 번 저지르고
마땅히 받아야 할 비난도 받았고
난 이겨냈죠

친구들, 우린 최고가 되었어
우린 끝까지 싸울거야
우리는 승리자

우리는 승리자
패배자에겐 설 곳이 없지
우린 이 세상의 승리자니까 말이야

난 청중의 환호에 답하며 앙코르를 받았죠
여러분들이 내게 명성과 부를 주었고
그에 따른 모든 것도
다 여러분들께 감사할 따름이에요

하지만 편하고 쉽지만은 않았어요
즐겁기만 했던 항로는 아니었죠
그건 모든 인류 앞에 놓여진
도전이라고 생각해요
난 절대 지지 않을 거예요
내겐 앞으로 나아가는 일만 남았어요

친구들, 우린 최고가 되었어
우린 끝까지 싸울 거야
우리는 승리자
우리는 승리자
패배자에겐 설 곳이 없지
우린 이 세상의 승리자니까 말이야

친구들, 우린 최고가 되었어
우린 끝까지 싸울 거야
우리는 승리자
우리는 승리자
패배자에겐 설 곳이 없지
우린 이 세상의 승리자니까 말이야

Questions

1. 여기서 '우리'We는 누구인가? 이들은 무엇에 맞서 싸우고 있는가?

2. 프레디 머큐리는 이 노래에서 누구를 대변하고, 무슨 메시지를 전달하고 있는가?

Answers

1. 이 노래에서 '우리'We는 사회적 편견과 차별의 희생자들을 지칭한다. 이들은 지배계급과 인습과 편견에 도전하고 있다.
2. 그는 비주류 혹은 주변인 혹은 사회적 약자의 입장을 음악으로 대변하고, 이 노래를 통해 차이를 인정하는 성숙한 사회의 관용정신을 베풀 것을 주문하고 있다.

8.2 British pub (public house)

8.2.1 Reading passage 2: About Pubs

About Pubs

Pubs are an important part of life in Britain. People go to the pub to relax, meet friends, and sometimes to do business.

But pubs are not open to everyone, and they are not open all the time. People under the age of 14 cannot go into pubs. And they are only open from about 11 a.m.(opening time) until 2:30 p.m., and 5:30 p.m. until 10;30 or 11 p.m.(closing time). When it's closing time, the barman calls "Time!" or "Time, gentlemen, please!"

You can buy most kinds of drink in a pub: beer, lager, all kinds of wine, **spirits, liquors**, fruit juice and **soft drinks**. Beer is the most popular drink. You can ask for beer by the "pint" (a little more than half a litre) or the "half pint." When people buy beer they ask for "bitter"(strong beer), "mild"(less strong), or lager.

Most pubs do not sell hot drinks, like coffee or tea, but many sell hot and cold food. Pub food (called "pub grub") is often good, is cheaper than most restaurant food, and you don't have to **leave a tip**. There are no waiters in pubs.

• 단어설명 •

Pub 대중들이 출입하는 선술집, the public house의 줄임말.
spirits 알코올, 독한 술
liquors brandy, whisky 등 독한 알코올 음료
soft drinks 알코올이 포함되지 않은 음료
leave a tip 팁을 남기다.

British Pub (British Public House)
좌 A thatched country pub, The Williams Arms, near Braunton, North Devon, England
http://upload.wikimedia.org/wikipedia/commons/thumb/8/81/Pub.williams.arp.750pix.jpg/220px-Pub.williams.arp.750pix.jpg
우 A city pub, the World's End, Camden Town, London
http://upload.wikimedia.org/wikipedia/commons/thumb/a/af/PubCamdenTown.jpg/220px-PubCamdenTown.jpg

• 해석 •

펍에 대하여

펍은 영국인들의 삶에서 매우 중요한 부분을 차지한다. 사람들은 쉬기 위

해, 친구들을 만나기 위해 때로는 비즈니스를 위해 펍에 간다.

그러나 펍은 모두에게 열려있는 것은 아니고 항상 열지도 않는다. 14세 이하의 청소년은 펍에 출입할 수 없다. 오전 11시 정도부터 오후 2시 30분까지, 그리고 5시 30분부터 오후 10시 30분 혹은 11시까지만 문을 연다. 문 닫을 시간이 되면 바텐더는 "마칠 시간이에요" 혹은 "신사 분들, 마칠 시간이에요"라고 외친다.

펍에선 맥주, 라거, 모든 종류의 와인, 술, 증류주, 과일 주스, 탄산음료 등 대부분의 음료를 마실 수 있다. 그 중 맥주가 가장 인기 있는 음료이다. "파인트"(0.5리터보다 약간 많은) 또는 "반 파인트"로 주문할 수 있다. 맥주를 살 때 사람들은 "쓴 맥주"(독한 맥주), "순한 맥주", 또는 "라거"를 주문한다.

대부분의 펍은 커피나 차 같은 뜨거운 음료는 팔지 않지만 많은 곳이 뜨거운 음식과 찬 음식을 판다. 펍 음식은 보통 괜찮고 대부분의 레스토랑 음식 보다 저렴하다. 그리고 펍에는 웨이터가 없기 때문에 팁을 줄 필요가 없다.

Question

1. 펍의 주된 기능은 무엇이고 영업시간은 언제인가?

2. 독한 맥주를 주문할 때 사용하는 단어는 무엇인가?

3. 펍과 레스토랑의 차이는 무엇인가?

Answer

1. 펍은 영국인들의 삶에서 매우 중요한 부분을 차지한다. 휴식을 취하기 위해, 친구들을 만나기 위해 때로는 비즈니스를 위해 선술집을 찾는다. 보통 오전 11시에 시작하여 오후 2시 반에 닫고 다시 오후 5시 반에 열어 밤 11시까지 영업을 한다.
2. bitter
3. 펍은 레스토랑보다 음식 값이 싸고 웨이터가 따로 없기 때문에 팁을 줄 필요가 없다.

영국의 선술집에서는 대개 안주 없이 술을 마신다. 땅콩, 얇게 썬 감자튀김crisp 등이 고작이다. 이곳에서 식사도 할 수 있다. 레스토랑에 가면 줄을 서서 안내를 받아야 하지만, 펍은 출입이 자유롭다. 펍의 운영도 철저한 시간제이다. 밤 11시면 문을 닫는다. 런던, 템스 강변에 정박한 배 Queen Mary호 내의 펍은 분위기도 전망도 좋다. 맥주의 종류도 여러 가지인데, 아일랜드 흑맥주Guiness는 임산부에게도 좋을 정도로 영양이 듬뿍 담겨 있다고 한다. 순한 맥주는 라거Lager, 독한 맥주는 비터Bitter라 부른다.

8.3 British Newspapers

2005년 7월 7일(July 7, 2005) 런던 테러 관련 기사를 다룬 영국의 신문들 (왼쪽 위부터 시계방향으로) 〈데일리 텔레그래프〉, 〈가디언〉, 〈데일리 익스프레스〉, 〈타임스〉, 〈인디펜던트〉, 〈선〉, 〈데일리 메일〉

8.3.1 Reading passage 3: The Rise and Fall of London Newspapers

The Rise and Fall of London Newspapers

Throughout the 18th and 19th centuries, the growth in newspaper publishing was steady. 〈The Times〉 was first published in 1788, 〈The Observer〉 in 1791, and 〈the Sunday Times〉 in 1822. George

Newnes saw **the potential readership** that had been created by **universal education** in England, and designed his magazine for the newly **literate** working class. 〈The Daily Mail〉 is for the working class. Alfred Marmsworth **launched** 〈The Daily Mail〉. His **dictum** was "Explain, simplify, clarify." 〈The Daily Mirror〉 is a paper for "gentlewomen." Leading up to the 1980s, all the major London-based papers had offices in Fleet Street, London. **Not until the mid-1920s** were newspapers **upstaged**, first by radio and then by cinema **newsreels**. Between the wars, leading journalists and columnists were **men of enormous prestige**. It was television, in the 1950s and 1960s, that cut deep into Fleet Street market.

In 1855, 〈The Times〉 was challenged by the arrival of 〈The Daily Telegraph〉. Although 〈The Telegraph〉 attracted a good many readers, it never had the authority and the influence of 〈The Times〉. Well into the 20th century, 〈The Times〉 (Rupert Murdoch, an Australian, is the owner of 〈The Times〉 and 〈The Sun〉) continued to be regarded as 〈the British newspaper>, **the official organ of any right-wing government.** His great rival, the late Robert Maxwell kept The 〈Daily Mirror〉. 〈The Guardian〉 (for the left-wingers), 〈The Independent〉 (for the right-wingers), 〈The Observer〉 (weekly at the present time) are the newspapers of such a good quality.

단어설명

the potential readership (신문을 읽을 수 있는) 잠재적 독자(층)
universal education 보편적(일반적) 교육
literate 글을 읽고 쓸 수 있는(be able to read and write)
launched (사업에) 착수/ 개시하다
dictum (권위자의) 의견, 공식 견해, 격언
Not until the mid-1920s ~ 1920년이 되서야 비로소 ~하다/되다.
upstaged (수동형일 때) 불리한 입장에 놓이다. 인기를 빼앗기다.

newsreels 뉴스 영화
men of enormous prestige 엄청난 위신(명망, 세력)을 지닌 사람들
the official organ of any right-wing government 우익 정부의 공식적 기관(지)
the left-wingers 정치적 좌파들. 의회에서 왼쪽에 앉았다고 해서 생겨난 명칭

런던 신문의 흥망성쇠

18, 19세기에 걸쳐 신문출판의 성장은 꾸준했다. 〈타임즈〉는 1788년에 처음 발간되었고 〈옵저버〉는 1791년에, 〈선데이 타임즈〉는 1822년에 발간되었다. George Newnes는 영국에서 보편적인 교육을 받은 잠재적 독자층을 보았고 새로이 글을 읽을 줄 아는 노동계급을 위한 잡지를 계획했다. 〈데일리 메일〉은 노동계층을 위한 것이다. Alfred Marmsworth는 〈데일리 메일〉을 만들었고 그의 의견은 "간단명료하게 설명하라"는 것이었다. 〈데일리 미러〉는 "숙녀들"을 위한 신문이다. 1980년대까지 런던에 기반을 둔 모든 주요 신문들은 런던의 플리트 가에 사무실을 가지고 있었다. 1920년대 중반에 가서야 신문들은 처음엔 라디오에 의해 그러고 나서 뉴스영화에 의해 주춤하게 된다. 제1차 세계대전과 제2차 세계대전 사이에 선두적인 저널리스트들과 칼럼니스트들은 막강한 권력을 가진 사람들이었다. 1950년대와 60년대에 플리트 가의 상점을 강타한 것은 텔레비전이었다.

1855년에 〈타임즈〉는 〈데일리 텔레그라프〉에 도전을 받았다. 비록 〈텔레그라프〉가 좋은 많은 독자들을 끌어들였다 할지라도 결코 〈타임즈〉의 권위와 영향력을 가질 수는 없었다. 20세기에 들어서도 〈타임즈〉(호주인으로 〈타임즈〉와 〈선〉을 소유하고 있는 Rupert Murdoch)는 여전히 우익정부의 공식기관인 영국의 신문으로 간주되었다. 그의 가장 큰 라이벌인 고 로버트 맥스웰은 〈데일리 미러〉를 유지했다. 〈가디언〉(좌익을 위한), 〈인디펜던트〉 (우익을 위한), 〈옵저버〉(현재는 주간지)는 양질의 신문들이다.

Questions

1. 영국 런던에 있는 신문사의 메카는 어디인가?

2. 영국 신문의 종류와 이들 신문의 정치적 색채에 대해 말해보자.

3. 신문의 전성시대와 쇠퇴의 원인은 무엇인가?

Answers

1. Fleet Street
2. 〈The Times〉와 〈The Daily Telegraph〉를 읽는 사람들은 공무원 혹은 보수성향이 강한 사람들이고, 〈The Guardian〉과 〈The Observer〉를 읽는 사람들은 좌파성향이 강하다. 〈The Daily Mail〉은 노동계층을 위한 신문이고, 〈The Daily Mirror〉는 숙녀들을 위한 신문이다. 이외에 런던의 유일한 석간신문인 〈The Evening Standard〉가 있는데 이 신문은 핑크색 종이를 사용하고 있다는 것이 특징이다.
3. 18세기와 19세기는 신문의 출간이 꾸준히 성장하였다. 그러나 1920년대 중반에 가서 라디오와 뉴스영화가 나오면서 주춤하였고, 1950년대와 60년대에 들어 텔레비전이 보급되면서 감소되었다.

아마도 전 세계 민족 중 신문을 가장 애독하는 사람들이 바로 영국인일 것이다. 축축하고, 실내에 갇혀 지내야 하는 날이 많은 날씨이기에 책과 신문 읽기가 보편화된 것 같다. 영국에서 지하철과 기차와 버스를 타면 도서관 혹은 독서실에 온 것이 아닌가 하는 착각이 들 정도로 모두가 무엇인가를 읽고 있다. 아마도 이러한 습관은 말을 삼가는 민족, 남에게 말을 걸거나 잡담을 하는 것을 실례라고 생각하는 성향에서 나온 듯하다.

어떤 신문을 읽는가에 따라서 그 사람의 정치적 노선이 분명하게 드러난다. 영국인들은 자신이 애독하는 신문을 고르며 당당하게 자신의 정치적 노선을 드러낸다. 〈The Times〉와 〈Daily Telegraph〉를 읽는 사람들은 공무원 혹은 보수성향이 강한 사람들이고, 〈The Guardian〉과 〈The Observer〉를 읽는 사람들은 좌파성향이 강한 사람들이다. 영국에서 신문은 거의 배달되지 않는다. 길거리나 가게에서 돈 주고 사서 본다. 아침에 신문을 사러 일부러 가게에 가야 한다. 불편하지만, 영국인들은 일상처럼 아침에 일어나면 신문을 사러 가게에 간다. 신문 없이는 하루가 지겨워서 못 사는 사람들이 영국인들일 것이다. 빵 없이, 자유 없이, 공기 없이도 못 살지만, 신문 없어도 못 사는 민족이 바로 영국인이다.

신문에 읽을거리, 볼거리, 유익한 정보가 많다. 물론, 섹스와 개인의 사생활을 파헤치는 저질 신문도 넘쳐난다. 특히, 〈The Sun〉은 야한 사진을 보는 신문이기도 하며, 극우 이념을 선동하는 신문이기도 하다. 좋은 신문이 넘쳐나는 사회가 의식 있는 사회일 것이다.

결론

이번 장에서 다룬 내용들을 정리해보자.

1. 영국의 또 다른 여왕 **록그룹 퀸**Rock Group Queen은 지배문화에 반대하는 저항의 목소리를 냈다. "We are the champions"는 비주류 혹은 주변인 혹은 사회적 약자의 입장을 음악으로 대변하고, 이 노래를 통해 차이를 인정하는 성숙한 사회의 관용정신을 베풀 것을 주문하고 있다.
2. 다양하고 비판적인 목소리를 허용하는 사회가 성숙하고 유연한 사회이다. 지나친 검열제도는 예술의 자율성과 다양성을 위축시킨다. 톨스토이는 예술의 기능이 "상호이해와 감정결속을 가져오게 하여, 폭력을 일소하고 인간을 행복에 이르게 하는 것"이라고 보았다.
3. 영국의 **펍**은 출입이 자유롭다. 다양한 종류의 알코올을 판매하고 있다. 맥주의 종류도 여러 가지인데, 아일랜드 흑맥주Guiness, 순한 맥주 라거Lager, 독한 맥주 비터Bitter 등이 있다.
4. 영국인들은 **신문**을 애독한다. 전통 보수성향이 짙은 신문인 〈The Times〉, 〈Daily Telegraph〉이 있고, 사회주의 성향이 짙은 〈The Guardian〉과 〈The Observer〉가 있으며, 노동계층에서 주로 읽히는 대중지 〈The Sun〉이 있다. 그 외에도 다양한 종류의 신문들이 있다. 어떤 신문을 읽는 가에 따라서 그 사람의 정치적 노선이 분명하게 드러난다.

학습평가

1. 그룹 퀸의 “We Are the Champions”란 노래에서 ‘우리’는 누구인가? 거리가 먼 것을 고르시오.
   a. 사회적 편견과 차별의 희생자들
   b. 지배계급과 인습과 편견에 도전하는 사람들
   c. 주류사회에 속하지 못하는 주변인들
   d. 평범하고 일상적인 것을 선호하는 사람들

2. 영국의 펍에 대한 설명 중 적절하지 않은 것을 고르시오.
   a. 펍은 영국인들의 일상생활에서 중요한 부분을 차지한다.
   b. 펍은 누구나 언제든지 출입할 수 있다.
   c. 펍에는 웨이터가 없어 팁을 줄 필요가 없다.
   d. 펍에선 맥주, 라거, 와인, 증류주, 과일 주스와 탄산음료까지 대부분의 음료수를 마실 수 있다.

3. 다음의 영국의 신문들 중 노동계층을 위한 신문은 어느 것인가?
   a. 〈The Times〉
   b. 〈The Daily Telegraph〉
   c. 〈The Daily Mail〉
   d. 〈The Guardian〉

4. 다음 중 우파 정부의 영국의 공식지 혹은 정부신문은 어느 것인가?
   a. 〈The Times〉
   b. 〈The Daily Telegraph〉
   c. 〈The Independent〉
   d. 〈The Observer〉

정답 및 해설

1. d. **해설** 일상적인 것에서 탈피하고 싶어 하고 평범하거나 진부한 것을 싫어하며 정체되고 싶어 하지 않는 사람들이다.
2. b. **해설** 14세 이하의 청소년은 펍에 출입할 수 없고 오전 11시 정도부터 오후 2시 30분까지, 그리고 5시 30분부터 오후 10시 30분 혹은 11시까지만 문을 연다.
3. c. 〈The Daily Mail〉
4. a. 〈The Times〉

자료출처

Wikipedia, the free encyclopedia
http://www.google.com
http://www.youtube.com/watch?v=sogKUx_q7ig

09 | 영국의 문화행사

Bonfire Night
Burns Night
Eisteddfod
The Edinburgh International Festival
Cheltenham Literature Festival
Three Choirs Festival
Notting Hill Carnival
The Glastonbury Festival of Contemporary Performing Arts

서론

이번 장에서는 영국에서 행해지고 있는 문화적 이벤트 또는 예술 공연을 비교해 보고 이러한 예술 공연이 갖는 성격과 특징에 대해 살펴본다. 각 문화행사와 지역/민족 간의 관계 또는 종교적인 전통으로써의 예술 공연 등을 구분해 보고 유달리 문화적 이벤트나 예술 공연이 발달되어 있는 영국이라는 나라를 조명해보며 지역적인 축제로 시작하여 국제적인 행사로 거듭 발전하게 되는 위력, 그 힘이 어디에서 나오는지에 대해 고찰해본다.

본론

영국의 대표적인 축제를 정리하면 다음과 같다.

- 1월 – Homanay
  에든버러의 대규모 거리 축제
- 3월 – Oxford/Cambridge University Boat Race
  노를 젓는 전통적인 보트 경기. 런던의 템스 강, 퍼트니에서 모트레이크까지
- 4월 – Grand National
  첫 번째 토요일에 열리는 유명한 승마 경기 모임
- 5월 – Glasgow Mayfest
  글래스고의 수준 높은 예술 축제
- 6월 – Glastonbury Festival

6월 말에 펼쳐지는 야외 음악 축제, 히피들의 모임

- 8월 – Edinburgh International & Fringe Festivals

  최상급 예술제 (프린지 페스티벌은 일종의 독립 예술제). 8월 중순부터 3주간 열린다.

  – Notting Hill Carnival

  London에서 8월말에 열리는 대규모의 카니발로 2–3일에 걸쳐 열린다.

- 9월 – Royal Braemar Gathering

  9월 초의 축제. 스코틀랜드 전통의 킬트 의상을 입고 원목 던지기Caber 게임을 비롯하여 다른 스코틀랜드 고지대 전통 놀이를 즐길 수 있다.

- 10월 – 거위시장

  영국 중부의 노팅엄에서는 매년 10월, 1000년의 역사를 가진 행사로 3일 동안 거위 시장이 열린다.

- 11월 – Guy Fawkes Day

  가톨릭 쿠데타의 실패를 기리며 11월 5일에 나라 곳곳에서 벌이는 폭죽과 불꽃놀이 잔치. 런던 템스 강 주변에서는 거대한 불꽃놀이를 볼 수 있다.

  – 벨파스트 축제

  북아일랜드에서 11월에 열리는 이 축제는 대표적인 예술 축제로서, 연극, 무용, 드라마, 노래에 이르기까지 모는 예술 장르를 감상할 수 있다.

- 12월 – Christmas

  크리스마스로 거리에는 아름다운 트리 장식이 다양한 볼거리를 제공한다. 크리스마스 다음날은 boxing day로 온 가족이 모여 크리스마스트리 앞에 쌓여 있는 선물들을 뜯어보며 즐거운 시간을 갖는다.

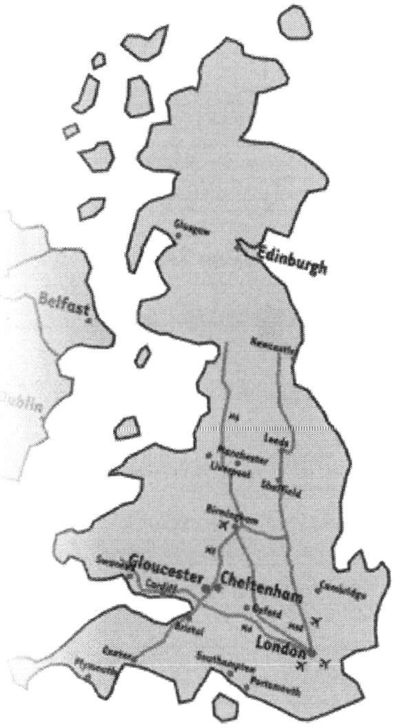

http://www.glos.ac.uk/travel/PublishingImages/britmap.gif

9.1 종교적 축제와 전통적인 민족 축제

영국의 페스티벌은 음악, 문화, 댄스, 연극 등의 문화공연과 스포츠 등 종류가 다양하고 각 페스티벌마다 개성이 강하다. 종교적 축제와 행사 이외에도 영국에서는 흥미롭고 전통적인 축제와 문화적 이벤트들이 열린다.

대표적인 예로는 11월 5일 불꽃놀이의 밤Bonfire Night을 들 수 있다. 영국 곳곳에서 불꽃놀이를 볼 수 있는 이 행사는 1605년 스코틀랜드 가톨릭 신자였던 가이 폭스라는 사람이 국회의사당을 폭파시키려다 실패한 것을 기념하는 데서 비롯되었다. 1월 25일은 번스 나이트Burns Night로 스코틀랜드 출신 작가인 로버트 번스의 삶과 작품들을 기리기 위해서 사람들이 모여 같이 저녁식사를 하는 날이다. 웨일즈에는 아이스테드바드Eisteddfod를 기리는 전통이 있다. 이 기간 동안에는 웨일즈 음악, 문학, 춤을 즐기며 국립 아이스테드바드 축제 이외에도 웨일즈 전역에서 많은 행사가 열린다. 국제 아이스테드바드 혹은 청소년 아이스테드바드도 있는데 이는 유럽에서 가장 큰 예술 축제 중 하나이다.

9.1.1 불꽃놀이의 밤Bonfire Night

이 행사는 1605년 11월 5일 가이 폭스라는 사람이 국회의사당을 폭파시키려다 실패한 것을 기념하는 데서 비롯되었는데, 매년 이날 밤에는 영국 곳곳에서 불꽃놀이를 볼 수 있다.

http://www.fireworks.com/images/postcards/Guy-fawkes-day.jpg

Guy Fawkes (13 April 1570 – 31 January 1606), also known as Guido Fawkes, the name he adopted while fighting for the Spanish in **the Low Countries**, belonged to a group of **Catholic Restorationists** from England who planned **the Gunpowder Plot** of 1605. Their aim was to displace Protestant rule by blowing up the Houses of Parliament while King James I and the entire Protestant, and even most of the Catholic, aristocracy and nobility were inside. **The conspirators** saw this as a necessary reaction to the systematic **discrimination** against English Catholics.

Guy Fawkes (1570-1606)
http://www.epicfireworks.com/blog/wp-content/uploads/2009/11/Guy_Fawkes_portrait.jpg

The Gunpowder Plot was led by Robert Catesby, but Fawkes was put in charge of its execution. He was arrested a few hours before the planned explosion, during a search of the cellars underneath Parliament in the early hours of 5 November prompted by the receipt of an **anonymous** warning letter.

Guy Fawkes Night (or "bonfire night"), held on 5 November in the United Kingdom and some parts of **the Commonwealth**, is a commemoration of the plot, during which an **effigy** of Fawkes is burned, often accompanied by a fireworks display. The word "guy", meaning "man" or "person", is derived from his name.

[from Wikipedia]

단어설명

the Low Countries 저지대 (유럽 북해 연안의 벨기에, 네덜란드, 룩셈부르크로 구성된 지역)
Catholic Restorationists 가톨릭 복원단체
The Gunpowder Plot [영국사] 화약 음모 사건(1605년 11월 5일 영국 국회 폭파를 음모한 Guy Fawkes를 주범으로 하는 천주교도의 음모)
the conspirators 음모자들
discrimination 차별(정책)
anonymous 익명의
the Commonwealth 영국 연방(the British Commonwealth (of Nations))
effigy (어떤 사람의 모습을 일부러 보기 흉하게 만든) 모형[인형]

해석

가이 폭스(1570. 4. 13-1606. 1. 31)는, 또한 가의도 폭스로도 알려져 있는데, 그가 저지대(유럽 북해 연안의 벨기에, 네덜란드, 룩셈부르크로 구성된 지역)에서 스페인 군대를 위해 참전했을 때 채택했던 이름이라고 알려진다. 그는 영국의 가톨릭 복구를 위해 1605년 화약 음모 사건을 기도한 그룹에 속해있었다. 그들의 목적은 국왕인 제임스 1세와 전 신교도들 그리고 심지어 대부분의 가톨릭 신자들과 귀족들이 있는 국회의사당을 폭파시켜 버림으로써 신교의 지배를 쫓아내기 위한 것이었다. 음모 가담자들은 그러한 행동이 가톨릭에 대한 체계적인 차별을 가하고 있는 국가에 대해 필요한 대항이라고 생각했다.

화약 음모 사건은 로버트 케이츠비에 의해 주도되었지만 폭스가 처형되었다. 익명의 제보자의 경고 편지를 받고 신속하게 대처함으로써 11월 5일 이른 아침 국회의사당 지하실을 수색하게 되었고 거기서 폭스는 계획이 실행되기 몇 시간 전에 잡혔다.

영국과 영연방의 나라들에서 11월 5일에 거행하는 가이 폭스의 밤(또는 "불꽃놀이의 밤")은 그 음모가 발각된 것을 기념하는 행사로 폭스의 모형 인형을 태우고 불꽃놀이를 하는 것으로 진행된다. "guy"는 "남자" 또는 "사람"을 의미하는 단어로 그의 이름에서 유래되었다.

[출처 위키피디아]

'가이 폭스 데이'의 유래에 대해 살펴보자. 11월로 들어서면, 갑자기 길거리에서는 영국 어린아이들이 커다란 인형을 앉혀 놓고 돈을 구걸한다. 이 인형과 아이들의 구걸은 모두 11월 5일 가이 폭스 데이Guy Fawkes Day의 풍속이다. 불꽃과 모닥불로 온 밤을 밝히는 가이 폭스의 날에 화형식에 처해지는 인형의 제작비는 모르는 사람들로부터 받아야 한다는 풍습 때문에 아이들이 길거리에서 잔돈을 구하는 것이다. 가이 폭스라는 인형 앞에는 대개 "가이에게 적선 좀 하세요Penny for Guy"라는 팻말이 붙어 있다. 그러니까 흉측하다 못해 동정심까지 유발하는 이 인형의 이름이 바로 '가이'이다. 차리고 있는 행색이 분명 성인도 아니고 왕도 아닌 가이 폭스가 도대체 무슨 대단한 죄를 지어서 해마다 이런 수모를 당하는 것일까?

1605년 가톨릭 신자인 가이 폭스와 그의 일당은 제임스 1세 국왕과 국회의원 등 모든 요직의 인물들이 모이는 국회 개회식날인 11월 5일 국회 의사당을 폭파시키기로 합의한다. 왜냐하면 그들은 국왕의 신교 옹호 정책에 반대하고 있었기 때문이다. 가이 폭스의 주도하에 약 30배럴의 화약과 도화선 등을 의회가 열리는 방 아래에 설치하는 데까지 성공한다. 그러나 자신의 친척이 이 폭발로 다칠 것을 염려한 가톨릭교의 한 멤버가 그의 친척에게 11월 5일 의회에 참석하지 말 것을 경고하고, 이 편지를 의심한 그 친척과 동료들이 국회 의사당을 수사한다. 마침내 지하에서 화약통을 쌓아 놓고 적당한 때를 기다리고 있던 가이 폭스는 체포되고 만다. 결국 불운의 가이 폭스는 다음 해 1606년 1월 31일 우리의 능지처참격의 사형을 당하여 생을 마감한다.

1605년의 이 사건은 지금도 매년 11월 영국 정기 국회 개회식 날 아침이면 재현되고 있다. 런던탑에 가면 빨간 제복에 튜더 시대의 벗신 의상을 걸치고 관광객들의 사진 촬영에도 곧잘 응해 주는 비프이터Beefeater라는 왕실 근위병이 있다. 유명한 런던 드라이진의 상표에도 등장하는 이 근위병들이 비프이터, 즉 소고기를 먹는 사람으로 불린 것은 예전에 소고기를 봉급으로 받았기 때문이라고 한다. 어쨌든 이들이 개회식 아침이면 국회 의사당으로 불려 와서 1605년과 똑같이 등불을 켜고 (전깃불이 환히 켜져 있는 21세기라는 것은 완전히 잊은 사람들처럼) 제2의 가이 폭스가 숨어 있을지도 모르는 지하를 수색한다.

침입자나 폭약 등이 없다는 것을 확인한 후 국왕에게 들어와도 안전하다는 전

갈을 보내야만 국회 개회식의 주요 절차인 시정 연설을 위해 여왕이 들어온다는 이야기이니 가이 폭스의 계획이 당시 영국 왕실에게 꽤나 겁을 주기는 준 모양이다. 그래서 천만다행으로 목숨을 부지한 제임스 1세는 그 안도와 환희로 1607년 11월5일을 공휴일로 정하고 큰 모닥불을 피워 기념하였다. 이 공휴일 제도는 빅토리아 시대에 이르러 폐지되어 오늘에 이르고 있다.

그 후부터 매년 11월 5일에는 가이 폭스의 인형들을 화톳불에 태우고 불꽃놀이를 하며 이 날을 기념해 왔다. 이러한 행사들 중에는 체계적인 대규모 행사들도 있고 가족과 친구들이 마련하는 사적인 소규모 행사들도 있다. '가이 폭스의 밤'은 '화톳불의 밤', 또는 '불꽃놀이의 밤'이라고도 불린다.

[참조 http://www.koweekly.co.uk/ Posted at 2003-11-05]

9.1.2 번스 나이트 Burns Night

1월 25일은 번스 나이트Burns Night로 스코틀랜드 출신 작가인 로버트 번스(Robert Burns)의 삶과 작품들을 기리기 위해서 사람들이 모여 같이 저녁식사를 하는 날이다.

Robert Burns (25 January 1759 - 21 July 1796) was a Scottish poet and a lyricist. He is widely regarded as the national poet of Scotland, and is celebrated worldwide.

As well as making original compositions, Burns also collected folk songs from across Scotland, often revising or adapting them. His poem (and song) ***Auld Lang Syne*** is often sung at **Hogmanay** (the last day of the year), and Scots Wha Hae served for a long time as an unofficial national anthem of the country. Other poems and songs of Burns that remain well-known across the world today include *A Red, Red Rose; A Man's A Man for A' That; To a Louse; To a Mouse; The Battle of Sherramuir; Tam o' Shanter, and Ae Fond Kiss.*

[from Wikipedia]

http://worldoffancydress.com/images/categories/Burns%20Night.gif

단어설명

Auld Lang Syne 스코틀랜드 언어인 '올드 랭 사인, Auld Lang Syne'을 영어로 직역을 하면 'old long since'가 된다. 'Times long gone' 또는 'Times gone by', 즉 '지나간 시절'로 번역된다. 스코틀랜드에서 'syne'은 현대 영어의'sign, (IPA [sain])'과 동일한 발음이라 한다.

Hogmanay 호그머네이는 스코틀랜드 언어로 섣달그믐 풍습 또는 섣달그믐 저녁을 뜻한다. 스코틀랜드에서는 New Year's Eve에 이 노래를 부르는 것이 풍습으로 알려져 있다. 이 노래는 세계 도처로 이민을 떠난 스코틀랜드 이민자들에 의해 널리 알려졌다.

"Auld Lang Syne" 듣기

http://www.youtube.com/watch?v=acxnmaVTIZA

해석

로버트 번즈(1759. 1. 25-1796. 7. 21)는 스코틀랜드 출신의 시인이자 작사가였다. 그는 스코틀랜드의 국민 시인으로 널리 알려져 있고 전 세계에서 찬양을 받고 있다.

번즈는 독창적인 작품도 만들었을 뿐만 아니라 또한 스코틀랜드 민요들을 수집하여 수정 보완하여 개작하기도 했다. 그의 시(또한 노래)인 "Auld Lang Syne"은 해를 넘기는 마지막 날에 불려지고, "Scots Wha Hae"는 오래 동안 스코틀랜드의 비공식적인 국가로 불리고 있다. 전 세계적으로 잘 알려진 번즈의 다른 대표적 시와 노래는 “A Red, Red Rose”, “A Man's A Man for A' That”, “To a Louse”, “To a Mouse”, “The Battle of Sherramuir”, “Tam o'Shanter”, and “Ae Fond Kiss” 등이 있다.

[출처 위키피디아]

스코틀랜드 언어인 ‘올드 랭 사인’Auld Lang Syne을 영어로 직역을 하면 ‘old long since’가 된다. 그러므로 더 적합하게는 Times long gone 또는 Times gone by, ‘지나간 시절’로 번역된다. 또 스코틀랜드에서 ‘syne’은 현대 영어의 ‘sign(IPA [sain])’과 동일한 발음이라 한다. 그러니까 zine [zaIn]이라는 발음은 원 발음은 아니다. 그럼에도 많은 사람들은 syne을 ‘자인’으로 발음하고 있어 그대로 통용되고 있는 실정이다. 이 노래를 호그머네이Hogmanay(스코틀랜드의 섣달 그믐 풍습) 또는 섣달그믐 저녁, New Year's Eve에 부르는 것은 원래 스코틀랜드의 풍습으로 알려져 있다. 이 노래는 세계 도처로 이민을 떠난 스코틀랜드 이민자들에 의해 널리 알려지게 된다.

재미있는 사실은 많은 사람들이 노래의 곡조는 잘 알고 있고 또 노래의 앞 구절의 가사는 기억하고 있지만 정작 미국인이나 영국인들조차도 노랫말을 다 기억하는 사람이 드물다는 점이다. 왜냐하면 노랫말이 영어와는 다른 스코틀랜드어로 만들어졌기 때문이라고 한다. 또한, 이 노래가 새해맞이를 위한 섣달그믐 저녁에 많이 불리지만, 나라에 따라서는 졸업식에서나 장례식에서 혹은 업무 종료를 알리는 곡으로 이 노래를 부르거나 연주하고 있다.

9.1.3 아이스테드바드Eisteddfod: 웨일즈의 민족 축제

An **eisteddfod** (Welsh: [ə(i)'stɛðvɔd]; plural eisteddfodau [ə(i)stɛð'vɔdaɨ]) is a Welsh festival of literature, music and performance. The tradition of such a meeting of Welsh artists dates back to at least the 12th century, when a festival of poetry and music was held by **Rhys** ap Gruffydd of Deheubarth at his court in Cardigan in 1176 but, with the decline of the **bardic** tradition, it **fell into abeyance**. The present-day format owes much to an eighteenth-century revival arising out of a number of informal eisteddfodau. The word eisteddfod is derived from the Welsh word eistedd, meaning "to sit", and bod meaning "to be" and therefore means "to be sitting" or "to be sitting together" ("bod" is softly mutated into "fod"). [from Wikipedia]

The National Eisteddfod of Wales, Mold 2007
http://upload.wikimedia.org/wikipedia/commons/thumb/b/ba/National_Eisteddfod_Maes_2007.jpg/220px-National_Eisteddfod_Maes_2007.jpg

단어설명

Eisteddfod (웨일스어) 아이스테드바드(웨일스에서 개최되는 시 · 음악 경연 대회)
Rhys 중세시대 이후로 웨일즈에서 사용되는 남자 성. 용을 의미한다.
bardic 음유 시인의
fell into abeyance 중단되었다

해석

아이스테드바드는 웨일스에서 개최되는 시 · 음악 경연 대회이다. 웨일즈 예술가들의 이러한 모임의 전통은 적어도 1176년 Deheubarth의 Rhys ap Gruffydd가 Cardigan의 그의 궁전에서 시와 음악 축제를 개최했던 12세기까지 거슬러 올라간다. 그러나 그러한 음유 시인의 전통은 쇠퇴하여 중단되었다. 오늘날의 축제 형태는 수많은 비공식적인 아이스테드바드로부터 부흥되어 재공연된 18세기 형태의 영향을 많이 받았다. eisteddfod는 '앉다'를 의미하는 웨일즈어인 eistedd와 '~가 되다, 있다'를 의미하는 bod가 합성된 단어로 '앉아서 있기' 또는 '함께 앉아서 있기'를 뜻한다 ('bod'가 'fod'로 부드럽게 변형되었다).

[출처 위키피디아]

영국의 여러 지방에서 행해지는 그 지역 고유의 전통 축제는 생활의 중요한 부분이다. 많은 도시와 마을의 풍습 속에는 독특한 전통이 있는데, 다채로운 행렬과 퍼레이드 또는 카니발이 포함되어 있다.

영국 중부의 노팅엄에서는 매년 10월, 1000년의 역사를 가진 행사로 3일 동안 벌어지는 거위 시장이 열린다. 원래는 거위를 팔기 위해 생긴 시장이었지만 지금은 모든 주민들이 즐거움을 만끽할 수 있는 행사가 되었다.

여름이 되면 웨일스는 시, 드라마, 스포츠, 공예와 전통적인 연회를 함께 결합시킨 예술 축제와 박람회 등으로 축제 분위기에 휩싸이게 된다. 또한 매년 개최되는 세계적으로 유명한 웨일스의 민속 예술 축제인 로열 국립 아이스테드바드는 민속 노래와 춤, 그리고 공예가들의 작품 전시가 함께 진행되는 다채로운 민속 축제이다.

스코틀랜드에서는 방문객들이 도자기와 전통 가구, 보석과 자수에 이르는 여러 가지 공예품들을 만들어 내는 공예가들의 모습과 백파이프 취주대와 드럼 연주대들이 참가해 벌이는 군악대 행진을 직접 볼 수 있다. 국제적으로 알려진 에든버러 축제가 대표적이며, 서민들의 축제에서 유래된 프린지 축제는 스코틀랜드가 자랑하는 또 하나의 축제이다.

북아일랜드에서 11월에 열리는 벨파스트 축제는 대표적인 예술 축제로서 영국에서 가장 성대한 축제 중의 하나로 손꼽히며, 연극, 무용, 드라마, 노래에 이르기까지 모든 예술 장르를 감상할 수 있는 기회가 된다.

9.2 공연예술 축제

공연예술이 비약적으로 발전하면서 영국에서는 한 가지 또는 여러 가지 예술을 망라한 축제가 많이 생겨났는데, 그중 가장 대규모의 축제로 에든버러 국제 페스티벌을 꼽을 수 있다. 여타 축제들은 특정 분야의 예술을 대상으로 하고 있는데, 그 대표적인 축제로는 글로스터 시의 스리 콰이어 페스티벌Three Choirs Festival과 현대음악을 주제로 한 첼튼햄 페스티벌Cheltenham Festival 등을 들 수 있다.

9.2.1 에든버러 국제 페스티발The Edinburgh International Festival

에든버러 국제 페스티벌은 에든버러에서 매년 열리는 문화 공연 예술의 집대성이라 할 수 있는 대규모 행사이다. 50년이 넘는 역사와 세계 최고의 규모, 수준을 자랑하는 국제 페스티벌이다. 매년 8월 중순부터 9월초까지 3주에 걸쳐 계속되는 에든버러 국제 페스티발The Edinburgh International Festival은 1947년, 제2차 세계대전의 상처가 아직도 아물지 않고 있었던 유럽을 평화와 화합의 장으로 거듭나게 하기 위한 노력의 일환으로 시작되었다. 세계 각국의 예술인들이 페스티발에 몰려와서 최고 수준의 오페라와 연극들, 클래식 음악, 발레 작품 등을 공연한다. 단, 크고 작은 극장을 중심으로 유명작품들이 공연되기 때문에 일찌감치 표를 구하지 않으면 매진되어 원하는 공연을 관람하기가 쉽지 않은 단점이 있다.

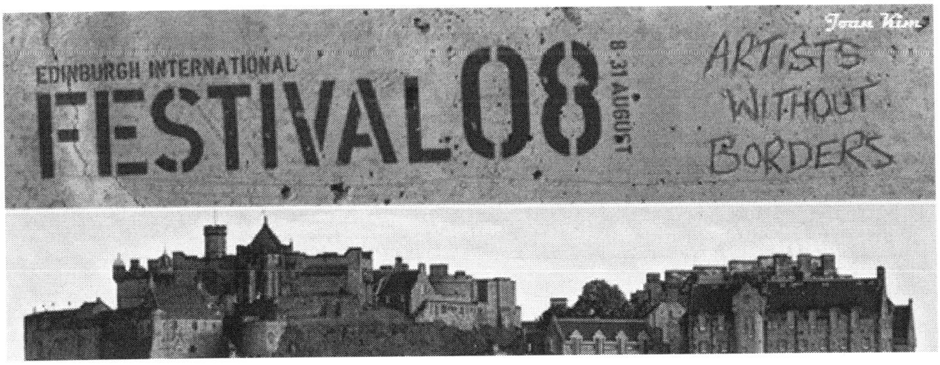

http://cfs13.tistory.com/image/17/tistory/2009/02/23/21/12/49a292a5684a9

9.2.2 에든버러 페스티발 프린지 Edinburgh Festival Fringe

국제적으로 알려진 에든버러 축제가 대표적이며 서민들의 축제에서 유래된 프린지 축제는 스코틀랜드가 자랑하는 또 하나의 축제이다. 에든버러 페스티발 프린지Edinburgh Festival Fringe는 일반인이 좀 더 쉽게 참여할 수 있는데 현재는 공식적인 에든버러 국제 페스티발보다 더 잘 알려져 있는 '축제 속의 축제'라 불린다. 처음에는 에든버러 페스티발 기간 중에 동시에 열리고 있는 크고 작은 축제 중의 하나로 시작되었다. 그러나 오늘날 세계에서 가장 큰 예술축제로 기네스북에도 기록되어 있는 에든버러 페스티발 프린지에는 2001년에도 총 49개국, 666개 단체에서 1462개의 작품들을 공연하였다. 일정한 스케줄이 짜여 있기보다는 아마추어와 프로를 막론하고 참여한 단체들이 언제든 그들이 원하는 곳에서, 그들이 원하는 공연들을 펼쳐 보이기 때문에 젊음과 생동감, 자유로움을 한층 더 가깝게 경험할 수 있는 것이 특징이다. 현재는 유명인이 된, 수많은 무명 예술가들이 이곳을 통해 발굴되기도 하였다.

The Edinburgh Festival fringe

http://www.interactivetheatre.com.au/Edinburgh/images/1143115346LOGO_RED.jpg

9.2.3 에든버러 밀리터리 타투 Military Tattoo

에든버러 페스티발의 백미는 에든버러 밀리터리 타투Military Tattoo로, 도시의 상징인 에든버러 성 앞에서 펼쳐지는 스코틀랜드의 전통악기인 백파이프와 드럼을 둘러 맨 군악대들의 퍼레이드에 뒤이어 세계 각국에서 모여든 밴드와 춤 패들의 흥겨운 공연들이 펼쳐진다. 1950년부터 시작된 이래 이 퍼레이드는 20만 명 이상의 관객들이 함께하는 페스티발의 가장 인기 있는 행사이다.

또 하나 페스티발의 하이라이트는 에든버러 성의 성벽으로부터 쏘아 올리는 아름답기 그지없는 대규모의 폭죽놀이와 함께 이루어지는 Princess Street의 정원에서의 야외 콘서트이다. 이 공연은 에든버러 행사의 마지막을 장식하는 폐막제 행사인데 무엇보다도 무료로 관람할 수 있다는 것이 더욱 더 관객들의 구미를 당긴다.

Military Tattoo
http://www.theage.com.au/ffximage/2007/12/21/lge_Tattoo_071221110723785_wideweb__300x300.jpg

9.2.4 첼튼햄 문학 축제Cheltenham Literature Festival

One of the oldest and best loved Literature Festivals in the world, with its signature blend of award-winning writers and world-renowned thinkers, the festival is a crucible for topical debate and discussion. It is a celebration of the joy of books, the thrill of debate, and the unique two-way conversation between writer and reader.

"I can't think where or when I might have such a fine, fascinating entertaining time as I did these past two weekends."

[Erica Wagner, 〈The Times〉]

인터뷰 듣기

http://cheltenhamfestivals.com/literature/

• 해석 •

세계에서 가장 오래되고 가장 사랑받는 문학 축제 중의 하나인 첼튼햄 문학 축제는 수상 작가들과 세계적으로 알려진 사상가들과 함께 주제별 논쟁과 토론을 즐길 수 있다는 것이 특징이다. 이 축제는 책을 발견하는 기쁨, 논쟁의 긴장감, 작가와 독자 간의 독특한 양방향의 대담이 이루어지는 축제의 장이다.

"내가 지난 2주 동안 가졌던 그런 훌륭한, 매료될 정도로 즐거운 시간을 어디서, 언제 또 가질 수 있을지 모르겠어요."

[에리카 와그너, 〈더 타임즈〉]

9.2.5 스리 콰이어즈 페스티벌 Three Choirs Festival

The Three Choirs Festival is a music festival, held each August alternately at the cathedrals of the Three Counties, (Hereford, Gloucester and Worcester) and originally featuring their three choirs, which remain central to the week-long programme. The large-scale choral repertoire is now performed by the Festival Chorus but the festival also features other major ensembles and international soloists. The 2010 festival takes place in Gloucester from 7 to 15 August.

The festival is closely identified with the musical careers of British composers Edward Elgar and Ralph Vaughan Williams. The organists of the three cathedrals (who act as artistic director and festival conductor when it is their cathedral's turn to host the festival) are Geraint Bowen (Hereford), Adrian Partington (Gloucester) and Adrian Lucas (Worcester).

[from Wikipedia]

http://www.sanderssociety.org.uk/images/l-1992-3-choirs.jpg

• 해석 •

스리 콰이어즈 페스티벌은 세 개의 자치주인 헐포드, 글로스터, 우스터 대성당에서 매년 8월 돌아가면서 여는 음악 축제이다. 원래는 세 합창단이 축제 프로그램의 주축을 이루었지만, 요즘은 대규모의 합창 곡목들은 축제를 주관하는 합창단이 부르지만 다른 주요 앙상블과 국제적인 솔로가수들도 참여한다. 2010년 축제는 글로스터에서 8월 7일부터 15일까지 개최된다.

이 축제는 영국 작곡가인 에드워드 엘가와 랄프 보간 윌리암스의 음악 경력과 밀접하게 연관된다. 세 합창단의 대성당 오르간 연주자들은 Geraint Bowen(헐포드), Adrian Partington(글로스터)과 Adrian Lucas(우스터)이다.

[출처 위키피디아]

9.2.6 영국 노팅 힐 거리 축제 Notting Hill Carnival

8월말에 열리는 대규모의 카니발로 2-3일에 걸쳐 열린다. 노팅 힐에서 베이스 워터까지 퍼레이드가 이어지며 오전 10시경부터 저녁까지 차도를 막아놓고 각종 퍼포먼스와 먹 거리가 이색적이다. 첫째 날은 아이들을 위한 컨셉의 퍼레이드가 진행되며 다음날로 갈수록 분위기가 절정에 이른다. 영국을 대표하는 축제로 자리매김하고 있다.

Notting Hill Carnival is an annual event which since 1966 has taken place on the streets of Notting Hill, London, UK each August, over two days (the August bank holiday Monday and the day beforehand). It is led by members of the Trinidad and Tobago (Trini) Caribbean population, many of whom have lived in the area since the 1950s. The carnival has attracted up to 2 million people in the past, making it the second largest street festival in the world after the Trinidad and Tobago Carnival held in that country.

This festival is one of the biggest festivals in Europe, and held for 3 days in the last week of August. It started in 1966, and people in traditional costumes of different countries play musical instruments, show traditional dances, and march the street. During the festival, the street is controlled, and **tubes** pass the station (Notting Hill Gate Station) without stopping for the safety of tourists. Though somewhat inconvenient, the tourists should get off at either Bayswater, Holland Park, Queensway, or High Street Kensington, and walk to the venue on foot. While walking, they can feel the atmosphere of the festival along the way.

[from Wikipedia]

http://upload.wikimedia.org/wikipedia/commons/thumb/8/83/Carnival_costume.jpg/220px-Carnival_costume.jpg

http://t0.gstatic.com/images?q=tbn:bXW4dwCWfm-q-M:http://subtitlestocinema.files.wordpress.com/2008/11/london_underground_logo.jpg

• 단어설명 •

tube 영국에서는 지하철역을 tube 또는 underground라고 한다.

• 해석 •

노팅 힐 축제는 1966년에 영국 런던의 노팅 힐 거리에서 행해진 이후로 매년 개최되는 행사이다. 매년 8월 말 주말에 3일 동안 열린다. 서인도제도의 트리니다드 토바고 사람들에 의해 주관되는데 그들 대부분이 1950년 이후로 이 지역에 살아온 주민들이다. 이 축제는 지금까지 2백만 명을 넘는 사람들을 매혹시켰고 세계에서 두 번째로 큰 규모의 거리 축제로 발전했다.

이 축제는 유럽에서 가장 큰 축제 중의 하나로 8월 마지막 주 토, 일, 월 3일 동안 열린다. 1966년에 시작된 이 축제는 각국의 전통의상을 입고 악기를 연주하거나 전통 춤을 선보이며 거리를 행진하는 형태로 이루어진다. 축제기간 중에는 도로를 통제하고 관광객의 안전을 위해 가까운 튜브(지하철)역(노팅힐 게이트 스테이션)을 무정차 통과한다. 좀 불편하지만 근처 베이스워터, 홀랜드파크, 퀸즈웨이, 하이스트리트 켄싱턴 역에서 내려 도보로 이동해야 하는데 이동 중에는 많은 관광객들과 어우러져 축제의 분위기를 미리 느껴볼 수 있다.

[출처 위키피디아]

9.2.7 글래스톤베리 락 페스티벌 The Glastonbury Festival of Contemporary Performing Arts

영국 서쪽 웨일스의 글래스톤베리 촌구석 농장에 운집한 Rock광팬들과 텐트
http://static.wix.com/media/c030cae1fb9112c8769cdf6688327bfc.wix_mp

The Glastonbury Festival of Contemporary Performing Arts, commonly abbreviated to Glastonbury or Glasto, is the largest greenfield music and performing arts festival in the world. The festival is best known for its contemporary music, but also features dance, comedy, theatre, circus, cabaret and many other arts. For 2005, the enclosed area of the festival was over 900 acres (3.6 km^2), had over 385 live performances and was attended by around 150,000 people. In 2007, over 700 acts played on over 80 stages and the capacity expanded by 20,000 to 177,000. [from Wikipedia]

해석

> 글레스톤베리 락 페스티벌은 보통 글레스톤베리 또는 글레스토로 약식 표현되며 전 세계에서 가장 큰 규모의 녹색 초원에서 열리는 현대 음악 및 가요 축제이다. 이 페스티벌은 현대 음악 축제로 가장 잘 알려졌지만 춤, 코미디, 연극, 서커스, 카바레 등 많은 다양한 예술 공연도 또한 행해진다. 2005년도에는 900에이커를 초과하는 규모로 이루어졌고, 무려 385명 이상의 라이브 음악이 연주되었으며 150,000명의 애호가들이 참여했다. 2007년도에는 700개 이상의 공연이 80개 이상의 무대에서 행해졌고, 2만 명 정도가 더 늘어나 177,000명이 공연을 보러 운집했다. [출처 위키피디아]

매년 6월 마지막 주 수요일부터 일요일까지 영국 서쪽 웨일스의 글래스톤베리라는 한 촌구석 농장에는 그야말로 상상을 초월하는 축제가 벌어지는데 그것이 바로 지상 최고의 락 축제라 일컫는 글래스톤베리 페스티벌The Glastonbury Festival of Contemporary Performing Arts이다. 영문을 그대로 풀이하면 글래스톤베리 공연예술 페스티벌인 이 축제는 6월초쯤 되어야 라인업이 알려지는데 티켓은 4월초쯤 발매가 된다. 놀라운 점은 티켓오픈과 동시에 얼마의 시간이 지나지 않아 일시에 매진이 되어 버린다는 점이다. 15만장의 티켓이 누가 출연하는지도 모르는 상태에서 순식간에 팔려나가는 것이다.

일 년 내내 농장으로 사용하다가 이 기간 동안만 공연장으로 사용하기 때문에 소똥이 지천에 깔려있고 변덕스럽기로 유명한 영국의 날씨이다 보니 공연장 바닥상태는 엉망이 된다. 거기다가 15만 명 이상의 젊은이들이 일시에 몰려 음주가무를 즐기다 보니 화장실이 부족한 것은 당연지사이며, 천지가 배설물과 소똥, 그리고 진흙탕이다. 그럼에도 불구하고 이곳에 참가한 젊은이들은 일상에 젖었던 문명의 규칙에서 벗어나 오히려 이런 야생의 상태를 멋진 음악과 함께 더욱 즐긴다고 한다.

1970년 이곳 농장 주인이 우연히 자기 농장을 개방하여 공연장으로 이끈 것이 계기가 되어 시작한 축제인 글래스톤베리 페스티벌은 현대 음악 및 가요 축제로 가장 널리 알려져 있으나, 서커스, 극, 코미디, 춤, 카바레 등 다양한 예술 축제도 열린다. 한해 축제 참가자는 대략 15만~17만 명이며, 수많은 스타들도 함께 한다.

결론

영국의 페스티벌은 음악, 문화, 댄스, 연극 등의 문화공연과 스포츠 등 종류가 다양하고 각 페스티벌마다 개성이 강하다. 종교적 축제와 행사 이외에도 영국에서는 흥미롭고 전통적인 축제와 문화적 이벤트들이 열린다.

- 불꽃놀이의 밤Bonfire Night
- 번스 나이트Burns Night
- 아이스테드바드Eisteddfod: 웨일즈의 민족 축제
- 에든버러 국제 페스티발The Edinburgh International Festival
- 챌튼햄 문학 축제Cheltenham Literature Festival
- 스리 콰이어즈 페스티벌Three Choirs Festival
- 영국 노팅 힐 거리 축제Notting Hill Carnival
- 글래스톤베리 락 페스티벌The Glastonbury Festival of Contemporary Performing Arts

학습평가

1. 다음 중 웨일즈에서 개최되는 시, 음악 경연대회는 어느 것인가?
   a. Eisteddfod
   b. Three Choirs Festival
   c. Cheltenham Literature Festival

d. Burns Night

2. 다음 중 유명 수상 작가나 세계적인 사상가들을 만나보고 담론을 즐기기를 원한다면 어느 곳을 가야하는가?
   a. Burns Night
   b. Eisteddfod
   c. Cheltenham Literature Festival
   d. The Glastonbury Festival of Contemporary Performing Arts

3. 다음 중 Bonfire Night의 유래에 대한 설명으로 적절하지 않은 것을 고르시오.
   a. 영국 국왕 제임스 1세의 신교 우대 정책에 반발하여 일어난 음모가 기원이 되었다.
   b. 구교도들이 가톨릭의 복구를 위해 시도한 음모가 발각된 날을 기념하기 위해 매년 11월 5일 행해지는 이벤트이다.
   c. 국왕과 신교도들, 귀족들이 모여 있는 국회의사당을 폭파시키는 것이 그들의 음모였다.
   d. 사건이 일어나기 몇 시간 전에 음모를 주도한 가이 폭스가 자수하면서 작전은 실패했다.

정답

1. a. Eisteddfod 2. c. Cheltenham Literature Festival 3. d.

자료출처

Wikipedia, the free encyclopedia
http://www.google.com
http://www.youtube.com/watch?v=acxnmaVTIZA

10 | 영국의 여가생활 및 스포츠

Gardening
Walking, Trekking
Do-it-yourself
Leisure
Recreation
Sports

● 개요

서론

이 장에서는 영국인들의 여가생활에 대해 살펴보면서 그러한 여가생활이 삶을 이끌어가는 주요 활력소가 됨을 인식한다. 영국인들의 여가생활의 종류와 특징에 대해 알아보고 우리의 여가생활과 비교하여본다. 또한 영국인들이 즐겨하는 스포츠의 종류와 특징에 대해 살펴본다.

본론에 앞서 근대스포츠의 기원인 영국 스포츠에 대해 알아보자. 근대스포츠가 모습을 보여 온 것은 19세기 후반에 들어와서부터이다. 그러나 스포츠가 전근대성을 제거하고 완전한 근대화를 완료한 시기는 각 스포츠 종목마다 다르며 한결같지 않다. 이와 같이 근대 스포츠는 19세기 후반 또는 20세기에 들어와서 각 스포츠 고유의 룰을 정비하여 그 룰이 국제적 승인을 얻어 널리 보급되어 조직화된 것으로 이해할 수 있으며, 경기화·조직화·국제화로 진행되는 오늘날의 올림픽 종목 등이 곧 근대스포츠를 지칭하는 것이 일반적이다. 영국은 근대 스포츠의 발상지이다. 그러나 축구나 골프와 같은 영국이 종주국인 스포츠가 결코 국가적 정책이 아니라 풍부한 부와 자유 시간을 가진 왕족, 귀족, 젠트리라 불리는 신흥 부르주아 계급에 의해 발전했다. 조직화된 1860년에서 1901년 사이에 제1회 아테네 올림픽의 개최시기와 겹친다는 점에서 영국 스포츠가 세계 체육사에 미친 영향을 알 수 있다. 영국에서는 이미 18세기 후반에 승마, 골프, 크리켓 등의 경기단체가 조직되어 규칙의 통일, 시설용구의 규격화, 기술의 합리화를 진척시키며 스포츠맨십sportsmanship, 정정당당fair play, 팀워크team spirit, 아마추어리즘amateurism의 성격을 스포츠에 부여했다. 이런 영국의 스포츠 근대화는 19세기 후반에 미국에 영향을 끼쳤으며 결국 세계적으로 스포츠를 전파시키는 계기가 되었고, 제국의 확장과도 깊은 관련이 있었다. 영국이 스포츠를 제국으로 보급시킨 목적은 문화적 결속을 강화하는 데 있었다. 스포츠는 자치 연방이나 식민지와 본국과의 결속과 유대강화의 수단이 되어 문화와 피부색이 다른 영 제국을 하나로 묶어주는 역할을 했다.

[출처 http://mybox.happycampus.com/khmkarma/406620]

본론

10.1 영국인의 여가생활

많은 영국 국민들은 여가 활동의 대부분을 친지와 친구를 방문하면서 보내는데, 이것을 통해 그들이 매우 가정적이며 사교적인 사람들이라는 것을 알 수 있다. 또한 텔레비전을 보는 것은 가장 일반적인 오락 형태이며, 라디오나 레코드도 즐겨 듣는다. 하루 평균 전체 인구의 약 70%가 지역 또는 국영 라디오를 듣는다. 콤팩트디스크의 구입은 매우 빠른 증가세를 보이고 있는데 1992년에 오디오 카세트의 판매를 앞질렀다. 콤팩트디스크 플레이어를 가진 가구의 수도 15%(1989년)에서 39%(1993년)로 증가하였다.

독서, 정원 가꾸기, 집안 보수, 또는 외식이나 영화 관람을 하는 것도 여가를 즐기는 흔한 방법에 속한다. 영국인은 야외를 좋아하여 휴가철이면 Blackpool이나 Brighton 같은 해변 휴양지를 많이 찾는다. 에스파냐와 프랑스 등지로 휴가 여행을 떠나기도 한다. 암벽 등산을 하거나 웨일스나 잉글랜드 북서부의 아름다운 Lake District 지역을 도보 여행하는 사람들도 많다. 정원 가꾸기는 대다수 영국인이 즐기는 여가 생활로 절반 정도에 이르는 가구가 정원이 있는 집에서 산다.

10.1.1 독서

평일에는 15세 이상 국민들 가운데 약 60%가 조간신문을 구독하며, 일요 신문을 읽는 사람들은 70%에 이른다.

Reading a book in the park
http://www.urbanphoto.net/blog/wp-content/uploads/2007/04/reading01.jpg

Reading newspapers in the underground
·http://newsimg.bbc.co.uk/media/images/42399000/jpg/_42399551_pa416read.jpg

10.1.2 정원 가꾸기 Gardening

Reading passage 1: English Garden

The English Garden

The English garden or English landscape park is a style of landscape garden which emerged in Britain in the early 18th century, and spread across Europe, replacing the more formal, symmetrical Garden **à la française** of the 17th century as the principal gardening style of Europe. The English garden presented an idealized view of nature, often inspired by paintings of landscapes by Claude Lorraine and Nicolas Poussin. It usually included a lake, sweeps of gently rolling lawns set against groves of trees, and **recreations** of classical temples, Gothic ruins, bridges, and other picturesque architecture, designed to recreate an idyllic pastoral landscape. By the end of the eighteenth century the English garden was being imitated by the French landscape garden, and as far away as St. Petersburg, Russia, in Pavlovsk, the gardens of the future Emperor Paul. It also had a major influence on the form of the public parks and gardens which appeared around the world in the 19th century.

[from Widipedia]

좌 English garden
http://www.wayfaring.info/wp-content/uploads/2007/04/english_garden.jpg
우 Part of a parterre in an English garden(parterre 여러 가지 화단을 배치한 정원)
http://upload.wikimedia.org/wikipedia/commons/thumb/0/0f/Parterre2.jpg/220px-Parterre2.jpg

단어설명

à la française (=in the French manner) 프랑스식으로[의].
recreations 재창조, 개조(물).
idyllic 전원시(풍)의; 목가적인, 한가로운.

해석

영국의 정원

영국의 정원이나 경관이 좋은 공원은 18세기 초 영국에서 기원하여 유럽으로 확대된 정원 양식이다. 그 당시 유럽은 17세기 프랑스식의 좀 더 기하학적인 좌우 대칭 형식이었는데 영국식 양식으로 대체되었다. 영국의 정원은 자연의 경관을 그대로 옮겨놓은 것이 특징으로 Claude Lorraine이나 Nicolas Poussin은 이 광경에서 영감을 얻어 그림을 그렸다. 영국의 정원은 보통 호수와 가로수가 늘어선 길을 따라 부드럽게 구르는 잔디밭의 굴곡, 고전적인 신전의 개조 물, 고딕 양식의 흔적, 다리, 그리고 그 밖의 그림 같은 건축양식들을 포함하여 전원풍의 목가적인 경치를 재현하도록 디자인되었다. 18세기 말에 프랑스의 정원 경관은 영국의 정원을 모방하고 있었고 더 멀리 러시아의 St. Petersburg의 Pavlovsk에 있는 미래의 황제 Paul의 정원도 마찬가지로 영국의 정원을 모방했다. 영국의 정원은 또한 19세기에 전 세계에서 나타난 공원이나 정원들에도 주요한 영향을 끼쳤다. [출처 위키피디아]

Castle Howard (1699-1712), a predecessor of the English garden modeled on the gardens of Versailles.
http://upload.wikimedia.org/wikipedia/commons/thumb/c/c1/Castle_Howard.jpg/250px-Castle_Howard.jpg

10.1.3 집안 보수 Do-it-yourself

영국인들은 집안의 보수 작업이나 페인팅 등을 스스로 하기를 즐긴다. 물론 노동비가 비싸서 용역을 부를 수도 없지만 자신들이 거처하는 곳을 자기 취향대로 고치고 꾸미고 싶어 하는 욕구가 강하다. DIY shop이 발달하여 필요한 장비들을 쉽게 구할 수 있는 것도 한 몫을 한다.

10.1.4 공원에서의 휴식 Rest in the park

좌 http://www.thesartorialist.com/photos/6079sundaybikeWeb1.jpg
우 http://www.nickelinthemachine.com/wordpress/wp-content/uploads/office-girls-in-the-park.jpg

10.1.5 도보여행 Walking Holiday, Trekking

The Cotswolds

The Cotswolds are a range of hills in west-central England, sometimes called the "Heart of England", an area 25 miles (40 km) across and 90 miles (145 km) long. The area has been designated as the Cotswold Area of Outstanding Natural Beauty.

해석

Cotswold 지역은 영국의 서남부에 위치한 구릉지대로 "영국의 심장부"라고 불린다. 가로 25마일(40킬로미터), 세로 90마일(145킬로미터)의 넓이로 뛰어난 자연 경관을 자랑한다.

좌 The village of Bibury features Cotswold stone cottages
http://upload.wikimedia.org/wikipedia/commons/thumb/2/24/Bibury_Cottages_in_the_Cotswolds_-_June_2007.jpg/260px-Bibury_Cottages_in_the_Cotswolds_-_June_2007.jpg
우 A horse in a field of buttercups in the Cotswolds
http://upload.wikimedia.org/wikipedia/commons/thumb/3/3f/Horse_in_a_field_of_buttercups_English_Cotswold_countryside_in_Spring.JPG/220px-Horse_in_a_field_of_buttercups_English_Cotswold_countryside_in_Spring.JPG

The Lake District

The Lake District, also known as The Lakes or Lakeland, is a mountainous region in North West England. A popular holiday destination, it is famous for its lakes and its mountains (or fells), and its associations with the early 19th century poetry and writings of William Wordsworth and the Lake Poets.

The central and most-visited part of the area is contained in the Lake District National Park, one of fourteen National Parks in the United Kingdom. It lies entirely within Cumbria, and is one of England's few mountainous regions. All the land in England higher than three thousand feet above sea level lies within the National Park, including Scafell Pike, the highest mountain in England.

[from Wikipedia]

해석

레이크 디스트릭트 (호수 지방)

레이크 디스트릭트는 호수 지방 또는 호수 지대로 알려지기도 했는데 영국의 북서부에 위치한 산악지대이다. 유명한 휴양지인 이곳은 호수와 산(또는 고원지대)으로 유명하며, 19세기 초 윌리엄 워즈워드와 호수 시인들의 시와 작품들이 이곳을 배경으로 쓰였다.

이 지역의 중심부인 가장 발길이 잦은 지역은 영국의 14개 국립공원 중의 하나인 레이크 디스트릭트 국립공원으로 지정되어 있다. 이곳은 컴브리아 지역으로 영국의 몇 안 되는 산악지대 중의 하나이다. 영국에서 해발 3,000피트보다 더 높은 모든 지대는 영국에서 가장 높은 산인 Scafell 봉우리를 포함하여 이 국립공원에 있다. [출처 위키피디아]

영국 요크셔 Grasmere 지역 내 Lake District 호수가에 무리지어 핀 노란 수선화. '수선화'의 본디 이름은 '난 한 점 구름처럼 외로이 떠돌았노라'이다. 춥고 음습한 겨울을 지나 봄철 영국에서 피어나는 노란 수선화는 반가움 그 자체이다. 수선화의 '눈'과 영적교섭communion을 통해 심적 치유와 즐거움을 얻는다는 낭만주의 대표시인 워즈워드. 호수가의 수선화와 천상의 별을 연결시키는 그의

영국 요크셔 Grasmere 지역 내 Lake District 호수에 무리지어 핀 노란 수선화
http://www.mindup.net/bbs/data/e_culture/00419.jpg

Skiddaw mountain, the town of Keswick and Derwent Water seen from Walla Crag.
http://upload.wikimedia.org/wikipedia/commons/thumb/a/ab/Keswick_Panorama_-_Oct_2009.jpg/300px-Keswick_Panorama_-_Oct_2009.jpg

상상력이 놀랍다. 워즈워드 집 이름은 Dove Cottage이다. 도회지 생활 속에서 미풍에 덩달아 춤추는 수선화에 대한 기억은 즐거움의 원천이 된다는 내용이다.

> "All good poetry is the spontaneous overflow of powerful feelings—spontaneous, that is, at the moment of composition." [워즈워드 시론]

> "모든 훌륭한 시는 강력한 감정의 자발적인 흘러넘침이다. 즉, 작품을 완성하는 순간에서의 자발적으로 흘러나온 감정이다."

음성 링크
http://www.youtube.com/watch?v=gS9-tEbv75E

Reading passage2: "I wandered lonely as a cloud" by William Wordsworth (1770-1850)

"I wandered lonely as a cloud"

By William Wordsworth (1770-1850)

I wandered lonely as a cloud
That floats on high o'er vales and hills,

When all at once I saw a crowd,
A host, of golden daffodils;
Beside the lake, beneath the trees,
Fluttering and dancing in the breeze.

Continuous as the stars that shine
And twinkle on the milky way,

They stretched in never-ending line
Along the margin of a bay:
Ten thousand saw I at a glance,
Tossing their heads in sprightly dance.

The waves beside them danced; but they
Out-did the sparkling waves in glee:
Is A poet could not but be gay,
In such a jocund company:
I gazed — and gazed — but little thought
What wealth the show to me had brought:

For oft, when on my couch I lie
In vacant or in pensive mood,

They flash upon that inward eye
Which is the bliss of solitude;
And then my heart with pleasure fills,
And dances with the daffodils. (composed in 1807)

단어설명

a crowd 한 무리(그룹)
the milky way 은하수
sprightly 경쾌하게(=lively, briskly)
jocund 유쾌한(=merry)
company 군집, 무리
wealth 풍요, 부
show scenery
pensive 수심에 잠긴

해석

「나는 구름처럼 외로이 헤맸네 (혹은 수선화)」

윌리엄 워즈워드(1770–1850)

나는 골짜기와 산 위를 높이 떠도는
구름처럼 외로이 헤맸네.
그러다 문득 한 무리 꽃을 보았네.
무수한 황금빛 수선화
호숫가 나무 밑에서
미풍에 흔들리며 춤추는 것을.

그들은 은하수에서 반짝이는
별들처럼 이어져
호숫가를 따라 돌며
끝없이 피어 있었네.
수만 꽃송이가 한눈에 들어왔네.
머리 까딱대며 흥겹게 춤추는 모습이

반짝이는 물결 그 곁에서 춤췄으나.
꽃들의 흥겨움 한결 더했네.
그처럼 유쾌한 무리와 어울리니
시인인들 즐겁지 않을 수 있었을까
나는 보고 또 보았지만 그땐 미처 몰랐네.

그 광경이 내게 얼마나 값진 걸 주었는지

지금도 가끔 긴 의자에 누워
마음을 비우거나 생각에 잠길 때면
고독의 축복이랄 수 있는 마음의 눈에
그 수선화들 문득 스쳐가곤 하네.
그러면 내 가슴 기쁨으로 가득 차
수선화들과 함께 덩실덩실 춤을 춘다네.

10.1.6 클럽 문화

영국인의 클럽은 귀족들, 신사들, 댄디Dandy들이 모여 식사를 하고 특정 주제에 대해 토론을 하는 배타적이며 은밀한 공간이다. 각 클럽은 서로 다른 정치적 견해와 관심과 직업을 내세운다. 클럽은 철저히 회원제로 운영되는 오프라인 동호인 모임이다. 회원이 되려면 위원회의 심의와 승인을 얻어야 하고, 일정한 연회비도 내야 한다. 일정한 자격과 품위를 요구한다는 점에서 신흥부자라도 품격과 신용이 검증된 경우에만 회원으로 받아들여진다. 말을 잘 하고 지식이 풍부한 사람보다는 '명예'Honor를 중시하고 '고매한 천성'Noble Instincts을 지닌 사람을 회원으로 받아들인다. 영국인들은 '질서'Order와 '명예'Honor와 '신용'Trust과 '의무'Duty를 중시하는데, 클럽은 물질주의와 이기주의가 만연한 혼탁한 시대에 이런 고매한 정신적 가치의 온상으로 남아 있다. 전문성과 고매한 천성을 지닌 클럽이 한국사회에 뿌리내리길 기대해본다.

독일인 3명이 모이면 군대를 만들고, 프랑스인 3명이 모이면 혁명을 모의하고, 영국인 3명이 모이면 클럽을 만든다는 말이 있다. 영국인은 혼자면 홍차를 마시면서 신문을 읽으며 생각을 하고, 둘이면 서로 무관심하지만, 셋이면 동호인 클럽을 만든다. 영화 '죽은 시인의 사회'는 삶의 골수를 마시며 위대한 시인들의 시를 사랑하는 클럽의 이름이다['사회'는 클럽(혹은 협회)을 잘못 번역한 것이다]. 영국인의 클럽은 나이트클럽, 섹스 클럽, 댄스 클럽과 같은 퇴폐의 온상이 아니라, 귀족들, 신사들, 댄디들이 모여 식사를 하고 특정 주제에 대해 토론을 하는 배타적이며 은밀한 공간이다.

이런 귀족 클럽이 도시의 하층민에게 적대감의 표적이 되었던 적도 있었다. 예를 들면, 1880년대 런던에서 집주인들이 임대료를 인상하자 이에 격분한 가난한 사람들이 런던의 클럽 유리창에 돌을 던지며 때려 부수는 폭동을 일으켰던 적이 있었다. 클럽의 유래와 종류 및 특성을 알아보면 재미있는 사실을 알 수 있다. 본래 클럽은 도박장이 발전된 것으로 담배연기 자욱한 남성전용이었으나, 차츰 여성이 클럽을 경영하기 시작하면서 댄스가 도박을 대체했고 클럽 내에 여성만의 공간도 만들어졌다. 1864년 수상과 대주교가 출입하는 클럽이 처음 등장한 이후로 18세기, 19세기에 귀족과 댄디, 작가들이 출입하는 클럽이 생겨났다. 전성기에는 성직자, 군인, 정치인, 여행객, 배우 전용 클럽이 생겨났다. 각 클럽은 서로 다른 정치적 견해와 관심과 직업을 내세웠다. 회원이 되려면 위원회의 심의와 승인을 얻어야 하고, 일정한 연회비도 내야한다. 일정한 자격과 품위를 요구한다는 점에서 클럽은 돈만 있으면 누구나 갈 수 있는 한국의 호텔과 레스토랑과는 사뭇 다르다. 영국에서 사보이 호텔에 들어가려면 정장차림이어야 하며, 해로즈 백화점의 화장실을 이용하려면 1파운드(한화 1,800원)를 내야 한다. 이런 규정은 단골고객에게 불쾌감을 최소화하고 일정한 품격을 유지하기 위한 것이다. 여하튼 클럽 회원은 식사, 도박, 독서, 토론을 할 수 있는 권리를 갖게 된다. 회원이 아닌 사람이 클럽에 출입을 하려면 회원의 손님 자격으로서 가능하다.

영화 〈남아있는 나날〉에 등장하는 귀족 달링턴 경은 고매하고, 정직하며, 선량한 전형적인 영국 귀족이다. 하지만 그는 나치 독일의 배신과 권모술수에 농락당해 영국 내에서 반역자로 낙인 찍혀 쓸쓸히 죽는다. 그가 순진한 몽상가로 보일지 모르지만, 선과 정의를 지향하는 그의 이상주의와 자신보다 신분이 낮은 사람을 동정하는 구휼정신은 자국의 이득을 우선하는 냉혹한 국제현실과 대조되면서 빛과 향기를 발한다.

제1차 세계 대전 당시 영국 귀족의 20%가 전쟁터에서 죽었다. 명예를 존중하고, 솔선수범하고, 부의 사회 환원을 실천했던 상류층의 도덕적 책무, 즉 '노블레스 오블리주' 정신이 아름답게 발현되었다.

10.1.7 휴가 Holiday

1994년 통계를 보면 성인 인구의 60%가 적어도 4박 이상의 휴가를 보냈고, 77%가 유럽에서 보낸 것으로 집계되었다. 해변 휴양지로 가장 인기 있는 국내 장소로는 영국 북서부의 랭커셔Lancashire에 있는 블랙풀 플레져 비치Blackpool Pleasure Beach, 영국 해협에 면한 해변 행락 도시 브라이튼Brighton에 있는 피에르 궁Palace Pier, 그레이트 야머스Great Yarmouth에 있는 플레져 비치Pleasure Beach가 있다. 영국인들은 휴가철로 8월을 가장 선호하며, 해외의 인기 있는 휴양지로는 프랑스, 스페인, 미국 순이다.

10.1.8 영화, 연극, 오페라, 뮤지컬 관람

Musical Cats 삽입곡 Memory 감상하기
http://www.youtube.com/watch?v=4-L6rEm0rnY

Memory (from The Musical Cats)
http://t3.gstatic.com/images?q=tbn:imhX5tjDRGnAKM:http://mpmedia105.cyworld.nate.com/thumbnail/2007/05/21/03/B_200705210309 11186401050015.jpg

Reading passage 3: "Memory" from the musical 〈Cats〉

"Memory"

from the musical 〈Cats〉

Midnight, not a sound from the pavement,

Has the moon lost her memory?
She is smiling alone.
In the lamp light the withered leaves collect at my feet
And the wind begins to moan.
Memory. All alone in the moonlight
I can smile at the old days.
I was beautiful then.
I remember the time I knew what happiness was,
Let the memory live again.
Every street lamp **seems to beat a fatalistic warning**
Someone mutters and the street lamp gutters,
And soon it will be morning.
Daylight. I must wait for the sunrise
I must think of a new life
And I mustn't give in.
When the dawn comes tonight will be a memory, too
And a new day will begin.
Burned-out ends of smoky days
The stale cold smell of morning
The street lamp dies, another night is over,
Another day is dawning.
Touch me. It's so easy to leave me
All alone with the memory
Of my days in the sun.
If you touch me you'll understand what happiness is.
Look, a new day has begun.

「추억」

뮤지컬 〈캣츠〉 수록곡

깊은 밤, 거리에는 적막만 감돌고

저 달은 추억을 잃었나요?
홀로 미소만 짓고 있네요.
가로등 아래 마른 나뭇잎들 발치에 쌓이고
바람은 신음하기 시작하네요.
추억이여, 달빛 속에서 홀로
나는 지난날을 꿈꾸어요.
그때의 삶은 아름다웠어요
행복이 뭔지 알던 때가 생각나요
추억이여 다시 돌아와 줘요
모든 가로등 운명의 경고 던지는 거 같아요.
누군가 웅얼거리고, 가로등 깜박거리네요.
이제 곧 아침이 될 거예요
낮의 빛, 난 해뜨기를 기다려야 해요
새 삶을 생각해야 해요, 포기할 순 없어요.
동이 트면 이 밤도 추억이 되고
새 날이 시작될 거예요.
연기 나는 일상의 타버린 꼬투리들
퀴퀴하고 차가운 아침의 냄새
가로등 꺼지고 또 한 밤이 지났어요.
또 다른 낮이 동트고 있어요.
날 어루만져 줘요, 아주 쉬워요
햇볕 속의 날들 기억만 남기고
날 홀로 두고 떠나기는
날 어루만져 주면 행복이 뭔지 알게 될 거예요
봐요, 새 날이 시작됐어요.

• 단어설명 •

seems to beat a fatalistic warning 아주 중대한 경고를 담은 불빛을 내려 비치는 것 같다.

Burned-out ends of smoky days 일상의 날을 담배의 연기와 다 타버린 담배 꽁초(cigarette ends)에 비유하고 있다.

10.2 영국: 근대 스포츠의 발상지

영국은 근대 스포츠의 발상지이다. 그러나 축구나 골프와 같은 스포츠가 국가적 정책에 의해서가 아니라 풍부한 부와 자유 시간을 가진 왕족, 귀족, 젠트리라 불리는 신흥 부르주아 계급에 의해 발전했다. 18세기 후반에 승마, 골프, 크리켓 등의 경기단체가 조직되어 규칙의 통일, 시설용구의 규격화, 기술의 합리화를 진척시키며, 스포츠맨십sportsmanship·정정당당fair play·팀워크team spirit·아마추어리즘amateurism의 성격을 스포츠에 부여했다. 이런 영국의 스포츠 근대화는 19세기 후반에 미국에 영향을 끼쳤으며, 결국 세계적으로 스포츠를 전파시키는 계기가 되었고 제국의 확장과도 깊은 관련이 있었다. 영국이 스포츠를 제국으로 보급시킨 목적은 문화적 결속을 강화하는 데 있었다. 스포츠는 자치 연방이나 식민지와 본국과의 결속과 유대강화의 수단이 되어 문화와 피부색이 다른 대영제국을 하나로 묶어주는 역할을 했다.

영국인은 스포츠를 매우 좋아하는데 가장 인기 있는 종목이 축구이다. 크리켓은 잉글랜드에서 수백 년 동안 인기를 누리고 있는 경기이다. 그 밖에 인기 있는 운동 경기는 양궁, 잔디볼링, 골프, 하키, 말 등 올라타기, 경마, 요트, 럭비, 테니스 등이다. 가장 대중적인 것으로는 산책이나 하이킹, 수영, 요가와 사이클 등이 포함된다. 여성의 참여도 최근 몇 년 동안 크게 증가해 전통적으로 남자들의 소유 종목이라 여겨졌던 축구, 럭비, 복싱과 같은 종목들이 큰 인기를 끌고 있다.

한편 영국의 귀족 사회는 스포츠에도 반영되어 있는데 가령 승마를 즐기는 것은 귀족과 상류 계급의 전형적인 스포츠라고 볼 수 있다. 또한 여우 사냥을 비롯한 수렵과 폴로(4인 1조로 말을 타고 하는 구기 종목)도 상류 계급의 스포츠에 속한다. 반면 개 경주나 술집에서 하는 다트 놀이는 스포츠라기보다는 게임으로 주로 근로 계층이 즐기며 또 내기를 좋아하여 경마, 카드놀이, 축구 경기에서 돈을 거는 습관이 널리 퍼져 있다.

10.2.1 귀족 스포츠

영국에서 하이클래스가 되려면 교양과 품위를 갖추어야 한다. 하이클래스만

출입하는 전용 클럽과 사교회가 있다. 제아무리 돈이 많아도 불명예스런 경력이 있거나 인격에 흠결이 있으면 클럽의 회원이 될 수 없다. 문인들이 출입하는 클럽, 군인과 정치인이 출입하는 클럽 등등 수많은 배타적인 클럽이 있다. 따라서 이런 클럽 활동 없이 하이클래스의 삶을 유지하기란 어렵다. 지적 담론을 나눌 수 없고 정보를 교환할 수도 없다. 클럽 활동을 유지하기 위해서 꾸준히 독서를 해야 하고, 음악과 미술을 감상할 줄 아는 세련된 예술적 취향을 지녀야 하며, 신문과 잡지를 꾸준히 읽어야 한다. 오늘날 영국에서 계급을 구분하는 잣대 중 하나가 바로 품위 있는 영어를 구사할 줄 아느냐 아니냐이다. 제대로 언어를 구사하는 능력을 갖추려면 지적·문화적 생활을 추구해야 한다.

하이클래스는 자신들만의 여가와 스포츠를 즐긴다. 축구가 대중스포츠라면, 승마와 폴로 및 여우사냥은 귀족 스포츠이다. 테니스와 골프는 원래 귀족 스포츠였지만, 이제는 대중 스포츠가 되었다. 귀족 스포츠는 말을 타고 움직인다는 공통점을 지닌다. 승마를 즐기는 여왕의 모습, 폴로 경기를 하는 찰스 황태자의 모습, 그리고 귀족들의 여우사냥 모습은 하이클래스의 전통과 권력과 특권을 상징한다.

10.2.1.1 승마 Horse riding

승마를 하려면 마필 관리인과 잘 길러진 말이 필요하다. 또한, 말을 잘 다루고 호흡을 맞추는 기술이 필요하다. 승마에서 승리했을 때 개인적인 만족감보다는 말에게 애정을 베푸는 인간성이 더 필수적이다. 승마를 통해 자신의 관리 하에 있는 사람들을 보살피는 마음씨를 기르게 된다.

10.2.1.2 폴로 Polo

폴로는 말을 타고 공치기를 하는 놀이로서 승마, 하키, 게이트볼, 골프의 기술이 모두 필요한 종합 스포츠이다. 포스터 원작의 영화 〈인도로 가는 길〉에서 볼 수 있듯이, 폴로는 말과 호흡을 맞추고 팀과 서로 협력하면서 스틱으로 공을 처넣는 위험하고 역동적인 경기이다. 찰스 황태자가 폴로 경기로 인해 팔과 다리가 부러졌다는 소식을 종종 접하게 된다. 본래 폴로는 기마민족이 활동하던 페르시아에서 유래되고 인도에서 발전된 것으로 식민지 시절 영국인들이 즐겼

Horse riding
http://upload.wikimedia.org/wikipedia/commons/thumb/f/fa/Horse_riding_in_coca_cola_arena_-_melbourne_show_2005.jpg/220px-Horse_riding_in_coca_cola_arena_-_melbourne_show_2005.jpg

Polo
http://upload.wikimedia.org/wikipedia/commons/3/3c/Polo_players.jpg

다. 체력, 스피드, 지구력 및 팀워크가 요구되며 말과 안전장비를 갖추어야 할 수 있는 귀족 운동이다. 축구처럼 간편하게 어느 곳에서든지 할 수 있는 스포츠가 결코 아니다.

10.2.1.3 여우사냥 Fox hunting

여우사냥은 귀족들의 전통적 스포츠이다. 여우사냥을 할 수 없었던 신흥자본가들이 승마를 스포츠로 발전시켰다. 영화 〈남아있는 나날〉에서 여우사냥의 장면을 접할 수 있다. 말을 탄 신사숙녀가 폭스 하운드라는 사냥개를 수십 마리 동원하여 여우를 쫓게 하여 죽이는 잔인한 스포츠이다. 동물애호가들은 잔인성을 이유로 여우사냥의 금지법 제정을 요구하지만, 가축에 피해를 주는 여우 퇴치와 전통계승을 주장하는 귀족들의 주장이 서로 팽팽하게 맞서고 있다.

영국의 하이클래스는 자신들의 전통과 특권을 유지하기 위하여 다른 계층과 자신을 구별 짓는 전략을 부단히 모색한다. 그래서 하이클래스는 자신들만의 클럽과 의상과 스포츠를 추구한다. 한국에서 옷 로비가 벌어지고 외제차를 구입하려는 이유는 옷과 자동차가 사회적 지위를 나타내주기 때문일 것이다. 엘리자베스 1세의 의상이 화려하고 장식적이었던 이유도 바로 타의 추종을 불허하여 자신의 독보적 위치를 확립하고 강화하기 위한 전략이었다. 그럼에도 불구하고 물질적 부로 쉽게 살 수 없는 것은 신용과 명예이다. 외면의 화려한 스타일보다는 내면의 단단한 본질을 추구하는 것이 하이클래스가 지향해야 할 점이다. 진정한 하이클래스는 옷을 잘 입는 멋쟁이 댄디와 돈은 많으나 교양이 부족한 졸부와 생득적 특권을 누리는 귀족과는 달라야 한다.

Fox hunting
http://upload.wikimedia.org/wikipedia/commons/thumb/0/0b/Hunt_Master_exits_Castle_cropped.JPG/250px-Hunt_Master_exits_Castle_cropped.JPG

10.2.2 대중 스포츠

영국의 대중 스포츠로는 크리켓과 축구가 있다.

10.2.2.1 크리켓Cricket

크리켓은 영국의 민족 스포츠이다. 영국의 존 메이저 전 수상은 퇴임 후 크리켓 해설가로서 손색이 없을 정도로 크리켓 광이었다. 여름이면 푸른 잔디 위에서 흰색 스웨터와 면바지를 입고서 크리켓 경기를 하는 모습을 흔히 볼 수 있다. 이 경기의 특징은 느림과 여유에 있는데, 이런 점은 완만의 미학을 추구하는 영국인의 기질과 딱 맞아 떨어진다. 버지니아 울프의 원작 영화 〈등대로〉 시작 부분에 콘월 해안가 모래사장 위에서 램지 가족이 한가롭게 크리켓 경기를 하는 아름다운 장면이 등장한다. 아마도 운동경기 중 크리켓이 가장 긴 시간동안 가장 적은 체력을 요구하는 느슨한 스포츠에 해당될 것이다.

Cricket
http://upload.wikimedia.org/wikipedia/commons/thumb/7/7a/Pollock_to_Hussey.jpg/300px-Pollock_to_Hussey.jpg

크리켓 경기가 품격 있는 스포츠로 인식된 이유는 아마도 이 흰색 의상과 과도한 스피드와 힘을 요구하지 않는 특징과 연관이 있다고 생각한다. 영화와 텔레비전에서 자주 볼 수 있듯이, 흰색 의상은 백인의 특권과 여유의 상징체로 여겨진다. 아프리카 초원에서 수렵여행safari을 할 때나 인도에서 코끼리 등에 올라타고 여행을 할 때, 영국인 남녀의 복장은 한결같이 흰색이다. 이들이 흰색의상을 선호하는 이유는 흰색이 태양빛을 반사하여 시원하게 해준다는 실용적 이유 때문이다. 그러나 사무직 종사자를 의미하는 '화이트칼라'라는 말이 계급적 의미를 내포하듯, 흰색 옷을 입으려면 세탁과 다림질을 해줄 하인이 필요하다. 즉 하이클래스만이 흰옷을 입을 수 있다는 결론에 이른다.

크리켓 경기는 공을 던지는 사람의 속임수에 대해 징계가 엄하며, 페어플레이 정신을 강조하고, 심판의 판단을 존중할 것을 요구한다. 런던의 두 크리켓 경기장인 Oval과 Lord's에서 경기가 열릴 때면, 영국인들은 가족과 친구들과 함께 경기장에 가서 음식을 먹으며 담소를 나누며 경기를 관람한다. 지루하게 보이는 크리켓 경기에 영국인들 모두가 중독된 것 같다. 진흙 속에서 뒹굴며 전쟁을 치루 듯 하는 노동계층의 스포츠인 축구에 비하면, 흰옷을 입고 푸른 잔디 위에서 신사답게 경기를 진행하는 크리켓에는 품격과 여유가 묻어난다.

10.2.2.2 축구Soccer

영국의 축구 클럽은 프리미어리그이다. 영국의 프리미어리그도 독일의 분데스리가와 같이 오랜 전통을 갖고 있다. 대표적인 팀인 리버풀과 맨체스터 유나이티드는 둘 다 창시된 지 100년이 지난 명문 팀들이다.

Soccer
http://upload.wikimedia.org/wikipedia/commons/thumb/b/b9/Football_iu_1996.jpg/300px-Football_iu_1996.jpg

10.2.3 Reading passage 4: Sports and Recreation in Britain

Sports and Recreation in Britain

The British invented and **codified** the rules of many of the sports and games now played all over the world, and there is widespread interest in most kinds of sport throughout Britain. Large crowds attend occasions such as the football and rugby league Challenge Cup Finals at Wembley Stadium, international rugby union matches at Twickenham (near London), Murrayfield (Edinburgh) and Cardiff Arms Park; the Wimbledon **lawn tennis** championships; the classic horse races; the Open Golf Championship; Grand Prix motor racing; and international cricket matches.

Levels of participation in sport have been rising, **due mainly to** the increase in **leisure time and facilities**, greater **mobility** and improvements in living standards. A growing awareness of the importance of regular exercise for good health has been reflected in **the upsurge of interest in** jogging, **keep fit** and dance-related forms of exercise. It has been estimated that 25 million people over the age of 13 regularly take part in sport or exercise, with men outnumbering women. Walking, including rambling and hiking, is by far the most popular recreation, followed by swimming, football, golf, keep fit and yoga, athletics, **angling**, squash, badminton and cycling. Other widely practised sparetime physical activities include gardening and '**do-it-yourself**' repair and improvement work.

• 단어설명 •

codify 성문화하다, 조목별로 요약하다.

lawn tennis 잔디 테니스 구장, clay tennis(진흙/ 땅 구장)
due mainly to ~ 주로 ~으로 인하여(이유)
leisure time and facilities 레저 시간과 시설(의 증가)
mobility 이동성, 기동력
the upsurge of interest in ~ ~에 관심의 고조/ 높아짐
keep fit 건강 유지를 위한 평소의 운동
angling 낚시
'do-it-yourself' (수리 보수를 위해) 인부를 부르지 않고 스스로 해결하는 방식

해석

영국의 스포츠와 레크리에이션

영국은 현재 전 세계에서 행해지고 있는 많은 종류의 스포츠와 게임의 규칙들을 개발하고 조목별로 성문화하였으며, 영국 도처에 대부분의 종류의 스포츠가 광범위하게 보급되어 있다. 웸블리 스타디움에서 벌어지는 축구와 럭비 리그의 챌린지 컵 결승전이나 (런던 근처의) 트위큰햄, (에든버러의) 머레이 구장, 카디프 암스 파크에서 열리는 국제적인 럭비 경기, 윔블던 잔디구장에서의 테니스 선수권 대회, 승마 경기, 골프, 그랑프리 모터 레이싱, 그리고 국제적인 크리켓 경기 시합과 같은 행사에 많은 관중들이 모인다.

스포츠에 참가하는 수준은 레저 시간과 시설의 증가, 더 훌륭한 기동력과 생활수준의 향상으로 인하여 점점 더 증가하고 있다. 건강을 위한 규칙적인 운동의 중요성에 대한 인식이 커짐에 따라 조깅, 건강을 위한 몸만들기와 춤과 연관된 운동에 관심이 높아졌다. 13세 이상의 2천 5백만 인구가 규칙적으로 스포츠나 운동을 하고 있고, 남자가 여자보다 수적으로 더 많은 것으로 추정된다. 산책이나 하이킹을 포함하여 걷기는 지금까지 가장 인기 있는 레저 활동이며, 수영, 축구, 골프, 건강을 위한 몸만들기와 요가, 육상, 낚시, 스쿼시, 배드민턴, 자전거 타기가 그 뒤를 잇는다. 그 밖에 널리 행해지고 있는 여가는 정원 가꾸기와 '자기 스스로 직접 수선하고 개량하는 일'을 포함한다.

Question

영국에서 고안하여 전 세계에 보급된 스포츠를 열거해보자.

Answer

축구, 럭비, 크리켓, 골프, 테니스, 승마 등.

결론

영국인들은 다양한 여가생활을 즐긴다. 독서, 정원 가꾸기, 집안 보수, 공원에서의 휴식, 영화, 연극, 뮤지컬, 콘서트 관람, 도보여행, 긴 휴가 등 일상생활에서의 '**쉼**break'의 의미를 중요하게 생각하는 민족이다.

영국의 클럽은 철저히 회원제로 운영되는 오프라인 동호인 모임이다. 신흥부자라도 **품격**과 **신용**이 검증된 경우에만 회원으로 받아들인다. 말을 잘 하고 지식이 풍부한 사람보다는 **명예**Honor를 중시하고 **고매한 천성**Noble Instincts을 지닌 사람을 회원으로 받아들인다.

영국에는 하이클래스만이 즐기는 여가와 스포츠가 있다. 축구가 **대중 스포츠**라면, 승마와 폴로 및 여우사냥은 **귀족 스포츠**이다. 테니스와 골프는 원래 귀족 스포츠였지만, 이제는 대중 스포츠가 되었다. 크리켓은 귀족 스포츠가 아니라 영국의 민족 스포츠이다. 흰옷을 입고 푸른 잔디 위에서 신사답게 경기를 진행하는 크리켓에는 영국인들의 품격과 여유가 묻어난다.

영국은 연극, 뮤지컬, 연주회 등의 **문화생활**이 다양하게 제공되고 활성화되고 있는 사회이다.

영국의 페스티벌은 음악, 문화, 댄스, 연극 등의 문화공연과 스포츠 등 종류가 다양하고 각 페스티벌마다 개성이 강하다. 종교적 축제와 행사 이외에도 영국에서는 흥미롭고 전통적인 축제와 문화적 이벤트들이 열린다.

학습평가

1. 다음 중 영국에서 고안하여 전 세계에 보급된 스포츠가 아닌 것을 고르시오.
   a. 배구
   b. 크리켓
   c. 축구
   d. 테니스

2. 영국의 정원에 대한 설명으로 적합하지 않은 것을 고르시오.
   a. 여러 가지 화단을 배치하여 다양한 꽃을 볼 수 있는 것이 특징이다.
   b. 기하학적인 대칭구조의 형식을 띈다.
   c. 자연 경관을 최대한 그대로 살리도록 디자인되었다.
   d. 호수, 다리, 여러 가지 다양한 건축양식들을 포함한 전원풍의 목가적인 경치를 재현한다.

3. 영국의 클럽에 대해 설명한 것 중 적절하지 못한 것을 고르시오.
   a. 영국의 클럽은 철저히 회원제로 운영되었다.
   b. 품격과 신용이 검증된 경우에만 회원으로 가입되었다.
   c. 회원이 되려면 우선 말을 잘 하고 지식이 풍부하여야 한다.
   d. 신흥부자보다는 명예를 중시하고 고매한 천성을 지닌 사람이 환영을 받았다.

정답 및 해설

1. a. 배구
2. b. **해설** 기하학적인 대칭구조의 형식을 띈 것은 17세기 프랑스에서 유행한 정원 양식이었다.
3. c.

자료출처

Wikipedia, the free encyclopedia
http://www.google.com
http://www.youtube.com/watch?v=gS9-tEbv75E
http://www.youtube.com/watch?v=4-L6rEm0rnY

11 | 영국의 인물탐구 1

British Personages
William Shakespeare
Epitaph
Elizabeth I
Queen Victoria

● 개요

11.1 William Shakespeare

- 11.1.1 Reading passage 1: William Shakespeare
- 11.1.2 Reading passage 2: William Shakespeare Epitaph
- 11.1.3 Reading passage 3: Sonnet 18

11.2 Elizabeth I

- 11.2.1 Reading passage 4: Elizabeth I — A Female Monarch in a Male World

11.3 Queen Victoria

- 11.3.1 Reading passage 5: Queen Victoria

서론

이번 장에서는 영국을 빛내고 발전시킨 역사적 인물들을 조명해보고 그들의 인생관과 처세술, 업적 등을 비교해본다. 특히 한 국가의 성장 발전을 위해 지도자의 역할이 얼마나 중요한지를 엘리자베스 1세 여왕과 빅토리아 여왕의 예를 통해 재확인해본다. 또한 셰익스피어의 소네트 18번을 읽으며 소네트의 형식을 배우고 감상해보는 기회를 갖고, 영화를 통해 영국의 시대적 배경을 관찰한다.

본론에 들어가기 전에 먼저 William Shakespeare가 활동했던 시대 상황과 작품에 대해 알아보자. 셰익스피어는 16세기 후반에서 17세기 초에 활동한 영국의 극작가이자 시인이다. 1590년을 전후한 시대는 엘리자베스 1세 여왕 치하에서 국운이 융성한 시기여서 문화면에서도 고도의 창조적 잠재력이 요구되었던 시기였다. 이러한 배경을 얻어 그의 천분은 더욱 빛날 수 있었다. 당시의 연극은 중세 이래의 민중적·토착적 전통이 고도로 세련되었으며, 특히 그리스·로마의 고전을 소생시킨 르네상스 문화의 유입을 맞아 새로운 민족적 형식과 내용의 드라마를 창출해 내려는 때이기도 하였다.

셰익스피어의 작품은 '비극'과 '희극'으로 나누어져 있다. 희극 작품의 특징은 웃음, 기쁨, 인간 삶의 본질에 대한 약점을 비판해 주고 그 비판된 사실의 진실을 일깨워 더 건설된 삶으로 인도한다. 비극 작품은 진지한 행동의 모방, 시작과 중간과 끝이 있고, 고양된 언어, 공포와 연민의 카타르시스를 느낀다. 불행한 결말이 특징이다. 4대 희극은 〈베니스의 상인〉, 〈한여름 밤의 꿈〉, 〈당신이 좋으실 대로〉, 〈말괄량이 길들이기〉이고, 4대 비극은 〈멕베스〉, 〈오셀로〉, 〈햄릿〉, 〈리어왕〉이다.

다음은 엘리자베스 1세의 처세술에 대해 알아보자. 역경과 위기가 영웅을 만든다. 영국의 엘리자베스 1세(1558-1603)는 16-17세기 국내외 정치적 혼란 속에서 국가와 교회의 안정을 이루어 황금시대를 주도했다. 그녀의 삶의 좌우명은

"보아도 입을 열지마라." 비굴하게 들릴지 모르지만, 국민통합을 위한 전략적 선택이었다. 영국의 마키아벨리에 비견되는 그녀를 대다수 영국인들은 'Good Queen Bess'란 애칭으로 부르고 기억한다. 25세의 젊은 나이에 왕위에 올라 45년 동안 잉글랜드를 통치하며 70세의 나이로 죽을 때까지 독신으로 살았던 전제군주였다. "나는 영국과 결혼하노라."라고 선언한 후 이 약속을 죽을 때까지 지켰던 그녀의 비장한 각오에 경외심과 연민의 감정이 교차한다.

여왕은 배우자와 후계자를 선정하는데도 자신의 의도를 감춘 채, 정략결혼을 유인책으로 사용하여 유럽국가들 간에 힘의 균형을 유지하면서 위기에 처한 잉글랜드를 지켜낼 수 있었다. 그녀는 신교도인 스코틀랜드의 제임스 6세가 자신의 후계자가 될 것이라는 사실을 알면서도 최후의 순간까지 계승자를 임명하지 않았다. 국론의 분열과 혼란을 방지하기 위해서. "보아도 입을 열지마라."가 그녀의 좌우명이 될 정도였으니까. 말수가 적거나 비겁한 사람이라서가 아니라, 아첨꾼들, 구혼자들, 경쟁자들의 유혹을 물리치면서 국가와 교회의 안정과 질서를 꾀하기 위한 전략적 선택이었다.

첫째, 엘리자베스는 개인과 국가의 생존을 처세의 가장 중요한 목표로 삼았다. 케이트 블랑쉬가 주연으로 등장한 영화 〈엘리자베스〉는 한 여성의 극적인 인생을 이해하는 데 유용하다. 삶과 죽음, 신교도와 구교도, 잉글랜드와 유럽국가들 사이에서 생존을 모색해야 했던 그녀의 인생은 결코 순탄치 않았다. 여자요, 사생아요, 신교도였던 그녀는 자신과 국가의 생존을 위해서 자신을 위장하고 교묘한 정치적 수완을 발휘했다. 예를 들면, 가톨릭교도인 메리 여왕의 박해로 인하여, 런던탑에 갇혀 처형을 당할 위기상황에서 개신교였던 엘리자베스는 가톨릭 신자로 거짓으로 개종함으로써 목숨을 보존할 수 있었다. 또한, 그녀는 종교의 이름으로 자행된 학살과 박해로 인하여 나라 전체가 피바다가 되는 현실을 목격한 후, 자신은 상식과 양심에 따라 나라를 다스릴 것이라고 결심한다.

둘째, 엘리자베스는 공익을 위해 개인의 행복을 기꺼이 포기했다. 잉글랜드를 배우자로 삼아 국가경영이란 무거운 책임을 져야 했던 그녀는 이런 말을 했다. "난 어느 누구의 엘리자베스가 아닙니다. 나는 처녀로 남아 잉글랜드와 결혼합니다." 몰려드는 구혼자들을 멀리하고 교묘하게 이용하면서, 그녀는 영국 사회의 질서와 통합을 이루었다. 하지만, 제아무리 그녀를 처녀왕, 잉글랜드의 성모 마리아, 선녀 왕으로 미화시켜 부른들 과연 그녀가 행복한 삶을 살았다고 할 수 있을까? 그렇지 않은 것 같다. 임종의 순간 그녀는 자신의 연인이자 자신을 암살하려는 음모에 가담했던 로버트 더들리 경(웨섹스 백작)의 이름을 불렀다고 전한다. 보통 사람들이 누리는 사랑의 행복을 못내 아쉬워하지 않았을까? 영화 〈엘리자베스〉의 전반부에서 로버트 경과 달콤한 사랑에 빠진 그녀는 얼굴에 홍조를 띠고, 에로틱한 황금빛 분위기에 젖어 있다. 하지만 후반부에서 그녀는 딱딱하고 차가운 납빛 얼굴을 한 모습으로 변해간다. 금발머리가 싹둑 잘리고, 밝은 웃음이 사라지며, 하얗게 분칠하고 하얀 옷을 입고 절대군주로 변화된 모습은 서글픔을 자아낸다.

셋째, 엘리자베스는 양심에 따라, 상식에 기초하여, 절충하는 지혜를 발휘하며, 난세를 평정했다. 그녀가 이룬 가장 큰 업적 중의 하나는 아마도 신교와 구교의 상생의 길을 모색하고자 '종교통합령'을 시행한 것일 것이다. 종교통합령을 통과시키려는 연설에서 그녀는 "상식이 영국인의 가장 큰 덕목이다"라고 말하면서 신교도와 구교도 진영의 협조와 화해를 당부한다. 이처럼 그녀는 주어진 현실 속에서 변화를 모색하면서 혁명보다는 진화를 추구했다. 국익을 위해서는 종교적 신념도 개인의 낭만적 감정도 윤리의식도 덜 중요하다고 생각했던 실용주의자요 전략가였다. 참모 월싱엄 경이 그녀에게 "국가의 존립을 위해서 군주란 악을 저지를 수 있다."고 충고하자 그녀는 이를 실천한다. 동시에 그녀는 거만을 떨지 않는 섬세한 성격의 소유자였다.

넷째, 엘리자베스는 여성적인 섬세함과 부드러움과 관용정신과 인간애를 지녔다. 음모와 배신과 살인의 세계에서, 그녀는 이런 여성적 특질을 발휘하여 아주 유연하게 대처했다. '왕의 심장과 위장'과 여성적인 부드러움을 겸비했던 인물이었다. 한 예로, 그녀는 자신을 암살하려는 음모에 가담한 로버트 경을 처형하지 않는다. 사랑과 연민의 감정 때문이 아니라, "그를 내 곁에 살아있게 둠으로써 내가 얼마나 큰 위험에 빠져 있었는지를 기억하기 위해서", "용서는 해도 잊지는 않겠다."는 그녀의 말 속에서 차가운 이성적 군주의 모습을 볼 수 있다.

공익과 상식과 타협과 실리를 중시했던 엘리자베스 1세. 다면체 다이아몬드

같은 여자. 이런 그녀에게 다양한 호칭이 따라붙는다. 글로리아나Gloriana, 베스Bess, 철의 여인, 절대군주, 처녀왕, 영국의 성모 마리아, 최고경영자 등등. 그녀의 영국적 마인드와 리더십과 처세술은 영국의 후대 국가경영자들에게 커다란 영향을 끼쳤다. 대영제국을 건설했던 '뚱보 여장부' 빅토리아 여왕, 인내심과 용기의 표상 '불독' 처칠 수상, '철의 여인' 대처 수상, 그리고 '슈퍼 비즈니스 우먼' 엘리자베스 2세는 모두 엘리자베스 1세의 처세술을 계승했다. 온갖 역경을 극복하고 강한 카리스마와 부드러움을 겸비하여 국가경영을 잘 해낸 엘리자베스 1세 같은 인물이 한국 사회에 등장하길 기대해본다.

마지막으로, Queen Victoria의 업적에 대해 알아보자. 이전까지 인도에 대한 영국의 통치는 동인도 회사를 통한 간접적인 통치였으나 세포이 항쟁을 비롯한 여러 가지 반발을 겪은 후 인도의 통치권은 영국정부로 이관되며 인도의 왕조였던 무굴 제국은 멸망하고 인도 제국이라는 이름으로 개칭되고 빅토리아 여왕이 그 황제가 됨으로써 인도를 직접 통치하게 된다.

만국박람회가 빅토리아 여왕의 통치기에 영국에서 개최되었다. 만국박람회란 현재의 Expo와 같은 성격의 박람회로서 자국의 기술력을 세계에 알리는 기회였다.

빅토리아 여왕 시기에 영국은 유럽, 아시아, 아프리카, 아메리카 등 세계 각지에 식민지나 대 영연방 소속 국가를 거느리고 있어서 태양이 항상 영국 식민지 혹은 영 연방 국가를 비추고 있었기에 "태양이 지지 않는 나라"라는 호칭을 얻게 된다.

본론

11.1 William Shakespeare

11.1.1 Reading passage 1: William Shakespeare

William Shakespeare

William Shakespeare (1564-1616) was born in the small market town of **Stratford-upon-Avon** in April (probably April 23) 1564. His father, a successful **glovemaker**, landowner, moneylender, and dealer in **agricultural commodities**, was elected to several important posts in local government but later suffered financial and social **reverses**, possibly as a result of **adherence to** the Catholic faith. Shakespeare almost certainly attended the free Stratford grammar school, where he could have acquired a reasonably impressive education, including a respectable knowledge of Latin, but he did not **proceed to** Oxford or Cambridge. There are legends about Shakespeare's youth but no documented facts. The first record we have of his life after his **christening** is that of his marriage in 1582, at age eighteen, to Anne Hathaway, **eight years his senior**. A daughter, Susanna, was born six months later, in 1583, and twins, Hamnet and Judith, in 1585.

We possess no information about his activities for the next seven years, but by 1592 he was in London as an actor and apparently already well known as a playwright, for a rival dramatist, Robert Greene, refers to him **resentfully** in *A Groatsworth of Wit* as "**an** upstart crow, beautified with our feathers.”

셰익스피어 생가
http://encyberimg.encyber.com/dicimage/midimage/17/48017.jpg

William Shakespeare (1564－1616)
http://leekcp.new21.org/k%20pt/w1/01/106.jpg

단어설명

Stratford-upon-Avon 영국 잉글랜드 중부의 작은 도시
glovemaker 장갑 제조업자
agricultural commodities 농업 상품
reverses 역전, 불운, 실패, defeat
adherence to ~ ~을 신봉(하여), ~을 고수(하여)
proceed to ~ ~로 향해 나아가다
christening (종교) 세례
eight years his senior 그보다 8세 연상인
resentfully 분개하여
an upstart crow 건방진 놈

해석

윌리엄 셰익스피어

윌리엄 셰익스피어(1564-1616)는 1564년 4월에 (4월 23일이라고 추정) 스트랫퍼드 어폰 에이번의 작은 마을에서 태어났다. 성공한 장갑제조업자였고 지주였으며, 고리대금업자에 농업상품 판매업자였던 그의 아버지는 지방의 몇

몇 주요 지위에 선출되었으나 가톨릭 신념을 고수한 결과로 재정적인 어려움을 겪고 사회적으로 실패하게 된다. 셰익스피어는 공립 스트랫퍼드 그래머 스쿨에 다녔다. 거기서 훌륭한 라틴어 지식을 포함하여 비교적 영향력 있는 교육을 받을 수 있었지만, 옥스퍼드나 케임브리지에는 들어갈 수 없었다. 셰익스피어의 젊은 시절에 관한 일화이지만 사실 증거가 될 만한 자료는 없다. 첫 번째 기록은 그가 세례를 받은 후 1582년 18세의 나이로 8세 연상의 앤 헤더웨이와 결혼을 했다는 것이다. 결혼 6개월 후 1583년에 딸 수잔나가 태어났고, 1585년에 쌍둥이 햄넷과 쥬디스가 태어났다.

그 다음 7년 동안의 그의 활동에 대한 정보는 없다. 그러나 1592년경 그는 런던에서 배우로 활동했고 극작가로도 이미 잘 알려져 있었던 것으로 보인다. 경쟁 극작가인 로버트 그린은 분개하여 *A Groatsworth of Wit*라는 작품에서 "우리의 깃털로 미화된 건방진 까마귀(놈)"라고 그를 폄하했다.

Question

셰익스피어는 어느 시대의 인물인가?

Answer

셰익스피어는 16세기 후반에서 17세기 초에 활동한 영국의 극작가이자 시인이다. 1590년을 전후한 시대는 엘리자베스 1세 여왕 치하에서 국운이 융성한 시기여서 문화면에서도 고도의 창조적 잠재력이 요구되었던 시기였다. 이러한 배경을 얻어 그의 천분은 더욱 빛날 수 있었다. 당시의 연극은 중세 이래의 민중·토착적 전통이 고도로 세련되었으며, 특히 그리스·로마의 고전을 소생시킨 르네상스 문화의 유입을 맞아 새로운 민족적 형식과 내용의 드라마를 창출해 내려는 때이기도 하였다.

11.1.2 Reading passage 2: William Shakespeare Epitaph

1564년 4월 23일 탄생하여 1616년 4월 23일 52세의 나이로 자기 고향에 잠든 셰익스피어는 Stratford-upon-Avon 지역의 Holy Trinity Church 교회의 공동묘지에 묻혔다. 그의 묘비에는 이러한 문구가 쓰여 있다.

셰익스피어 묘비명

[고어]

GOOD FREND FOR JESUS SAKE FORBEARE
TO DIGG THE DUST ENCLOSED HEARE
BLESTE BE YE MAN T[HAT]Y SPARES THES STONES,
AND CURST BE HE T[HAT]Y MOVES MY BONES

[현대어]

Good friend, for Jesus sake, forbear
To dig the dust enclosed here.
Blessed be the man that spares these stones,
And cursed be he that moves my bones.

http://library.thinkquest.org/5175/images/grave1.jpg

해석

벗들이여 제발 부탁컨대
여기 묻힌 것을 파지 말아주오.
이것을 그대로 두는 자는 축복받고
내 뼈를 옮기는 자는 저주받을 지어다

Question

여러분들의 묘비명은 무엇일까 생각해봅시다.

Answer

이런 정도의 무시무시한 묘비명 문구를 접하면 과연 셰익스피어가 진짜 인물인지 아니면 실재하지 않은 유령인지 궁금해진다. Shakespeare란 이름도 혹시 조작된 것이 아닌지 모르겠다. Shake + spear(창을 흔들다)의 합성어일 수도 있다. 그가 탄생한 날인 1564년 4월 23일과 죽은 날 1616년 4월 23은 일치한다. 이것은 우연인가 아니면 조작인가? 셰익스피어의 위대성은 날조된 신화인가 fabricated myth? 궁금증을 자아내는 그의 삶과 죽음과 이름이 그의 천재성을 드러내는 것 같다.

11.1.3 Reading passage 3: "Sonnet 18"

"Sonnet 18"

Shall I compare thee to a summer's day?
Thou art more lovely and more **temperate**:
Rough winds do shake the darling buds of May,
And summer's **lease** hath all too short a date;
Sometime too hot **the eye of heaven** shines,
And often is his gold complexion dimmed;
And every fair from fair sometime declines,
By chance or nature's changing course **untrimmed**.
But thy eternal summer shall not fade,
Nor lose possession of that fair thou **ow'st;**
Nor shall death brag thou wander'st in his shade,
When in eternal lines to time thou grow'st:

So long as men can breathe or eyes can see,
So long lives this, and this gives life to thee.

단어설명

sonnet 소네트 (10개의 음절로 구성되는 시행 14개가 일정한 운율로 이어지는 14행시)
temperate not excessive, mild
lease 일시적으로 임대하다
the eye of heaven 하늘의 눈, 태양(The Sun)을 의미한다
untrimmed Stripped of gay apparel
ow'st own(est), possess
shade 그늘, 지하 세계
grow'st are grafted

영화 Shakespeare in Love
http://blocs.xtec.cat/maribelmateo0809/files/2009/05/shakespeare-in-love-caratula-cd-vcd.jpg

해석

「소네트 18」

내 그대를 한여름 날에 비할 수 있을까?
그대는 여름보다 더 아름답고 부드러워라.
거친 바람이 5월의 고운 꽃봉오리를 흔들고
여름의 빌려온 기간은 너무 짧아라.
때로 태양은 너무 뜨겁게 내리쬐고

그의 금빛 얼굴은 흐려지기도 하여라.
어떤 아름다운 것도 언젠가는 그 아름다움이 쇠퇴하고
우연이나 자연의 변화로 고운 치장을 빼앗긴다.
그러나 그대의 영원한 여름은 퇴색하지 않고
그대가 지닌 미는 잃어지지 않으리라.
죽음도 자랑스레 그대를 그늘의 지하세계로 끌어들여 방황하게
하지 못 하리
불멸의 시구 형태로 시간 속에서 자라게 되나니.
인간이 살아 숨을 쉬고 볼 수 있는 눈이 있는 한
이 시는 살게 되어 그대에게 생명을 주리라.

Question

셰익스피어의 소네트를 읽고 영원한 사랑의 속성이 무엇인지 생각해보자.

11.2 Elizabeth I

11.2.1 Reading passage 4: Elizabeth I — A Female Monarch in a Male World

Elizabeth I — A Female Monarch in a Male World

Elizabeth, who had received a fine humanist education and an extended, dangerous lesson in the art of survival, made it immediately clear that she intended to rule in more than name only. Like many Renaissance monarchs, Elizabeth was drawn to the idea of **royal absolutism**, the theory that ultimate power was quite properly concentrated in her person and indeed that God had appointed her to be **His deputy** in the kingdom. In reality, Elizabeth's power was not absolute. The government had a network of spies, informers and **agents provocateurs**, but it lacked a standing army, a national police force, an efficient system of communication, and **an extensive bureaucracy**. Above all, the queen had limited financial resources and needed to turn periodically to an independent and often **recalcitrant** Parliament, which by long tradition had **the sole right to levy taxes and to grant subsidies**.

More than the royal succession **hinged on** the question of the queen's marriage; Elizabeth's **perceived eligibility** was a vital factor in the complex **machinations** of international diplomacy. A dynastic marriage between the queen of England and a foreign ruler would **forge an alliance** sufficient to alter the balance of power in Europe. The English court hosted a steady stream of ambassadors from kings and **princelings** eager to **win the hand of** the royal **maiden**, and Elizabeth, who prided herself on speaking fluent French and Italian (and on reading Latin and Greek), played her romantic part with exemplary skill, sighing and **spinning the negotiations** out for months and even years. Most probably, she never meant to marry any of her **numerous foreign (and domestic) suitors**. Such a decisive act would have meant the end of her independence, as well as the end of the marriage game by which she played one power off against another. One day she would seem to **be on the verge of accepting a proposal**; the next, she would **vow never to forsake her virginity**. "She is a princess," the French ambassador remarked, "who can act any part she pleases."

But **virtually** everyone must have been aware that the long reign of England's Queen Elizabeth **was nearing its end,** and this impending closure **occasioned considerable anxiety**. Childless, the last of her line, Elizabeth had steadfastly refused to **name a successor**. But, as her seventieth birthday approached, she was clearly, as Raleigh put it, **"a lady surprised by time**." She suffered from bouts of ill health and melancholy. It was **at least plausible**, as officially claimed, that in her dying breath, on March 24, 1603, Elizabeth **designated** James **as** her successor. In a very few years, the English began to express nostalgia for the rule of "Good Queen Bess" and to look back **on her reign** as a magnificent high point in the history and culture of their nation.

englishhistory.net/tudor/eliz1-ermine.jpg&t=1&h=246&w=206&usg=__g1xhlDTIOVFdiQBvMVi620Q30ec=

단어설명

royal absolutism 절대 왕정
His deputy 신의 대리인(으로서)
agents provocateurs 선동가들
an extensive bureaucracy 광범위한 관료조직 (체계)
recalcitrant 반대하는, 반항하는 (의회)
the sole right to levy taxes and to grant subsidies 세금을 부과하고 보조금을 하사하는 유일한 권리(독점권)를 (가졌다)
hinged on 전적으로 ~에 달려 있다.
perceived eligibility 인정된(recognised) 자격(적합성)
machinations 주로 복수로 (못마땅함) 교묘한 책략 [술책]
forge an alliance 동맹을 강화(형성)하다

princelings 어린 군주, 소공자
win the hand of …에게서 결혼 승낙을 얻다
the royal maiden 왕실의 미혼여자(처녀)
spinning the negotiations 협상을 질질 끌면서
numerous foreign (and domestic) suitors 많은 외국(국내) 구혼자들
be on the verge of accepting a proposal 청혼을 막 받아들일 순간에 있다가도
vow never to forsake her virginity (결혼을 함으로써) 처녀성을 결코 포기하지 않겠다고 다짐하다
virtually 사실상
was nearing its end 끝나가다
occasioned considerable anxiety 상당한 걱정을 야기시켰다(caused)
name a successor 후계자를 지명하다
"a lady surprised by time." 시간이 빠르게 흘러간 것에 깜빡 놀란 여인
at least plausible 적어도 그럴 듯한, 정말 같은
designated A as B A를 B로 지정(임명)하다, appoint
her reign 그녀의 재임(통치) 기간

해석

엘리자베스 1세 – 남성 세계에서의 여성 군주

훌륭한 인본주의 교육과 생존을 위해 길고도 위험스러운 가르침을 받은 엘리자베스는 즉각 이름뿐이 아닌 그 이상의 통치를 그녀가 의도한 대로 감행했다. 많은 르네상스 시대의 군주처럼 엘리자베스도 절대왕정의 개념, 즉 절대적인 권력이 그녀에게 집중되어 있고 실제로 신이 왕국에 그녀를 신의 대리인으로 임명했다는 이론을 도입했다. 그러나 실제로 엘리자베스의 권력은 절대적이지 않았다. 정부는 스파이, 정보제공자, 선동가들의 조직만을 가지고 있었고, 상비군이나 경찰력, 효율적인 소통 시스템과 광범위한 관료조직을 결여하고 있었다. 무엇보다도 여왕은 제한된 재원을 가지고 있었고 정기적으로 독립적이며 흔히 반항하는 국회에 의지할 필요가 있었다. 오랜 전통으로 국회는 세금을 부과하고 보조금을 하사하는 유일한 권리(독점권)를 가졌기 때문이다.

여왕의 결혼 문제에 전적으로 달린 왕위 계승보다도 엘리자베스는 복잡한 국제 외교 책략에서 더 수완을 발휘하였다. 영국의 여왕과 외국의 통치자와의 왕가 결혼은 유럽의 힘의 균형을 바꾸기에 충분한 동맹을 형성하였다. 영국 궁중은 왕신의 미혼여자들에게서 결혼 승낙을 얻고 싶어 하는 왕과 어린 군주들로

부터 꾸준한 흐름으로 보내오는 대사들을 받아들였다. 불어와 이태리어를 유창하게 말할 수 있는 것에 (그리고 라틴어와 그리스어를 읽을 수 있는데) 자부심을 가지고 있었던 엘리자베스는 한숨짓기도 하고, 협상을 질질 끌면서 모범적인 기술로 훌륭히 수행해냈다. 가장 그럴듯하게, 그녀는 결코 그 많은 외국 (또한 국내) 구혼자들 중 어느 누구와도 결혼할 의향이 없었다. 결혼을 하기로 결정하는 행위는 그녀가 다른 힘에 대항하기 위해 한 쪽의 힘을 이용하였던 결혼게임을 더 이상 할 수 없다는 것을 의미할 뿐만이 아니라 그녀의 독립적인 생활도 끝이 남을 의미했다. 그녀는 어느 날에는 청혼을 막 받아들이려 하다가도 그 다음 날에는 처녀성을 결코 포기하지 않겠다고 다짐하였다. 프랑스 대사는 "그녀는 자기가 하고 싶은 대로 할 수 있는 공주이다."라고 언급했다.

그러나 사실상 모든 사람은 영국의 엘리자베스 여왕의 긴 시대가 거의 끝나가고 있다는 것을 알고 있었다. 그리고 이러한 임박한 종결은 상당한 걱정을 야기 시켰다. 아이가 없어 왕위 계승자의 마지막인 엘리자베스는 변함없이 후계자를 지명하는 것을 거부했다. 그러나 그녀의 70번째 생일이 되었을 때 그녀는 명백히 "시간이 빠르게 흘러간 것에 깜짝 놀란 여인"이었다고 Ralegh는 언급했다. 그녀는 건강의 악화와 우울증으로 고통을 받았다. 정말 그럴듯하게도, 공식적으로 주장되었듯이 1603년 3월 24일에 마지막 숨을 거두며 엘리자베스는 James를 그녀의 후계자로 지목했다. 몇 년도 안 되어 영국 사람들은 "훌륭한 여왕 베스"의 통치 시대를 그리워했고 그녀의 재임기간을 영국의 역사와 문화에서 절정기로 돌아보았다.

영화 〈엘리자베스(Elizabeth)〉
http://img1.fantasticfiction.co.uk/images/n15/n78099.jpg

Questions

1. 엘리자베스의 왕권은 무엇에 의해 견제를 받았는가?

2. 엘리자베스 1세 여왕의 처세술에는 무엇이 포함되는지 적어보자.

Answers

1. 당시의 국회는 근대국가의 건강한 형태인 상비군이나 경찰력, 효율적인 소통 시스템과 광범위한 관료조직을 결여하고 있었고, 정부가 심어놓은 스파이, 정보제공자, 선동가들의 음모와 배신에 의해 끊임없이 견제를 받았다.
2. 엘리자베스 1세 여왕은 개인과 국가의 생존을 처세의 가장 중요한 목표로 삼았다. 자신과 국가의 생존을 위해서 자신을 위장하고 교묘한 정치적 수완을 발휘했다. 종교와 이념이 아닌 양심에 따라, 상식에 기초하여, 절충하는 지혜를 발휘하며, 난세를 평정했다. 엘리자베스 여왕은 공익을 위해 개인의 행복을 기꺼이 포기했다. 여성적인 섬세함과 부드러움과 관용정신과 인간애를 지녔으며, 공익과 상식과 타협과 실리를 중시했다. 이러한 그녀의 처세술은 영국의 후대 국가경영자들에게 커다란 영향을 끼쳤다.

11.3 Queen Victoria

11.3.1 Reading passage 5: Queen Victoria

Queen Victoria

Queen Victoria (1837-1901) married Prince Albert in 1840. She was thoroughly devoted to him and completely submitted to his will. The public, however, **was** not **enamored with** the German prince; he was excluded from holding any official political position, **was never granted a title of peerage** and was named Prince **Consort** only after 17 years of marriage. Victoria did nothing without her husband's approval. His interests in art, science and industry **spurred** him to organize **the Crystal Palace Exhibition** in 1851, a highly profitable industrial convention.

His death from **typhoid** in 1861 deeply affected Victoria's psyche - she went into seclusion for more than 25 years, not emerging until **the Golden Jubilee** of 1887, the celebration of her fiftieth year on the throne. An entire generation was **raised** without ever having seen the face of their Queen.

England focused on developing industry and trade and expanding its imperial **reach**; during the reign of Victoria, the empire doubled in size, encompassing Canada, Australia, India and various locales in Africa and the South Pacific.

She was particularly fond of Conservative Benjamin Disraeli, who, by linking Victoria to the expansion of the empire, **garnered respect for** the monarchy that had been lacking since Victoria's seclusion. Even **in the throes of grief** during her seclusion, Victoria gave close attention to daily business and administration.

The national pride connected with the name of Victoria—the term Victorian England, for example, **stemmed from** the Queen's ethics and personal tastes, which generally reflected those of the middle class. When she died of old age, an entire era died with her.

Even in her **dotage**, she maintained a youthful energy and optimism that infected the English population as a whole. **The brain was failing and life was gently slipping away**. Her family gathered round her; for a little more she lingered, speechless and apparently **insensible**; and, on January 22, 1901, she died. Victoria's was the longest reign in English history.

Queen Victoria
http://jmackey68.files.wordpress.com/2008/12/431px-queen_victoria_-golden_jubilee_-3a_cropped1.jpg

단어설명

be enamored with ~ ~에 반하다, ~와 사랑에 빠지다
was never granted a title of peerage 귀족의 타이틀을 결코 부여받지 못했다.
Consort (여왕/ 국왕의) 배우자
spurred 박차를 가했다, spur = drive
Crystal Palace Exhibition 영국 수정궁에서 열린 만국박람회(world fair)
typhoid 장티푸스
the Golden Jubilee 왕위 즉위 50년 축제/ 환희
raised 양육되다, 길러지다(brought up)
reach 구역
garnered respect for ~ ~에 대한 존경을 모으다(collect)
in the throes of grief 슬픔이 한창일 때, (pl.) throes: 산고, 고통
stemmed from ~ ~에서부터 파생되다 (생겨나다)
dotage: 망령, 노망
The brain ... slipping away 기억력이 감퇴하고 생명력이 슬며시 빠져나가고 있었다.
insensible 의식이 없는

해석

빅토리아 여왕

빅토리아 여왕(1837-1901)은 1840년에 앨버트 왕자와 결혼했다. 그녀는 전적으로 그에게 헌신했고, 전적으로 그가 하고자하는 대로 따랐다. 그러나 대중들은 독일의 왕자에게 마음이 끌리지 않았다. 그는 어떠한 공식적인 정치적 지

위를 갖는 것으로부터 제외되었고, 귀족의 타이틀을 결코 부여받지 못했으며, 결혼 후 17년 후에나 여왕의 배우자라고 불리었을 뿐이다. 그러나 빅토리아는 그녀의 남편의 승인 없이는 아무것도 하지 않았다. 그의 관심사인 미술, 과학 그리고 산업에 박차를 가해 1851년에는 대단히 유리한 산업 집회인 영국 수정궁에서 열린 만국박람회를 조직했다.

1861년에 장티푸스로 인한 그의 죽음은 빅토리아의 정신(영혼)에 깊은 영향을 주었다. 그녀는 1887년 그녀의 왕위즉위 50주년을 기념하기 위한 축제일까지 근 25년 이상 동안을 은둔생활에 들어갔다. 전체 세대는 그들의 여왕의 얼굴을 보지도 못한 채 자라났다.

영국은 산업과 무역을 발전시키고 제국의 영역을 확장시키는데 주력했다. 빅토리아 여왕의 재임기간 동안 제국의 크기는 두 배로 확대되어 캐나다, 호주, 인도 그리고 아프리카와 남태평양의 여러 지역들까지 아우르게 되었다.

그녀는 특히 보수당의 벤저민 디즈레일리를 좋아했다. 그는 빅토리아를 제국의 확장에 집중하도록 함으로써 빅토리아의 은둔생활 이후로 결여되고 있었던 군주제에 대한 존경심을 모아주었던 인물이었다. 심지어 은둔하여 있는 동안 슬픔이 한창일 때도, 그녀는 매일 사업과 경영에 긴밀한 관심을 보였다.

빅토리아의 이름과 연결된 국가적 자긍심, 예를 들면, 빅토리아 통치시대의 영국이란 말은 여왕의 도덕성과 개인적인 취향에서 생겨났고, 그것은 일반적으로 중산층의 도덕성과 취향을 반영했다. 그녀가 노년에 죽었을 때, 시대 전체는 그녀와 함께 죽었다.

심지어 망령이 들었을 때도, 그녀는 젊은 에너지와 낙천주의를 계속 유지하여 영국 시민 전체에 영향을 미쳤다. 기억력은 감퇴하고 생명력은 살며시 빠져나가고 있었다. 그녀의 가족이 그녀를 둘러싸고 있었다. 그녀는 간신히 연명하고 있었고, 말을 못하고 분명히 의식이 없었다. 그리고 1901년 1월 22일에 그녀는 세상을 떠났다. 빅토리아의 시대는 영국 역사상 가장 긴 통치 시대였다.

[링크]

http://www.britannia.com/history/monarchs/mon58.html

영화 〈Mrs Brown〉
http://the3500.files.wordpress.com/2007/08/mrs-brown.jpg

Questions

1. 앨버트 공은 어떤 성격의 소유자였는가?

2. 빅토리아 여왕 재임시절 영국이 전성기를 누릴 수 있었던 요인은 무엇인가?

Answers

1. 그는 독일의 왕자로 빅토리아 여왕과 결혼하였으나 영국민들로부터는 사랑을 받지 못했다. 그러나 빅토리아 여왕의 전적인 신뢰를 받았고, 특히 미술, 과학, 산업에 관심을 보여 1851년에는 대단히 수익성이 좋은 산업 대회인 만국박람회를 영국에서 개최하기도 하였다.
2. 산업과 무역을 발전시키고 제국의 영역을 확장시키는데 주력했기 때문이다. 빅토리아 여왕의 재임기간 동안 제국의 크기는 두 배로 확대되어 캐나다, 호주, 인도 그리고 아프리카와 남태평양의 여러 지역들까지 아우르게 되었다.

결론

지금까지 살펴본 영국의 인물들을 정리해보면, **윌리엄 셰익스피어**William Shakespeare(1564–1616)는 "인도와도 바꿀 수 없다"고 주장될 정도로 위대한 극작가이자 시인이었다. **엘리자베스 1세**Elizabeth I(1558–1603) 여왕은 16–17세기 국내외 정치적 혼란 속에서 국가와 교회의 안정을 이루어 황금시대를 주도했으며, **빅토리아 여왕**Queen Victoria(1837–1901)은 재임시절 영국의 전성기를 누리며 영국 역사상 가장 긴 왕권을 지켰다.

학습평가

1. 다음 중 셰익스피어의 4대 비극에 들어가지 않는 작품은 어느 것인가?
   a. 오셀로
   b. 로미오와 줄리엣
   c. 햄릿
   d. 리어왕

2. 다음 중 엘리자베스 여왕 1세의 처세술과 관련이 없는 것을 고르시오.
   a. 종교나 이념에 얽매이지 않고 양심에 따라, 상식에 기초하여, 절충하는 지혜를 발휘하며, 난세를 평정했다.
   b. 비굴하더라도 그것이 개인과 국가의 생존을 위한 것이라면 전략적 선택을 하였다.
   c. 국론의 분열과 혼란을 방지하기 위해서 "보아도 입을 열지마라"가 그녀의 좌우명이 될 정도였다.
   d. 공익은 물론 개인의 행복도 포기할 수 없다고 생각하여 유럽 왕가의 구혼자들과 끊임없이 접촉을 하였다.

3. 다음 중 빅토리아 여왕의 업적 중 해당되지 않는 것을 고르시오.
   a. 신교와 구교의 상생의 길을 모색하고자 '종교통합령'을 시행하였다.

b. 만국박람회를 개최하여 영국의 기술력을 세계에 알렸다.

c. 인도제국의 황제가 되어 인도를 직접 통치하였다.

d. 제국 확장에 박차를 가해 재임시기동안 두 배로 확장하였다.

정답 및 해설

1. b. 로미오와 줄리엣
2. d. 해설 공익을 위하여 개인의 행복을 희생하고 국가와 결혼하여 평생 나라를 위해 헌신할 것을 다짐했다.
3. a. 해설 종교통합령은 엘리자베스 1세 여왕 시대에 행해진 일이다.

자료출처

Wikipedia, the free encyclopedia

http://www.google.com

http://www.britannia.com/history/monarchs/mon58.html

12 | 영국의 인물탐구 2

Winston Churchill
The First World War / The Second World War
Thatcherism
Community Charge (or Poll Tax)
Princess Diana
The Monarchy

- 개요

12.1 Winston Churchill

12.1.1 Reading passage 1: Winston Churchill

12.1.2 Reading passage 2: Famous Quotes from Churchill's Speech

12.2 Margaret Thatcher

12.2.1 Reading passage 3: Thatcherism

12.3 Princess Diana

12.3.1 Reading passage 4: BBC Interview with Princess Diana in 1995 [Clip 01]

12.3.2 Reading passage 5: BBC Interview with Princess Diana in 1995 Clip 02]

12.3.3 A Tribute Song to Lady Spencer Diana: "Candle in the Wind" by Elton John

서론

이번 장에서는 영국 총리로 제2차 세계 대전을 승리로 이끈 주역인 윈스턴 처칠의 성장배경과 그의 지도력을 관찰해봄으로써 위기와 혼란 상태에서 발휘되는 지도자의 역할과 영향력이 한 나라의 장래를 어떻게 바꿀 수 있는지에 대해 고찰해본다. 그리고 마거릿 대처의 정치철학을 진단해봄으로써 자본주의 사회가 갖는 장점과 단점에 대해 비교하는 시각을 갖는다. 마지막으로 영국의 왕세자비 다이애나의 삶을 통해 인간이 갈망하고 추구하는 진정한 행복이 무엇인지에 대해 고찰해보는 시간을 갖는다.

우선, 처칠의 성장배경과 그 시대의 영국의 상황에 대해 알아보자. 처칠은 정치가인 아버지와 미국인 어머니 사이에서 귀족계급의 자손으로 태어났다. 사립 명문 학교인 헤로우와 군 사관학교인 샌드허스트에서 교육을 받았다. 군대 경력 후 정치에 입문하여 두 번의 수상(1940-1945, 1951-1955)을 역임했다. 처칠이 집권하던 시절은 전쟁기였다. 1940년 집권하여 제2차 세계대전을 수행하고, 1945년 7월 선거로 그의 당이었던 보수당이 패배하면서 총리직에서 물러났다. 그 후 1951년 10월 선거에서 승리하여 총리가 된 후 1955년 4월 사임하였다. 그 당시 영국 경제는 아수라장이었다. 전쟁을 치르기 전에는 세계대공황으로 영국은 식민지와의 블록경제를 통해 극복하려 하였고, 전쟁 중에는 독일의 공습을 막느라 힘들었다. 영국 경제는 상당한 피해를 입고 있었다.

다음은 마거릿 대처의 정치철학에 대해 알아보자. 마거릿 대처 영국 총리는 '철의 여인'이라 불리며 유럽 최초의 여성총리로 군림한 입지전적인 골수 보수파이다. 엄격한 도덕과 질서 확립이라는 신념으로 무장하고 대중의 인기는 뒤로 한 채 침체된 영국 경제 회복을 최우선의 과제로 삼은 '대처리즘'의 창시자이며, 더구나 아르헨티나와의 포클랜드 전쟁에서는 강철 같은 의지로 값진 승리를 이끌어낸 집념의 여걸이다. 과다한 사회복지 지출과 노사분규로 멍들어가던 70

년대 영국 경제를 되살려낸 마거릿 대처 수상을 세계인들은 '철의 여인'이라고 부른다. 대처 총리의 가장 큰 업적은 영국병의 근원이었던 노사분규를 강력한 지도력으로 평정시킨 데 있다. 대처리즘으로 불리는 또 하나의 정책 성공은 경제부흥 정책이다. 기업 활동의 폭을 확대시키고 국영화되어 있던 많은 사업을 과감하게 민영화하였다. 또한 강한 리더십과 능란한 외교정책으로 대처 총리는 세계지도자로 부상하게 되었다.

다이애나가 찰스 왕세자와의 이혼 후 헌신적으로 참여한 운동은 에이즈 퇴치 운동과 대인지뢰 제거운동이었다. 에이즈와 대인지뢰는 인류의 삶을 위협하는 가장 큰 적에 속했다. 이 적과의 싸움에 세계에서 가장 유명한 여자 중의 한 명인 다이애나가 뛰어든 것은 이 일에 매달려있던 동료들을 크게 격려했다. 자신의 아이들에게 헌신적이었듯, 다이애나는 이 운동에도 헌신적이었다. 그녀는 또한 적십자 운동에도 열심이었다.

본론

12.1 Winston Churchill(1874–1965)

- 귀족계급의 자손
- 두 차례 영국 수상(1940–1945, 1951–1955)을 역임
- 불굴의 용기와 리더십을 발휘하여 전시의 위기상황에서 영국민들을 하나로 결집시켜 제2차 세계대전을 승리로 이끎
- 특유의 유머와 국민들에게 자신감을 고취시키는 연설로 유명함.

Winston Churchill
http://upload.wikimedia.org/wikipedia/commons/thumb/9/9c/Sir_Winston_S_Churchill.jpg/225px-Sir_Winston_S_Churchill.jpg

12.1.1 Reading passage 1: Winston Churchill

Winston Churchill

Sir Winston Churchill (1874-1965), the son of Lord Randolph Churchill and an American mother, was educated at **Harrow** and **Sandhurst**. After a brief but eventful career in the army, he became a **Conservative Member of Parliament** in 1900. He held many high posts in Liberal and Conservative governments during **the first three decades** of the century. At the outbreak of the Second World War, he was appointed First Lord of the Admiralty — a post which he had earlier held from 1911 to 1915. In May, 1940, he became Prime Minister and **Minister of Defence** and remained in office until 1945. He **took over the premiership** again in the Conservative victory of 1951 and resigned in 1955. Queen Elizabeth II **conferred on** Churchill the dignity of **Knighthood. The honorary citizenship** of the United States was conferred on him by President Kennedy in 1963.

Even the First World War, **despite all setbacks**, meant a vast expansion for Churchill as both politician and writer. In his historical works the personal and the factual elements have been intimately **blended**. He knows what he is talking about. **In gauging** the dynamics of events, his profound experience is unmistakable. He is the man who has himself been **through the fire, taken risks, and withstood extreme pressure**. This gives his words a vibrating power. Occasionally, perhaps, the personal side **gets the upper hand**.

단어설명

a Conservative Member of Parliament 보수당 출신 국회의원
during the first three decades 처음 30년 동안, 즉, 1910년부터 1930년까지 30년 동안
Lord of the Admiralty 해군제독
Minister of Defence 국방부 장관
He took over the premiership 수상 직을 떠맡다
conferred on ... Knighthood 기사 작위를 수여했다.
The honorary citizenship 명예 시민권
despite all setbacks 패배(좌절)에도 불구하고
blended 섞이다, 혼합되다.
In gauging 측정함에 있어서
through the fire 고난(시련)을 겪다.
taken risks, and withstood extreme pressure 위험을 취하고 극도의 압박을 견디어냈다.
gets the upper hand get = have, gain. 우세하다, 지배하다

해석

윈스턴 처칠

랜돌프 처칠 경과 미국인 어머니 사이에서 태어난 윈스턴 처칠 경(1874-1965)은 헤로우와 샌드허스트에서 교육을 받았다. 짧지만 다사다난한 군대 경력 후에 그는 1900년에 보수당 국회의원이 되었고, 20세기의 처음 30년 동안 자유 보수 정당에서 많은 고위직을 역임했다. 제2차 세계대전이 발발했을 때 그는 더 일찍 1911년부터 1915년까지 역임했던 직책인 첫 해군제독으로 임명되었다. 1940년 5월에 수상과 국방부장관이 되었고, 1945년까지 계속했다. 그는 1951년의 보수당의 승리에서 다시 한 번 수상직을 떠맡았고 1955년 사직했다. 엘리자베스 2세 여왕은 그에게 기사작위를 수여했고, 1963년 케네디 대통령은 그에게 미국 명예 시민권을 부여했다.

제1차 세계대전조차도, 모든 실패에도 불구하고, 처칠에게는 정치가와 작가로서 널리 알리는 계기가 되었다. 그의 역사적인 업적에서 개인적인 요소와 사실적인 요소들이 친밀하게 혼합되었다. 그는 자기가 무엇에 관해 말하고 있는지를 안다. 사건의 역동성을 측정함에 있어서 그의 심오한 경험으로부터의 판단은 틀림이 없다. 그는 스스로 시련을 겪고 위험을 취하고 극도의 압박을 견디어냈던 사람이다. 그의 말로 표현하면 살아 움직이는 힘이다. 아마도 가끔은 개인적인 면이 지배하기도 한다.

Question

처칠의 성장과정과 성격에 대해 알아보자.

Answer

처칠은 정치가인 아버지와 미국인 어머니 사이에서 태어난 귀족계급의 자손이었다. 사립 명문 학교인 헤로우와 군 사관학교인 샌드허스트에서 교육을 받았다. 군대 경력 후 정치에 입문하여 두 번의 수상(1940-1945, 1951-1955)을 역임했다. 처칠이 집권하던 시절은 전쟁 기였다. 1940년 집권하여 제2차 세계대전을 수행하고, 1945년 7월 선거로 그의 당이었던 보수당이 패배하면서 총리직에서 물러났다. 그 후 1951년 10월 선거에서 승리하여 총리가 된 후 1955년 4월 사임하였다. 사납고 고집스런 불독에 비유되기도 하는 그의 불굴의 용기와 리더십은 전시의 위기 상황에서 영국민들을 하나로 결집시킬 수 있는 능력을 발휘하였다. 또한 그의 유머는 전쟁의 고통 속에서도 즐거움을 찾을 수 있는 마음의 여유를 제공했다.

12.1.2 Reading passage 2: Famous Quotes from Churchill's Speech

1941년 2월 9일 영국 BBC 라디오에서 흘러나온 처칠의 연설 일부다. "장비를 주면, 우리가 끝장내겠습니다."는 특히 유명한 구절이다. 전쟁으로 피폐해진 영국은 전쟁 물자를 구입할 돈도, 운송할 여력도 없었다. 그러나 당시 미국의 무기수출 법은 대금 선불과 구입자 운송을 원칙으로 하고 있었다. 처칠의 호소는 '무기를 그냥 달라. 뿐만 아니라 운송까지 책임져 달라'는 뜻이었다. 루스벨트

http://ncc.phinf.naver.net/webtop02/2009/2/5/204/1.gif

대통령은 의회를 설득해 무기대여법Lend-Lease Act을 통과시키고 1941년 3월 11일에 서명했다. 미국 방위에 필요하다고 인정되는 어떤 나라에도 무기를 대여할 수 있는 획기적 법안이었다. 이에 따라 영국은 310억 달러어치 무기를 공급받았다. 연설대로 '우리가(영국이)' 끝장 낸 것은 아니었지만, 무기대여법 시행으로 전쟁의 '끝장'이 비교적 분명해진 셈이다. 이렇게 볼 때 2월 9일의 연설은 시의 적절했다. 전쟁 기간 BBC 방송연설을 통해 영국민들에게 희망과 용기를 불어 넣었던 처칠. 1940~41년 겨울은 영국민들 사이에서 처칠의 인기가 정점에 달한 시기다.

"Captain of Our Souls"

Today we may say aloud before **an awe-struck world:**
"We are still masters of our fate. We are still captain of our souls."

[Prime Minister's Speech on the War Situation, House of Commons, September 9, 1941]

• 단어설명 •

an awe-struck world 경외감(두려움)으로 가득 찬 세계
We are ... our souls 우리는 여전히 우리 운명의 주인이며 우리 영혼의 선장이다.

• 해석 •

「우리 영혼의 선장」

오늘 우리는 경외감으로 가득 찬 세계에 앞서 "우리는 여전히 우리 운명의 주인이며 우리 영혼의 선장이다."라고 크게 말할 수 있습니다.

[1941년 9월 9일 하원에서 행해진 전시 상황에서의 수상 연설]

"Never Give In"

The speech was made 29 October 1941 to the boys at Churchill's old public [private] school, Harrow — not Oxford or Cambridge: "**Never give in** — never, never, never, never, **in nothing great or small, large or petty**, never give in except to convictions of honour and good sense. **Never yield to force**; never yield to the apparently **overwhelming might of the enemy**."

단어설명

Never give in 결코 포기하지 마라, give in = yield
in nothing great or small, large or petty 크고 작든, 중요하든 사소하든 간에 어떤 일도 (결코 포기하지 마라).
Never yield to force 힘에 굴복하지 마라.
overwhelming might of the enemy 적군(독일군)의 압도적인 힘, might = force

해석

「결코 포기하지 마라」

이 연설은 1941년 10월 29일 처칠의 모교인 해로우 사립학교 - 옥스포드나 케임브리지 학생들이 아닌 - 학생들에게 행해졌다. "절대로 포기하지 마라 - 양심의 가책과 선량한 판단을 제외하고는 크고 작든, 중요하든 사소하든 간에 어떤 일도 결코, 결코, 결코, 결코 포기하지 마라. 힘에 굴복하지 말고, 겉보기에 압도적인 적군의 힘에 결코 굴복하지 말라."

"So much owed by so many to so few"

"Never in the field of human conflict was so much owed by so many to so few." [Speech made in the House of Commons as the Battle Britain peaked on August 20, (1940)]

The home front was totally involved in the war because of the Germany **bombing raids** and Britain was "a whole nation fighting and suffering together." But special gratitude was directed towards **the airmen** whose **prowess** and devotion were capable of turning the tide of the war. Never in the field of human conflict was so much owed by so many to so few. He **worked out the phrase in his mind** as he visited the Fighter Command airfields in Southern England.

단어설명

Never ... so few 인간 갈등의 장(전쟁터)에서 이렇게 많은 사람들이 소수(위험을 무릅쓰고 독일 폭격을 감행한 용감한 영국의 조정사들)에게 이렇게 많이 빚진 적은 없었다.
peaked 절정에 달했다.
bombing raids 폭탄 공격
the airmen 비행기 조종사들
prowess 용맹성
worked out the phrase in his mind (~할 때) 마음속으로 이런 문구를 만들어냈다.

해석

「이렇게 많은 사람들이 그렇게 적은 소수에게
너무 많은 빚을 지었다」

"인간 갈등의 장(전쟁터)에서 이렇게 많은 사람들이 이렇게 많이 그렇게 적은 소수에게 빚진 적은 결코 없었다."

[1940년 8월 20일 영국 전투가 절정일 때 하원에서 행해진 연설]

국내 전선은 독일의 폭탄공격 때문에 완전히 전쟁에 휘말려 있었고 영국은 "전 국가가 함께 싸우고 고통 받고 있었다." 그러나 용맹성과 헌신으로 전쟁의 흐름을 바꿀 수 있었던 비행기 조종사들에게 특별한 감사의 인사가 전해졌다. 인간 갈등의 장(전쟁터)에서 이렇게 많은 사람들이 이렇게 많이 그렇게 적은 소수에게 빚진 적은 결코 없었다." 처칠은 영국의 남부에 있는 전투비행사령부를 방문했을 때 마음속으로 이런 문구를 만들어냈다.

"We shall fight on the beaches"

"We shall fight on the beaches. We shall fight on the landing grounds. We shall fight in the fields, and in the streets, we shall fight in the hills. **We shall never surrender!**"

[Speech about Dunkirk given in House of Commons June 4 (1940)]

• 단어설명 •

We shall never surrender! 어디서든 히틀러의 압제에 굴복하지 않고 싸우겠다고 다짐하는 헝그리 정신이 돋보인다.

Dunkirk 프랑스 북부의 항구 도시, (제2차 대전 때 영국·프랑스군이 이곳에서 후퇴한 데서) 필사적인 철수, 위기, 긴급 사태

• 해석 •

「우리는 해변에서 싸울 것이다」

"우리는 해변에서 싸울 것이다. 우리는 육지에서 싸울 것이다. 우리는 벌판에서, 거리에서, 언덕에서 싸울 것이다. 우리는 결코 항복하지 않을 것이다!"

[Dunkirk 지역의 위기상황에 대해 1940년 6월 4일 하원에서 한 연설]

12.2 Margaret Thatcher

Margaret Thatcher (1925－)
http://www.lessignets.com/signetsdiane/calendrier/images/juin/9/2/Margaret_Thatcher.jpg

- 1979년 영국의 첫 번째 여성 수상이 되었다.
- 대처리즘(1979-1991): 수상으로 부임한 후 1990년까지 지속된 재임기간 동안 그녀가 촉진시켰던 리더십과 정책 방식
- 중앙정부의 힘 강화
- 노조와 지방정부의 힘 억제
- 개인주의와 사기업의 활성화
- 1989년 주민세 (또는 '인두세') 도입
- 2013년 별세

12.2.1 Reading passage 3: Thatcherism

Thatcherism

Following the 1979 **general election,** the Conservative Party gained power and Margaret Thatcher became Britain's first woman Prime Minister. During her period in office, which lasted until 1990, her style of leadership and the policies she **promoted** came to be known as Thatcherism(1979－1991). This was a loose concept which **encompassed** her policies of strengthening the powers of central government, **curbing** the powers of trades unions and local government, and the active promotion of individualism and private enterprise.

Thatcher systematically **undermined trade union power**, especially during the 1984－5 **coal miners' strike**. Local government power **was eroded by the abolition of certain metropolitan councils** (such as the Greater London Council in 1986) and control of **local government expenditure** through **'rate capping'** and the introduction of the controversial **community charge** (or **'Poll Tax'**) in 1989.

• 단어설명 •

general election 총선
promote(ed) 촉진시키다
encompass(ed) 포함시키다
curbing 억제하면서
undermined trade union power 노조의 힘을 손상시켰다.
coal miners' strike 광부들의 파업
was eroded 감퇴시켰다
by the abolition of certain metropolitan councils 대도시 지방의회를 철폐하여
local government expenditure 지방 자치정부의 지출비용
rate capping 최상위 비율
community charge (or 'Poll Tax') 주민세 (또는 인두세: 빈부의 차이를 고려하지 않고 한 사람당 똑 같은 액수의 세금을 징수하는 방식)

• 해석 •

대처주의

1979년 총선에 따라, 보수당이 권력을 쥐게 되고 마거릿 대처가 영국의 첫 번째 여성 수상이 되었다. 1990년까지 지속된 그녀의 재임기간 동안 그녀가

촉진시켰던 그녀의 리더십과 정책 방식은 대처리즘(1979-1991)으로 잘 알려져 왔다. 이것은 중앙정부의 힘을 강화하고 노조와 지방정부의 힘을 억제시키면서 개인주의와 사기업의 진흥을 활성화시키는 그녀의 정책이 포함된 느슨한 개념이었다.

특히 1984-5년 광부들의 파업동안 대처는 체계적으로 노조의 힘을 손상시켰다. 대도시 지방의회(이를테면 1986년의 런던 대 의회와 같은)의 철폐로 지방정부의 권력은 감퇴되었고 '최상위 비율'을 통해 지방 정부의 지출비용을 통제했고, 1989년에는 논쟁을 불러일으킨 주민세(또는 '인두세')를 도입했다.

Reading passage 3 continued ...

Her government also **privatised** previously nationalised industries such as British Telecom, British Steel and British Gas. The government hoped to promote consumer culture and individualism. Thatcherism is also identified with a strong tendency towards nationalism which was particularly **evident** during the 1982 Falklands Conflict.

Thatcher fell from power in 1990 as a result of **cabinet splits** over the issue of Europe, London **Poll Tax Riots** and her **autocratic style** as Prime Minister. The economy experienced a boom in the late 1980s but was followed, after she left office, by a severe economic **recession** and high unemployment.

It has been argued that Thatcherism quickly led to a **North-South divide**, and **created a poverty trap** while the number of millionaires rose. Football hooliganism became a serious problem and violent crime increased.

단어설명

privatised (or privatized) (이전에 국유화되었던 기업을) 민영화했다
evident 분명한, 명확한
cabinet splits 내각진의 분열
Poll Tax Riots 인두세를 반대하는 폭동
autocratic style 독재(absolute, dictational) 스타일
recession 경기후퇴
North-South divide 영국의 남부는 부유층이 북부는 빈민층이 사는 방식으로 나라가 나뉨. 빈부 격차가 생겨났음을 말함.
created a poverty trap 가난의 덫을 만들어냈다

해석

그녀의 정부는 또한 영국 전화국, 영국 철강 그리고 영국 가스 공사와 같은 본래 국영기업이었던 기업들을 민영화했다. 이 정부는 소비문화를 촉진시키고 개인주의를 장려하기를 희망했다. 대처리즘은 1982년 포클랜드 전쟁 동안 특별하게 나타났던 국수주의에 대한 강한 경향을 드러냈다.

대처는 유럽 문제에 대한 내각진의 분열, 런던에서 일어난 인두세를 반대하는 폭동과 수상으로서의 그녀의 독재스타일의 결과로 1990년에 권력을 잃었다. 경제는 1980년대 말에 호황을 이루었으나 그녀가 공직을 사퇴한 뒤 모진 경기후퇴와 높은 실직 율이 뒤따르게 되었다.

대처리즘은 백만장자들의 수를 증가시킨 반면 북부와 남부의 빈부격차와 가난의 덫을 빠르게 확산시켰다고 주장되어왔다. 축구 폭력행위가 심각한 문제로 대두되었고 폭력 범죄가 증가되었다.

Questions

1. 대처리즘, 대처주의가 무엇인지 알아보자.

2. 대처의 몰락 요인은 무엇인가?

3. 대처주의가 남긴 후유증은 무엇인가?

Answers

1. 영국 수상이었던 마거릿 대처가 행한 정책으로 중앙정부의 힘을 강화하고 노조와 지방정부의 힘을 억제시키면서 개인주의와 사기업의 진흥을 활성화시키는 정책이다.
   그녀는 1980년부터 84년까지 4차례 노동법을 개정, 부당한 파업으로 피해가 발생했을 때 노조 측에 배상책임을 묻는 초강경 대책을 마련했다. 이는 당연히 당시 절대적인 힘으로 군림하던 노조와의 대립과 결전을 몰고 왔으며 결국 1년 동안 끈질기게 파업을 계속하는 석탄노조와 대립 때문에 7조원의 손실을 감수해야만 했다. 그러나 대처의 노동정책은 결과적으로 노조에도 이득을 가져다주었다. 그것을 계기로 영국의 노사분규는 반세기 이후 가장 낮은 수치를 기록했으며 근로자의 실질소득도 20% 이상 향상되는 결과를 가져왔다.
2. 유럽 문제에 대한 내각진의 분열, 런던에서 일어난 인두세를 반대하는 폭동과 수상으로서의 그녀의 독재스타일이 그녀를 몰락하게 만든 원인이었다.
3. 북부와 남부의 빈부격차가 심해졌고 경제적 소외계층들이 가난의 덫에 빠졌으며, 실직을 하고 사회에 불만을 품은 훌리건들이 난동을 부리는 일이 잦았고 폭력 범죄가 증가되었다.

12.3 Princess Diana

- 다이애나 프랜시스 스펜서Lady Diana Frances Spencer(1961. 7. 1-1997. 8. 31)
- 스펜서 백작 가문의 후손이며 1981년 영국의 찰스 왕세자와 결혼하여 두 왕자를 낳았지만 부부간의 불화로 인해 1996년에 이혼하였다.
- 현재 영국왕가의 승계 순위 2위인 윌리엄 왕자와 3위인 해리 왕자의 어머니이다.
- 뛰어난 미모와 패션 감각으로 선망의 대상과 복잡한 사생활로 인해 항상 소문의 중심에 살았다.
- 적십자의 지뢰제거운동 등 인류애를 실천하기 위한 많은 활동과 자선활동을 벌이기도 하였다.
- 1997년 8월 31일 파리에서 교통사고로 뜻하지 않은 죽음을 맞이하였다.
- 2002년 BBC에서 주최한 위대한 영국인 투표에서 3위에 선정되었다.

좌 Princess Diana(1961 ~ 1997)
http://strategerie.files.wordpress.com/2009/12/princess-diana1.jpg
우 Royal Wedding in 1981, St. Paul, London
http://scoop.evansville.net/diana.gif

12.3.1 Reading passage 4: BBC Interview with Princess Diana in 1995 [Clip 01]

Panorama interview, Princess Diana Queen Of Hearts, The People's Princess (1995) [Clip 01]

QUESTION: What role do you see for yourself in the future?

DIANA: I'd like to be an ambassador for this country. I'd like to represent this country abroad.

As I have all this media interest, let's not just sit in this country and be battered by it. Let's take them, these people, out to represent this country and the good qualities of it abroad.

When I go abroad we've got 60 to 90 photographers, just from this country, coming with me, so let's use it in a productive way, to help this country.

QUESTION: You say you feel that your future is as some form of ambassador. At whose **behest** is that? **On what grounds** do you feel that you have the right to think of yourself as an ambassador.

DIANA: I've been in a privileged position for 15 years. I've got tremendous knowledge about people and how to communicate. I've learnt that, I've got it, and I want to use it.

And when I look at people in public life, I'm not a political animal but I think the biggest disease this world suffers from in this day and age is the disease of people feeling unloved, and I know that I can give love for a minute, for half an hour, for a day, for a month, but I can give — I'm very happy to do that and I want to do that.

QUESTION: Do you think that the British people are happy with you in your role?

DIANA: I think the British people need someone in public life to give affection, to make them feel important, to support them, to give them light in their dark tunnels.

I see it as a possibly unique role, and yes, I've had difficulties, as everybody has witnessed over the years, but let's now use the knowledge I've gathered to help other people in distress.

QUESTION: Do you think you can?

DIANA: I know I can, I know I can, yes.

단어설명

behest 명령(command), 간절한 부탁
On what grounds 무슨 근거로

해석

마음의 여왕, 국민의 여왕 다이애나 황태자비와의 파노라마 인터뷰 (1995년) [클립 01]

질문: 앞으로 당신은 어떤 역할을 할 수 있다고 보십니까?

다이애나: 저는 우리나라를 위한 대사가 되고 싶습니다. 해외에 우리나라를 잘 알리기를 원합니다. 저는 모든 대중매체의 관심을 받고 있기 때문에, 이 나라에 머물러 앉아있고 싶지 않습니다. 그런 관심을 바탕으로 우리 국민과 훌륭한 특성을 우리나라를 대표하여 해외에 알리고 싶습니다. 제가 해외에 나갈 때, 60-90명의 사진사들이 저와 동행합니다. 단지 우리나라에서 온 사진사 수만 그렇지요. 그들을 생산적인 방법으로 활용해서 우리나라를 돕고 싶습니다.

질문: 당신은 앞으로 대사의 역할을 기대한다고 말했습니다. 누구의 부탁이 있었습니까? 무슨 근거로 스스로 대사가 될 권리를 가지고 있다고 생각하셨습니까?

다이애나: 저는 15년 동안 특권을 가진 지위에 있었습니다. 그래서 사람과 의사소통하는 방법을 잘 알고 있습니다. 지금까지 배워왔고 가지고 있는 것을 활용하기를 원합니다. 저는 정치적 동물이 아니지만, 공적인 생활 중에 사람들을 만나면서, 오늘날 이 세계가 고통 받고 있는 가장 큰 질병은 바로 '사랑을 받고 있지 못하다고 느끼는 것'이라고 생각합니다. 저는 1분, 30분, 하루, 한 달 동안 사랑을 베풀 수 있으며 그것을 좋아하고, 그런 일을 하기 원합니다.

질문: 당신은 영국국민들이 당신의 역할을 좋아할 것이라고 생각하십니까?

다이애나: 저는 영국국민들이 공적인 생활 속에서 사랑을 베풀고, 그들이 중요하다는 느낌을 갖게 하고, 그들을 지원하고, 어두운 터널 속에 있는 그들에게 빛을 비추어 줄 수 있는 누군가를 필요로 한다고 생각합니다. 그것이 제가 할

수 있는 유일한 역할이라고 봅니다. 모든 분들이 수년 동안 지켜보셨듯이 저는 어려움을 겪어왔습니다. 그러나 이제 제가 겪은 경험으로부터 얻은 지식을 비탄에 빠져 있는 사람들을 돕는데 사용할 것입니다.

질문: 당신이 그것을 할 수 있다고 생각하십니까?

다이애나: 저는 할 수 있습니다. 물론입니다.

[Panorama interview, Princess Diana Queen Of Hearts, The People's Princess (1995)]

링크하여 듣기

http://video.google.com/videoplay?docid=-8763652369740344477#

인터뷰 전문 보기

http://www.princess-diana.com/diana/bbc.htm

Questions

1. 인터뷰를 통해 알 수 있는 다이애나의 내면세계는 어떤 모습인가?

2. 파경 이후 어떤 삶을 혹은 역할을 구상하고 있는가?

Answers

1. 다이애나의 내면세계는 상처받은 영혼이다. 자신이 경험한 소외감과 사랑받고 싶은 사람으로부터 사랑받지 못한 여인의 외로움과 허전함이 엿보인다. 그러나 좌절하지 않고 그러한 경험으로부터 쌓은 지식과 세상 사람들의 관심을 긍정적인 방향으로 활용함으로써 자기 자신의 존재감을 찾으려는 의지가 엿보인다. 사회적 약자나 애정결핍으로 인해 고통 받는 사람들에게 다가가 그들과 진심어린 마음의 소통을 하기를 원하며, 남은 평생을 인류의 평화를 위해 공헌할 것임을 다짐하고 있다.
2. 모든 사람들의 마음속에 자리 잡은 여왕이 되도록 노력하겠다는 각오를 하고 있다. 그동안 누렸던 혜택과 경험과 많은 관심과 사랑을 사회에 환원하고자 자신을 헌신할 것이라 다짐한다.

12.3.2 Reading passage 5: BBC Interview with Princess Diana in 1992[Clip 02]

Panorama interview, Princess Diana Queen Of Hearts, The People's Princess (1995) [Clip 02]

QUESTION: Do you think the monarchy needs to adapt and to change in order to survive?

DIANA: I understand that change is frightening for people, especially if there's nothing to go to. It's best to stay where you are. I understand that.

But I do think that there are a few things that could change, that would **alleviate this doubt**, and sometimes complicated relationship between monarchy and public. I think they could walk hand in hand, as opposed to be so distant.

QUESTION: What are you doing to try and effect some kind of change?

DIANA: Well, with William and Harry, for instance, I take them round homelessness projects, I've taken William and Harry to people dying of Aids — **albeit** I told them it was cancer — I've taken the children to **all sorts of areas** where I'm not sure anyone of that age in this family has been before.

And they have a knowledge — they may never use it, but the seed is there, and I hope it will grow because knowledge is power.

QUESTION: What are you hoping that experience for your children

— what impact that experience will have on your children?

DIANA: I want them to have an understanding of people's emotions, people's insecurities, people's distress, and people's hopes and dreams.

QUESTION: What kind of monarchy do you anticipate?

DIANA: I would like a monarchy that has more contact with its people — and I don't mean by riding round bicycles and things like that, but just having a more **in-depth understanding**.

And I don't say that as a criticism to the present monarchy: I just say that as what I see and hear and feel on a daily basis in the role I have chosen for myself.

• 단어설명 •

alleviate this doubt 이런 의심을 경감시키다(lessen)
albeit 비록(though) ~이지만
all sorts of areas 모든 종류의 지역
in-depth understanding 심층적 이해

• 해석 •

마음의 여왕, 국민의 여왕 다이애나 황태자비와의 파노라마 인터뷰 (1995년) [클립 02]

질문: 당신은 영국 왕실이 생존을 위해 조정되고 변화될 필요가 있다고 생각하십니까?

다이애나: 변화는 특히 아무것도 진행되는 것이 없을 때, 모든 사람에게 두려움을 준다는 것을 저는 압니다. 지금 있는 곳에 머물러 있는 것이 가장 좋은

방법이죠. 저도 그것을 이해합니다.

그러나 변화할 수 있었던, 이런 의심을 경감시킬 수 있었을, 때때로 왕실과 대중사이의 관계를 복잡하게 만드는 몇 가지가 있다고 생각합니다. 왕실과 대중은 그런 거리감에 맞서 서로 손을 잡고 나갈 수 있었다고 생각합니다.

질문: 당신은 그런 변화를 위해 어떤 일을 시도하고 있습니까?

다이애나: 예를 들면, 저는 윌리엄과 해리를 노숙자들을 위한 프로젝트에 참여시키고 있습니다. 그들을 에이즈로 죽어 가는 사람들 – 비록 그들에게 에이즈를 암이라고 말해 주었지만 – 과 함께 하게 했고, 그들을 온갖 종류의 지역에 데리고 갔습니다. 이 가문에서 그들 나이의 어느 누구도 그런 적은 없었습니다.

그들은 지식을 갖게 되고, 비록 그것을 결코 사용해보지 못할지도 모르지만 씨앗이 심어져 자라기를 희망합니다. 왜냐하면 지식이 힘이기 때문입니다.

질문: 그러한 경험이 자녀들에게 어떤 영향을 주기를 희망합니까?

다이애나: 그들이 사람들의 감정, 불안감, 고통, 희망과 꿈을 이해하기를 원합니다.

질문: 당신은 어떤 왕실이 되기를 기대하십니까?

다이애나: 저는 왕실이 좀더 국민과 가까이 접촉하기를 원합니다. 그것은 단지 자전거를 타고 돌아다니거나 그와 비슷한 일을 하는 것을 의미하는 것이 아닙니다. 더 심층적인 이해심을 갖게 되기를 바라는 것입니다.

현재의 왕실을 비판하기 위해 말하는 것이 아닙니다. 단지 제가 스스로 선택했던 역할에서 매일 보고 듣고 느낀 대로 말하는 것입니다.

Question

다이애나는 영국왕실이 어떻게 변화해야 한다고 생각하고 있는가?

Answer

왕실과 대중이 좀 더 친밀하게 접촉하고 소통을 해야 한다고 주장한다. 거리감을 없애고 소외된 계층을 위해 관심을 보이고 진심으로 이해하는 마음을 가져야 한다고 강조하고 있다.

12.3.3 A Tribute Song to Lady Spencer Diana: "Candle in the Wind" by Elton John

다이애나의 죽음을 추모하기 위해 엘튼 존이 그녀의 장례식에서 부른 "Candle in the Wind" 듣기

http://www.youtube.com/watch?gl=US&v=b1EyML0CyTg

"Candle in the Wind"

by Elton John

Goodbye England's rose;
may you ever grow in our hearts.
You were the grace that placed itself
where lives were torn apart.
You called out to our country,
and you whispered to those in pain.
Now you belong to heaven,
and the stars spell out your name.

And it seems to me you lived your life
like a candle in the wind:
never fading with the sunset
when the rain set in.
And your footsteps will always fall here,
along England's greenest hills;
your candle's burned out long before

your legend ever will.

Loveliness we've lost;
these empty days without your smile.
This torch we'll always carry
for our nation's golden child.
And even though we try,
the truth brings us to tears;
all our words cannot express
the joy you brought us through the years.

Goodbye England's rose,
from a country lost without your soul,
who'll miss the wings of your compassion
more than you'll ever know.

해석

「바람 속의 촛불」

엘튼 존

고이 잠들어요, 영국의 장미여
그대는 우리 마음속에 살아있으리
그대는 고통 받는 이들과
함께 했던 고귀한 사람
그대는 우리를 일깨워주었어요
고통 받는 사람들에게 사랑을 속삭여주었죠
이제 그대는 하늘나라 사람
별들이 그대 이름을 또박또박 쓰는군요

그대의 삶은

바람 속에서도 타오르는 촛불 같아라
비가 내릴 때도
태양이 지고 나도 약해지지 않는
그대의 발자취는 여기 영원히 남으리
여기 영국의 가장 푸르른 언덕을 따라
그대의 촛불은 오래전에 다 타고 꺼졌어도
그대는 전설이 되어 남으리

사랑스런 그대를 잃었어요
그대의 미소 없는 이 허전한 나날들
우리는 언제나 이 등불을 밝히고 있겠어요
우리나라의 고귀한 아이를 위해
아무리 참으려 해도
그대의 죽음 앞에 눈물 흘리지 않을 수 없네요
어떤 말로도 표현 할 수 없어요
지난 세월 동안 그대가 우리에게 가져다 준 기쁨을

고이 잠들어요, 영국의 장미여
그대의 영혼을 잃고 헤매는 이 나라에서
그대의 사랑을 얼마나 그리워하는지
당신은 모를 거예요

[출처 가사집 http://gasazip.com/127527]

Question

다이애나의 죽음을 추모하기 위해 엘튼 존이 그녀의 장례식에서 부른 노래이다. 영국의 장미, 즉 다이애나의 죽음을 애석해하고 있다. 제목은 위태로운 인간의 삶을 잘 나타내고 있다. 때이른 죽음을 당한 다이애나를 상실한 감정이 어떻게 표현되어 있는지 노래를 들으며 감상해보자.

결론

윈스턴 처칠 Winston Churchill**(1874–1965)경**은 1940–45, 1951–55년 두 차례에 걸쳐 영국 수상을 지냈다. 제2차 세계 대전 중에 독일군의 공격을 받고 망해 가는 영국을 이끌어서 전쟁을 승리로 끝냈다. 전시의 위기 상황에서 영국민들에게 자신감을 고취시키고 하나로 결집시킬 수 있는 유명한 연설문들을 남겼다.

마거릿 대처 Margaret Thatcher**(1925–2013)**는 철의 여인으로 불리는 영국 최초의 여성 수상이었다. 영국의 경제부흥을 이룩하고, 1982년 포클랜드 전쟁에서 뛰어난 정치적 역량을 발휘해 영국 사상 최장기 집권 총리(1979–90)가 되었다. 그녀의 가장 큰 업적은 영국병의 근원이었던 노사 분규를 강력한 지도력으로 평정시킨 데 있다. 이러한 그녀의 정책을 대처리즘이라 부른다.

다이애나 프랜시스 스펜서 Lady Diana Frances Spencer**(1961–1997)**는 백작 가문의 후손으로 1981년 영국의 찰스 왕세자와 세기의 결혼식을 올리고 두 왕자를 낳았지만 부부간의 불화로 인해 1996년에 이혼하였다. 이혼 후 적십자의 지뢰제거운동 등 인류애를 실천하기 위한 많은 활동과 자선활동을 벌이기도 하였으나, 1997년 파리에서 교통사고로 뜻하지 않은 죽음을 맞이하였다. 엘튼 존은 그녀의 장례식에서 **「바람 속의 촛불」**Candle in the Wind이란 노래로 그녀의 죽음을 추모했다.

학습평가

1. 다음 중 처칠 수상의 연설내용과 관계가 먼 것을 고르시오.
   a. "내가 의견합일을 대표한다."
   b. "우리는 여전히 우리 운명의 주인이며 우리 영혼의 선장이다."
   c. "결코 포기하지 마라."
   d. "인간 갈등의 장에서 이렇게 많은 사람들이 이렇게 많이 그렇게 적은 소수에게 빚진 적은 결코 없었다."

2. 다음 중 마거릿 대처의 정책에 해당되지 않는 것을 고르시오.
   a. 중앙정부의 힘 강화
   b. 노조와 지방정부의 힘 억제
   c. 개인주의와 사기업의 활성화
   d. 주민세 (또는 인두세) 폐지

3. 다음 중 다이애나 왕세자비가 BBC와의 인터뷰에서 말한 내용 중 관련이 없는 것을 고르시오.
   a. 사랑과 관심이 부족하여 고통을 받고 있는 사람들에게 사랑을 베풀고 싶다.
   b. 영국 왕실은 전통과 위엄을 지켜 국민들이 우러러 볼 수 있는 대상이 되어야 한다.
   c. 영국을 대표하는 대사가 되고 싶다.
   d. 자신의 아이들이 사람들의 감정, 불안감, 고통, 희망과 꿈을 이해하기를 원한다.

정답 및 해설

1. a. **해설** a는 마거릿 대처의 주장이었다. 그녀는 전임자였던 에드워드 히스Edward Heath가 추구해왔던 여론일치의 정치를 철저히 거부함으로써 자신의 입장을 밝혔다.
2. d. **해설** 주민세 (또는 '인두세')를 도입시켰다. 이것은 많은 논란을 일으켰고 결국 마거릿 대처를 수상 직에서 물러나게 하는 원인이 되었다.
3. b. **해설** 영국 왕실이 생존을 위해 변화될 필요가 있다고 언급하였다. 대중이 다가갈 수 없는 위엄과 권위만을 내세우기보다는 대중과 좀 더 친밀하게 소통하고 어울림으로써 그들을 이해하는 것이 필요하다고 보았다.

자료출처

Wikipedia, the free encyclopedia
http://www.google.com
http://scoop.evansville.net/diana.gif
http://video.google.com/videoplay?docid=-8763652369740344477#
http://www.princess-diana.com/diana/bbc.htm
http://www.youtube.com/watch?gl=US&v=b1EyML0CyTg
http://gasazip.com/127527

13 | 영국의 인종문제

인종차별(주의) Racism
제국 Empire
영연방 The British Commonwealth of Nations
앵글로색슨 기질, 영국정신 Anglo-Saxonism
산업혁명 The Industrial Revolution
자본주의 Capitalism
탈식민주의 Postcolonialism
이민자 Immigrant
대영제국훈장 The Order of the British Empire

서론

이번 장에서는 타민족을 멸시하고 자민족 우월성에 사로잡힌 인종주의인 앵글로색슨주의를 재조명해본다. 앵글로색슨주의는 제국주의 영국의 상징이었다. 19세기 말에서 20세기 초, 대영제국은 인류 역사상 제일규모의 대제국이었다. 영국의 도덕적 우월감과 자부심은 일방으로는 영국의 평화Pax Britannica로 대표되는 영국 주도의 문명전파의 사명을, 다른 일방으로는 자민족인 앵글로색슨Anglo-saxon을 고양하고 타민족을 멸시하는 인종주의인 앵글로색슨주의Anglo-saxonism의 기반이 되어 영국의 제국주의적 통치와 종속을 정당화하는 대의명분이라 할 수 있는 대영제국주의를 구성하는 기반이 되면서 양면 일체적으로 작용하였다. 영국의 인종주의인 앵글로색슨주의는 보어전쟁으로 대영제국주의의 참상이 제기되어 제국주의 열풍이 약해지고 제국주의의 대의명분이 회의적, 부정적으로 변해감에 따라 쇠퇴하게 되었다.

또한 살만 루시디의 문학작품에 나타난 견해를 통해 영국 내의 인종차별주의와 새로운 식민지의 실체를 관찰해본다. 살만 루시디 경Sir Ahmed Salman Rushdie(1947년 6월 19일-)은 소설가이며 수필가이다. 그는 봄베이(현재의 뭄바이)에서 태어나 자라났으며, 14세에 영국으로 유학을 떠나 후에 케임브리지의 킹스 칼리지에서 역사 전공으로 학사 학위를 받았다. 부커상을 무려 세 차례나 수상한『자정의 아이들』과 1988년에 발표되어 격렬한 비판을 받은『악마의 시』로 유명하다. 그의 서사 스타일은 신화와 환상과 현실이 혼합되어 나타나는 마술적 사실주의와 포스트모더니즘 기법과 밀접한 관련이 있다. 2007년 Knight Bachelor 기사 작위를 받았다.[출처 위키피디아]

그리고 왕실의 훈장 수여에 반발한 벤저민 제파니아의 글을 통해 식민지인이 지니는 왕실과 제국에 대한 입장을 살펴보고, 서구의 제국주의에 저항하여 대안을 낼 수 있는 대항담론인 탈식민주의Postcolonialism에 대해 고찰한다. 탈식민주의는

1980년대부터 논의되기 시작한 아직 그 연구의 역사가 짧은 학문이다. 탈식민주의 이론은 주로 과거 식민지 경험을 한 파농, 사이드, 스피박, 바바 등의 비서구인들에 의해 이루어지고 있다. 식민지 시점에서 현재에 이르기까지 제국주의적 과정으로 인해 영향을 받은 모든 문화를 탈식민주의라고 정의하였다. 탈식민주의는 서구의 제국주의에 저항하여 대안을 낼 수 있는 대항담론이다.

Salman Rushdie
http://upload.wikimedia.org/wikipedia/commons/thumb/8/89/Salman-Rushdie-1.jpg/180px-Salman-Rushdie-1.jpg

본론

13.1 인종 차별 Racism

13.1.1 Reading passage 1: The New Empire within Britain

The New Empire within Britain

I want to suggest that racism is not **a side-issue** in contemporary Britain; that it's not **a peripheral minority affair**. I believe that Britain is undergoing **a critical phase of its postcolonial period**, and this crisis is not simply economic or political. It's a crisis of the whole culture, of the society's entire sense of itself. And racism is only the most clearly visible part of this crisis, **the tip of the kind of**

iceberg that sinks ships.

It sometimes seems that **the British authorities**, no longer capable of exporting governments, have chosen instead to import a new Empire, **a new community of subject peoples** of whom they think, and with whom they can deal.

Now the peoples whom I've characterized as members of a new colony would probably be described by most of you as 'immigrants.' So I'd like to ask you think about this word 'immigrant.' And still the word 'immigrant' means **'black immigrant'; the myth of 'swamping' lingers on**; and even British-born blacks and Asians are thought of as people whose real 'home' is elsewhere. Immigration is only a problem if you are worried about blacks; that is, if your whole approach to the question is **one of racial prejudice**.

[Taken from Salman Rushdie's *Imaginary Homelands*]

단어설명

a side-issue 중요하지 않은/부차적인 문제
a peripheral minority affair 주변적인 사소한 일
a critical phase of its postcolonial period 탈식민주의 시대라는 중요한 단계(를 겪고 있는 중이다)
the tip of the kind of iceberg that sinks ships (인종차별주의는) 배를 물속에 가라앉게 하는 일종의 빙산의 일각이다.
the British authorities: 영국 정부/ 당국
a new community of subject peoples 신민 민족들로 구성된 새로운 (이민자들) 공동체
'black immigrant': '흑인 이민자'
the myth of 'swamping' lingers on 영국이 이민자들의 홍수로 범람한다는 신화가 만연되어 있다.
one of racial prejudice 인종적 편견 중 하나

해석

영국 내의 새로운 제국

나는 인종차별주의가 현대 영국 사회에서 부차적인 문제가 아니라고 제안하고 싶다. 그것은 주변적인 사소한 일이 아니다. 영국은 지금 탈식민주의 시대라는 중요한 단계를 겪고 있다. 이 위기는 단순히 경제적 또는 정치적 문제가 아니라 영국 사회 전체의 문화, 즉 영국인의 의식의 위기이다. 인종차별주의는 배를 물속에 가라앉게 하는 일종의 빙산의 일각과 같이 이러한 위기 중 가장 명백하게 들어나는 부분이다.

더 이상 정부를 수출할 수 없는 영국 당국은 대신 새로운 제국을 수입하려는 것 같다. 새로운 제국이란 그들이 생각하기에 그들이 다룰 수 있는 신민 민족들로 구성된 신 이민자의 공동체이다.

내가 지금 새로운 식민지 구성원으로써 특징짓는 그 사람들을 당신들은 아마도 '이민자'로 묘사할 것이다. 그래서 나는 여러분들에게 '이민자'라는 단어에 대해 생각해 볼 것을 요청한다. 여전히 '이민자'라는 단어는 '흑인 이민자'를 의미한다. 영국이 이민자들의 홍수로 범람한다는 신화가 만연돼 있다. 심지어 영국에서 태어난 흑인들과 아시아인들도 그들의 진정한 '고향'은 영국이 아닌 다른 곳으로 생각되어진다. 당신이 흑인들에 대해 걱정하는 경우라면, 즉 이 질문에 대한 당신의 전반적인 접근이 인종적 편견 중 하나인 경우라면 이민은 문제가 될 뿐이다.

[살만 루시디의 『상상에만 존재하는 조국』에서 인용]

Question

영국 내 인종차별주의에 대한 살만 루시디의 견해를 살펴보자. 영국 내 새로운 식민지의 실체는 무엇인가?

Answer

살만 루시디는 영국 내 인종차별주의는 영국인의 의식의 위기로 대단히 심각한 사회문제라고 생각한다. 영국에서 태어나거나 이민 온 흑인들과 아시아인들은 '이민자'로 구분되며 이들은 신민민족들로 구성된 신 이민자의 공동체를 형성한다. 그리고 영국인들은 이들을 다룰 수 있다고 생각한다.

13.1.2 Reading passage 2: The New Empire within Britain

The New Empire within Britain

A **gulf** in reality has been created. White and black **perceptions** of everyday life have moved so far apart as to be incompatible. And **the rift isn't narrowing**; it's getting wider. We stand on opposite sides of **the abyss, yelling at each other and sometimes hurling stones**, while **the ground crumbles** beneath our feet. I make no apology for **taking an uncompromising view of** the reasons for the existence of this **chasm**.

For nine centuries any child born on British soil was British. Automatically. **By right. Not by permission of the State. The Nationality Act** of 1981 abolished right of the soil, that is, By right, Not by permission of the State. From now on citizenship is the gift of government. You were blind, because you believed the Act **was aimed at the blacks**; and so you sat back and did nothing as Mrs Thatcher stole the birthright of every one of us, black and white, and of our children and grandchildren for ever.

[Taken from Salman Rushdie's *Imaginary Homelands*]

단어설명

gulf 간극, 틈(gap, chasm)
perceptions 감식력, 지각력, 문제 인식능력(지금까지 양립할 수 없을 정도로 갈라졌다)

the rift isn't narrowing 백인과 흑인의 갈라진 틈(opening cleavage)이 좁혀지지 않고 있다.
the abyss 심연
yelling ... hurling stones 서로에게 소리를 지르며 때로는 돌을 던지며
the ground crumbles (발아래서) 지반이 무너지다
taking an uncompromising view of ~ ~에 대해 강경한/ 단호한(inflexible) 견해를 지니며
chasm (사람 · 집단 사이의) 큰 차이[골]
By right 권리로서, 정당하게
Not by permission of the State 국가로부터 허락을 받는 것이 아니라, 생득적 권리로서 (시민권을 부여받는)
The Nationality Act 국적법안
was aimed at the black 흑인들을 겨냥한 것이었다.

• 해석 •

영국 내의 새로운 제국

현실에서의 간극이 생겨났다. 백인과 흑인의 일상생활에 대한 인식이 이 시점까지 양립할 수 없을 정도로 갈라졌다. 그리고 그 갈라진 틈은 좁혀지지 않고 있다. 더 넓어지고 있을 뿐이다. 우리는 서로 정반대편에 서서 발아래 지반이 무너지고 있는 동안 서로에게 소리를 질러대고 때로는 돌을 던지고 있다. 나는 이러한 골의 존재 이유에 대해 강경한 입장을 지니고 있는 것에 대해 사과하지 않는다.

9세기 동안 영국의 토양에서 태어난 아이는 누구나 영국인이었다. 자동적으로, 정당하게, 국가의 허락에 의해서가 아니라. 그러나 1981년에 개정된 영국 국적법은 생득적 권리, 즉 국가의 허락에 의해서가 아닌 타고난 권리를 폐지시켰다. 이제부터는 시민권은 정부의 선물이다. 당신들은 눈이 멀었다. 왜냐하면 그 법이 흑인들만을 겨냥한 것이라고 믿었기 때문이다. 그래서 당신들은 뒤로 물러앉아 대처가 우리 모든 사람들의 생득권을, 흑인과 백인, 그리고 우리 아이들과 손자들의 생득권을 영원히 훔쳐갈 때 아무것도 하지 않았다.

[살만 루시디의 『상상에만 존재하는 조국』에서 인용]

Question

영국정부는 이민법을 언제 어떤 방향으로 개정하였는가?

Answer

1981년에 개정된 영국 국적법은 생득적 권리, 즉 타고난 권리를 폐지했다. 그 이전에는 영국에서 태어난 아이는 누구나 시민권을 부여받았으나 이 개정법에 의해 부모 또는 부모 중의 한 명이 영국인이어야만 시민권을 부여받게 되었다. 즉 속지주의에서 속인주의로 바뀌었다.

13.2 왕실의 훈장: The Order of the British Empire (OBE)

훈장의 수여 대상: 영국 연방에 속하는 나라의 국적을 가진 사람 (단, 명예 훈장·명예 작위는 외국인도 수여 가능)

The Order of the British Empire (OBE)
http://tfile.nate.com/download.asp?FileID=44129893

훈장의 등급:

- 1등급: Knight · Dame Grand Cross of Order of the British Empire (GBE)
- 2등급: (남성) Knight Commander of Order of the British Empire (KBE)
  (여성) Dame Commander of Order of the British Empire (DBE)
- 3등급: Commander of Order of the British Empire(CBE)
- 4등급: Officer of Order of the British Empire(OBE)
- 5등급: Member of Order of the British Empire(MBE)

13.2.1 왕실의 훈장을 받는 자와 거부하는 자

BBC NEWS

Beckham receives OBE from Queen

Beckham said his wife was "very proud" of his OBE.

England captain David Beckham has received an OBE from the Queen at Buckingham Palace.

David Beckham and his wife, Victoria Beckham
http://newsimg.bbc.co.uk/media/images/39535000/jpg/_39535466_beckhams_long.jpg

왕실의 훈장을 받는 자와 거부하는 자

데이비드 베컴이 영국 여왕이 수여하는 대영제국훈장OBE·Officer of the Order of the British Empire을 받았다. 반면 자메이카계 영국 시인 벤저민 제파니아는 이날 OBE를 식민주의의 유산이라고 경멸하며 수훈 초청을 공개 거절했다. '수락의 기쁨'과 '거절의 아픔'이 엇갈리며 왕실의 '메달수여'에 대해 논쟁이 일었다.

베컴은 "오늘은 굉장한 날이다. 꿈이 실현됐다. 훈장은 내가 갖고 있는 메달과 다름없다"고 감격스러워했다. 그는 이날 수여식에 검은색 연미복 정장에 금으로 된 시계 줄과 회색 실크 손수건을 곁들여 한껏 멋을 냈다. 머리를 뒤로 묶어 꽁지머리를 했고, 영국의 유명 모자 디자이너인 필립 트리시가 만든 개당 1500파운드(약 309만 원)짜리 모자도 썼다.

하지만 영국에서 가장 유명한 현대시인 중 한 명으로 꼽히는 제파니아는 가디언 27일자에 실린(아래 제시된) 글을 통해 거부 의사를 공개 표명함으로써 훈장 거부 의사를 비공개적으로 전해야 한다는 전통을 깼다.

영국과 자메이카에서 자란 흑인인 제파니아는 미국 주도의 이라크 전쟁을 지원했다는 이유로 토니 블레어 총리를 비난했으며, 과거 식민주의에 대해서도 신랄히 비판했다.

그는 "제국이라는 말만 들어도 화가 난다. 그것은 노예제도를 연상시키고 수천 년 동안 나의 할머니들이 어떻게 강간을 당하고 할아버지들이 잔혹하게 폭행당했는가를 상기시킨다."고 말했다. 그는 또 "블레어 총리는 우리를 전쟁으로 내몰려 한다."고 비난했다.

[관련기사 직접링크
http://www.hani.co.kr/section-007000000/2003/11/007000000200311282114482.html]

Question

베컴의 속물근성snobbery과 제파니아의 반식민적 정서anti-colonial sentiment를 비교해보자.

13.2.2 Reading passage 3: Angry Benjamin Zephaniah

영국 시인 벤저민 제파니아(48)는 영국서 태어나 자메이카에서 어린 시절을 보냈다. 그는 라스타파리안 작가이다.

Benjamin Zephaniah (1958 -)

Angry Benjamin Zephaniah

An invitation to the palace to accept a New Year honour... you must be joking. Benjamin Zephaniah won't be going. Here he explains why.

[Thursday November 27, 2003/ The Guardian]

I woke up on the morning of November 13 wondering how the government could be **overthrown** and what could replace it, and then

I noticed a letter from the prime minister's office. It said: "The prime minister has asked me to inform you, **in strict confidence**, that he has in mind, **on the occasion of** the forthcoming list of New Year's honours to submit your name to the Queen **with a recommendation** that Her Majesty may be graciously pleased to approve that you be appointed an officer of **the Order of the British Empire**."

Me? I thought, OBE me? Up yours, I thought. I get angry when I hear that word "empire"; it reminds me of slavery, it reminds of thousands of years of brutality, it reminds me of how my **foremothers** were raped and my **forefathers** brutalised. It is because of this concept of empire that my British education led me to believe that the history of black people started with slavery and that we were born slaves, and should therefore be grateful that we were given freedom by our caring white masters. It is because of this idea of empire that black people like myself don't even know our true names or our true historical culture. I am not one of those who **are obsessed with their roots** and I'm certainly not suffering from a crisis of identity; my obsession is about the future and **the political rights** for all people. Benjamin Zephaniah OBE－no way Mr Blair, no way Mrs Queen. I am profoundly anti-empire.

[http://www.guardian.co.uk/g2/story/0,3604,1093962,00.html]

• 단어설명 •

overthrown 전복되다
in strict confidence 극비리에, 아주 비밀리에,
on the occasion of ~ ~의 경우(event)에
with a recommendation 추천하여
the Order of the British Empire 대영제국의 훈장, 줄여서 OBE로 부른다.
forefathers 선조들, 조상들; foremothers: 여자 조상들
are obsessed with their roots 그들의 뿌리에 집착하는
the political rights 정치적 권리

해석

화난 벤저민 제파니아

새해 명예훈장을 수락하기 위한 왕실로의 초대라... 농담하시는 거죠? 벤저민 제파니아는 가지 않을 겁니다. 그 이유에 대해 설명하겠습니다.

[2003년 11월 27일 목요일자 〈가디언〉 지]

나는 정부가 어떻게 전복될 수 있을까 그리고 무엇이 그것을 대체할 수 있을까, 고민하면서 11월 13일 아침에 일어났어요. 그때 수상의 사무실로부터 온 편지를 보게 되었죠. 내용은 다음과 같았습니다. "수상께서 제게 아주 비밀리에 당신에게 알리도록 요청하였습니다. 수상은 당신의 이름을 오는 새해 훈장 명단에 올리도록 여왕께 추천하려고 마음먹고 계십니다. 여왕 폐하는 당신이 대영제국의 훈장을 받을 장교로 임명되도록 승낙하는 것을 무척 기뻐하실 겁니다."

날? 내가 OBE를 받는다구? 빌어먹을.. 이라고 생각했죠. 나는 "제국"이라는 그 단어를 들을 때 몹시 화가 납니다. 그것은 나에게 노예제도를 상기시키기 때문입니다. 그리고 수천 년 동안의 야만적 행위를 상기시킵니다. 그것은 나의 할머니께서 어떻게 강간을 당하셨고 나의 할아버지께서 어떻게 폭행을 당하셨는지를 상기시킵니다. 나의 영국 교육으로 하여금 흑인들의 역사가 노예로 출발하였다는 것과 우리들이 노예로 태어났다는 것, 그래서 우리를 돌보는 백인 주인들에 의해 자유를 제공받은 것을 감사해야만 한다는 것을 믿게끔 했던 것은 바로 이 제국주의란 개념 때문입니다. 나와 같은 흑인들이 심지어 우리들의 실명이나 우리들의 진실 된 역사적 문화조차 모르는 것도 이 제국주의란 발상 때문입니다. 나는 그들의 뿌리에 집착하는 사람들 중의 하나가 아닙니다. 또한 분명하게 나는 정체성의 위기로부터 고통 받고 있지 않습니다. 나의 집착은 모든 사람을 위한 미래와 정치적인 권리에 관한 것입니다. 벤저민 제파니아 OBE라니 - 말도 안돼요, 블레어씨. 말도 안돼요, 여왕여사. 나는 완전히 반 제국주의자입니다.

[전문 보기 http://www.guardian.co.uk/g2/story/0,3604,1093962,00.html]

Question

벤저민 제파니아는 왜 여왕의 훈장 받기를 거부하는가?

Answer

그는 제국이란 개념 자체를 인정하지 않는 반 제국주의자이다. 제국의 여왕으로부터 훈장을 받는다는 것 자체가 모욕이고 제국의 위력에 굴복 당함을 의미하는 것으로 받아들이고 있다. 그러한 훈장수여 자체가 식민주의의 유산이기 때문이다.

13.2.3 Reading passage 4: "Bought and Sold" by Benjamin Zephaniah

"Bought and Sold"

by Benjamin Zephaniah

Smart big awards and prize money
Is killing off black poetry
It's not censors or dictators that are cutting up our art.
The **lure** of meeting royalty
And touching high society
Is **damping creativity** and eating at our heart.

The ancestors would turn in graves
Those poor black folk that once were slaves would wonder
How our souls were sold
And check our strategies,
The empire strikes back and waves
Tamed warriors bow on parades
When they have done what they've been told
They get their OBEs.

[....]

We keep getting this beating
It's bad history repeating
It reminds me of those **capitalists** that say
'Look you have a choice,'
It's sick and self-defeating if **our dispossessed keep weeping**
And we give these awards meaning
But **we end up with no voice**.

[From *Too Black, Too Strong*. Published by Bloodaxe Books (2001)]

단어설명

lure 유혹, charm, allurement
damping creativity 상상력을 축축하게 하는(moisten), 기를 꺾는
Tamed warriors 유순해진 투사들
capitalists 자본주의자들
our dispossessed keep weeping 힘없는 자들이 계속 울고 있다.
we end up with no voice 우리는 (제대로 비판의) 소리도 못 내고 말거야.

해석

「사고 팔리고」

벤저민 제파니아

스마트한 상과 상금이
흑인의 시를 죽이고 있어요
우리의 예술을 죽이는 것은 검열도 아니고 독재자들도 아니에요.
왕족을 만나고 상류사회에 다가가고픈 유혹이
바로 우리의 상상력을 없애고
우리의 심장을 팔아버리게 하죠.

조상들은 무덤 속으로 들어가 버릴 것이고
한때 노예였던 저 가엾은 흑인들은
우리의 영혼이 어떻게 팔려나가는지 기이해하며
살아남을 전략을 점검해보겠지,
제국은 반격을 가하려하고 손짓을 해요
유순해진 투사들은 행사에 참여하여 절을 하고
그렇게 했을 때 그들은
영국의 제국훈장을 받았다고 전해지지요.

[중략]

우리는 계속해서 이러한 것을 깨부수어야 해요
고약한 역사가 반복되고 있어요
그것은 나에게 '너는 선택권을 가지고 있어'라고 말하는
저 자본주의자들을 상기시켜요.
우리 힘없는 자들이 계속 울기만 한다면 실망스럽고 자멸적일 뿐 이죠
또한 우리는 이러한 상들이 무엇을 의미하는 지를 전파해야하는데
제대로 비판의 소리도 못 내고 말거예요.

[Bloodaxe Books (2001)에 의해 출판된 『너무 검고, 너무 강한』에서 인용]

직접링크 http://www.guardian.co.uk/g2/story/0,3604,1093962,00.html

결론

이번 장에서는 살만 루시디의 견해를 통해 영국 내 인종차별주의와 새로운 식민지의 실체에 대해 살펴보았다. 왕실의 훈장 수여에 반발한 벤저민 제파니아의

글을 통해 식민지인이 지니는 왕실과 제국에 대한 입장을 살펴보았다. 개정된 영국정부의 이민법은 흑인과 백인 사이의 간극을 더 심화시키는 결과를 초래하는 계기가 되었다.

학습평가

1. 앵글로색슨주의에 대한 설명으로 적절하지 않은 것을 고르시오.
   a. 지배와 종속에 맞선 저항담론이다.
   b. 자민족의 우월성을 강조하는 인종주의이다.
   c. 영국 제국주의의 상징으로 대영제국주의를 구성하는 기반이 되었다.
   d. 영국의 제국주의적 통치와 종속을 정당화시킨다.

2. 살만 루시디의 견해에 따른 현대 영국 사회에 대한 설명 중 잘못된 것을 고르시오.
   a. 1981년에 개정된 영국 국적법은 생득적 권리, 즉 타고난 권리를 폐지했다.
   b. 백인과 흑인 사이의 간극이 점점 더 넓어지고 있다.
   c. 영국 사회 내부에 신민 민족들로 구성된 신 이민자의 공동체가 형성되며 새로운 제국이 형성되고 있다.
   d. 영국에서 태어난 흑인들과 아시아인들은 그들의 진정한 '고향'이 영국이라고 생각한다.

3. 벤저민 제파니아에 대한 설명으로 적절하지 않은 것을 고르시오.
   a. Zephaniah was born and raised in Birmingham, U.K.
   b. Zephaniah had received an OBE from the Queen.
   c. Zephaniah is a British Jamaican Rastafarian writer and dub poet.
   d. Zephaniah is a well-known figure in contemporary English literature.

정답 및 해설

1. a. (지배와 종속에 맞선 저항담론은 탈식민주의에 대한 정의이다.)
2. d. (그들은 영국에서 태어났음에도 영국이 자기들의 진정한 고향이라고 생각하지 못한다.)
3. b. (Zephaniah had turned down an OBE from the Queen because it reminded him of "how my foremothers were raped and my forefathers brutalised.")

자료출처

[Books]

Rushdie, Salman. *Imaginary Homelands: Essays and Criticism 1981–1991*, Granta, 1992

[On-line materials]

Wikipedia, the free encyclopedia

http://www.google.com

http://www.hani.co.kr/section-007000000/2003/11/007000000200311282114482.html

http://www.guardian.co.uk/g2/story/0,3604,1093962,00.html

14 | 영국의 종교문제

아일랜드 공화국군 Irish Republican Army (IRA)
신페인당 Sinn Fein
Unionists
Oliver Cromwell
영국성공회 The Church of England

● 개요

서론

이번 장에서는 북아일랜드 사태의 발단/원인에 대해 조사해본다. 아일랜드 공화국군(IRA)의 정치적 목적과 이를 달성하기 위한 그들의 전략을 살펴본다. 아일랜드 공화국군과 영국정부 사이에 진행된 평화협정의 내용을 살펴보고 걸림돌이 되는 요인들을 찾아보면서 진정 북아일랜드에 평화가 찾아올 수 있는지 고찰해본다. 또한 오늘날 북아일랜드의 신교와 구교의 갈등과 유혈사태의 원인을 제공한 올리버 크롬웰의 팽창 제국주의에 대해 조명해본다. 그리고 영국의 국교인 성공회의 유래와 구성 및 특징에 대해 알아본다.

북아일랜드의 종교 갈등은 18세기 스코틀랜드 장로교 인들이 17세기 올리버 크롬웰의 침공으로 영국의 식민지가 된 아일랜드에 이주하면서 시작되었다. 현재 북아일랜드의 얼스터에 이주 온 장로교인들은 로마 가톨릭교도들을 밀어내고, 인구의 대부분을 차지했으며, 이들의 후손들은 지금도 정치, 사회, 문화 모든 영역에서 기득권을 갖고 있다. 따라서 아일랜드 사람들은 수백 년 동안 영국에서 온 개신교인들에게 차별과 억압을 받았고, 이들의 불만은 부활절 봉기(1916년), 아일랜드 공화국군 결성 등의 무장투쟁으로 폭발했다. 아일랜드 사람들이 로마 가톨릭을 신봉함으로서 아일랜드 민족의 정체성을 확립하고자 한 것도 영국 개신교인들의 아일랜드 사람 지배에 기인한다. 이런 역사 속에 아일랜드는 1921년 영국 자치령이 되었다가 1937년 독립하게 되었다. 이때 영국이 북아일랜드를 떼어놓고 독립을 시켜줌으로써 북아일랜드는 영국보호령으로부터 벗어나려고 오랜 세월 투쟁을 해오고 있다. 여기서 IRA군은 아일랜드 독립을 위한 1919년에 조직한 아일랜드 공화군도 있으며, 1969년 창설한 북아일랜드 공화군도 IRA라고 한다.

현재 북아일랜드의 종교분쟁은 정계와 교회의 평화운동으로 극복되고 있다. 우선 IRA는 무장해제위원회Disarming Commission에 의해 2005년 10월 무장투쟁을 포기했음을 확인받았으며, 극우 연합주의정당DUP를 제외한 정당들도 이를 인정했다. 단, DUP에서는 증거가 없다며 무장투쟁 포기사실을 인정하지 않았는데, 이는 DUP가 IRA를 통해서 존재할 수 있기 때문이다.

영국과 북아일랜드간의 분쟁해결은 신페인당이 영국정부와 협상을 완료하고, 영국정부가 교육 사회보장제도 및 경제발전을 위한 지원 대책 수립 등으로 현재 분쟁이 잠잠해진 상태이다.

오늘날 북아일랜드의 신교와 구교의 갈등과 유혈사태의 원인은 바로 올리버 크롬웰의 팽창 제국주의에서 비롯되었다. 신교도였던 크롬웰은 가톨릭 신봉자인 찰스 1세의 목을 치고 왕권을 단절시켜 가면서 공화정을 실시하였다. 이로써 영국의 왕정이 사상 처음으로 단절되는 '혁명'이 발생했다. 의회군 사령관이 된 그는 아일랜드를 무력으로 정복했다. 이 과정에서 그는 아일랜드에 거주하는 가톨릭 신자들을 상당수 죽였으며 영국 본토에서 신교도들을 북아일랜드로 집단 이주시켰다. 정복자 크롬웰의 '승리'가 몇 세기가 지난 후 후손들에게 고통과 후유증을 가져다주고 있음을 알 수 있다. 크롬웰의 공화정 실시는, 영국에서 정치적 혁명으로 기록될 수 있을지도 모르지만, 프랑스 대혁명과 러시아 레닌혁명에 비하면 초라하기 그지없다. 영국에서 '혁명'이란 단어는 산업혁명Industrial Revolution을 의미한다. 정치적 의미를 지닌 혁명은 사실상 존재하지 않는다고 할 수 있다. 이는 영국의 보수성과 과도하지 않음moderation 속성 때문이라 할 수 있다.

마지막으로 영국의 성공회The Church of England에 대해 알아보자. 영국의 국교인 성공회의 탄생은 16세기로 거슬러 간다. 당시 영국 국왕이었던 헨리 8세는 이혼 문제로 로마 교황청과 대립하다 결국 영국 교회를 로마 교회로부터 독립시켰다. 헨리 8세는 가톨릭에서 볼 때 문제아였다. 교황청이 캐서린 왕비와의 결혼 무효 소송을 허락하지 않자 그는 의회를 소집, 로마의 감독권을 폐지하는 한편 그 자신이 교회의 수장에 오르는 법령을 제정했다. 또 자신에 반대했던 수많은 성직자와 정치인을 처형했다. 470년의 역사를 가진 성공회는 캔터베리의 웨스트민스터 대성당에 본부가 있다. '앵글리칸 처치'Anglican Church, Church of England를 한역해 성공회라고 쓴다. 전 세계 164교구에 1억 명의 신자가 있다.

성공회는 1890년 한국에 들어왔다. 캔터베리 대주교가 해군 군종 신부인 존

콜페(한국명 고요한)를 선교사로 파견해 서울에서 첫 미사를 봉헌했다. 현재 전국 120개 성당에 6만 5000명의 신자가 있다. 가톨릭의 전통을 이어받은 성공회는 성체·고백·혼인·견진 등 7성사를 거행한다. 구약과 신약, 주교·사제·부제직도 그대로 승계했다. 미사는 가톨릭보다 개방적이나 개신교보다 보수적이다. 사제의 결혼을 허용하며, 여성 사제도 배출하고 있다. 최근 미국성공회에선 동성애자를 주교에 임명, 세계 톱뉴스가 되기도 했다.

서울 정동에 있는 한국 성공회 본부 옆에는 영국문화원이, 뒤에는 영국대사관이 있어 마치 서울 내 영국령 같다. 이곳 대성당 밑에 있는 작은 성당에선 영국·호주·뉴질랜드·캐나다 등 영 연방 출신의 성공회 교인이 따로 미사를 올린다.

[참조 〈중앙일보〉 기사 [김나미의 열린 마음, 열린 종교] 9. 성공회
http://news.joins.com/et/200407/16/200407161800062671a000a100a120.html]

본론

14.1 북아일랜드의 신·구교 갈등: 아일랜드 공화국군 IRA: Irish Republican Army

14.1.1 Reading passage 1: About Irish Republican Army

About Irish Republican Army

1. What is the Irish Republican Army?

The **IRA** is an organization dedicated to ending British rule in Northern Ireland and unifying the province with the neighboring Republic of Ireland. Sinn Fein is its **political wing**.

2. Is the IRA a terrorist group?

Not anymore, according to the State Department, which considered the IRA to be a terrorist organization as late as 2000. In July 2002, on the 30th anniversary of the 1972 "Bloody Friday" bombings, the IRA **startled its sympathizers and enemies alike** by **offering "sincere apologies and condolences" to** the families of its civilian victims. The IRA does still consider itself an armed force **opposing an illegal foreign occupation** of its country; jailed members called themselves "political prisoners." And **two IRA splinter groups, the Real IRA and the Continuity IRA**, still practice terrorism.

• 단어설명 •

IRA Irish Republican Army의 약자, 아일랜드 공화국군, 영국으로부터 독립하여 북아일랜드와 아일랜드공화국의 통합된 아일랜드 건설을 정치적 목표로 추구하는 무장단체(비합법적 조직)
political wing 정치 파/ 당(faction); 신페인당의 대표는 게리 아담스.
startled ... enemies alike 동정론 자들과 적군들을 마찬가지로 놀라게 했다.
offering "sincere apologies and condolences" to ~ ~에게 심심한 사과와 위로를 표시함으로써
opposing an illegal foreign occupation 자국 땅을 불법으로 외국군이 점령하는 것을 반대하는
two IRA splinter groups, the Real IRA and the Continuity IRA IRA내에 두 개의 분리 그룹이 존재함, The Real IRA는 골수 IRA임.

http://kinimage.naver.net/storage/upload/2007/02/29/343277_1170515246.bmp

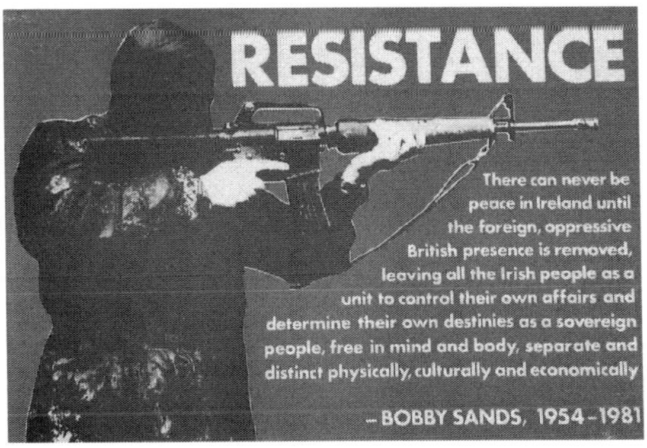

http://upload.wikimedia.org/wikipedia/en/b/b0/IRA_Resistance_Poster.jpg

해석

아일랜드 공화국군에 관해서

1. 아일랜드 공화국군이란 무엇인가?
   북아일랜드 공화국군은 북아일랜드에서의 영국의 통치를 종식시키고 이웃하는 아일랜드 공화국과의 통일을 위해 싸우는 조직이다. Sinn Fein이 아일랜드 공화국군의 정치당이다.

2. 아일랜드 공화국군은 테러 단체인가?
   2000년 말까지 아일랜드 공화국군을 테러단체로 여겼던 국무부에 따르면, (아일랜드 공화국군은) 더 이상 테러단체가 아니다. 1972년에 발생한 '피의 금요일' 폭파사건의 30주년 기념식이 치러진 2002년 7월 아일랜드 공화국군은 민간희생자들의 가족들에게 '심심한 사과와 위로'를 전함으로써 동정론 자들은 물론 적군들까지도 놀라게 했다. 아일랜드 공화국군은 여전히 자신들을 자국 땅을 불법으로 외국군이 점령하는 것을 반대하는 무장 군대라고 생각하고, 감옥에 갇힌 사람들은 자신들을 '정치범'이라고 부른다. 아일랜드 공화국군 내의 두 개의 분리 그룹인 The Real IRA와 the Continuity IRA는 여전히 테러를 행하고 있다.

Question

아일랜드 공화국군의 정치적 목적과 이를 달성하기 위한 전략은 무엇인가?

Answer

영국의 통치령에서 벗어나 아일랜드와 통일을 이루는 것이 목적이다. 무장테러단체를 조직하여 테러행위를 자행하고 있다.

About Irish Republican Army

3. What is the conflict in Northern Ireland about?

Following **a 1916 uprising** and years of guerrilla war led by the legendary Irish nationalist Michael Collins, the British government decided in 1920 to **split up Ireland,** which it had ruled as a colony for centuries. An independent state was created in the island's predominantly Catholic south; a smaller, northern district called Ulster, **with a Protestant majority**, remained part of the United Kingdom.

Since then, many Catholic "republicans" (also known as "nationalists") have complained of feeling like **second-class citizens** in Ulster and have backed the IRA's quest for a united Ireland free of British rule. On the other side, Protestant "**unionists**" (also known as "loyalists") want to **stay loyal to the British crow**n; backed by their own **paramilitaries**, the unionists have opposed the IRA's attempts to **expel** the British. More than 3,200 people on both sides have died since what the Irish call "**the Troubles**" began in 1969.

• 단어설명 •

a 1916 uprising 1916년 아일랜드 더블린에서 있었던 아일랜드의 독립을 요구하는 민중 봉기
split up Ireland 아일랜드를 남북으로 쪼개다(divide). 이런 상태가 현재까지 지속되고 있다.
with a Protestant majority 신교도가 다수를 이루는
second-class citizens 이류 시민으로 (차별당하는)
unionists (북아일랜드와 영국) 통합론주의자
loyalists 현 체제지지자들. 영국의 북아일랜드 합병을 지지하는 북아일랜드 인.
stay loyal to the British crown 영국의 왕(정부)에 충실한 상태로 있는
paramilitaries 준군사적인, 군대에 준하는(치안경찰과 군부대 중간 성격의 병력)

expel 추방하다
the Troubles 북아일랜드 지역에서 계속적으로 행해지는 폭력과 테러, 그리고 군대와 군대에 준하는 병력과의 충돌

해석

아일랜드 공화국군에 관해서

3. 북아일랜드의 갈등은 무엇에 관한 것인가?

전설적인 아일랜드 민족주의자인 마이클 콜린즈에 의해 이끌어진 1916년의 민중봉기와 수년간의 게릴라전에 의해 영국 정부는 마침내 1920년에 수백 년 동안 식민지로 통치해왔던 아일랜드를 분할하기로 결정하였다. 가톨릭계가 지배적인 아일랜드 남부에서 독립적인 정부가 탄생했고, 얼스터라 불리는 보다 작은 신교도가 주축을 이루는 북쪽 지역은 영국의 일부로 남게 되었다.

그 이후로, 많은 가톨릭계의 '공화주의자들'(또한 '민족주의자들'이라고 알려진)은 얼스터에서 이류시민으로 취급당하는 것에 대해 불만을 갖게 되었고 영국의 통치로부터 독립하여 통합된 아일랜드를 추구하려는 아일랜드 공화국군을 지지하게 되었다. 반면에 신교도인 '통합론주의자들'(또한 '현 체제지지자들'로 알려진) 은 영국의 왕에 충성을 다하는 상태로 남아 있기를 원한다. 그들 자신의 군대에 준하는 병력으로 통합론주의자들은 영국을 쫓아내기 위한 아일랜드 공화국군의 시도에 맞서 싸웠다. 아일랜드 사람들이 '골칫거리'라고 부르는 분쟁이 1969년 시작된 이후로 양쪽 사이드에서 3,200명 이상이 죽었다.

Question

북아일랜드 사태의 발단/원인은 무엇인가?

Answer

1920년 아일랜드 남부지역은 영국으로부터 독립하였으나 얼스터라 불리는 북쪽 지역은 여전히

영국의 일부로 남게 되었다. 이곳에 있는 가톨릭계 공화주의자들은 자신들이 이류시민으로 취급당하는 것에 불만을 품고 영국의 통치로부터 독립하여 통합된 아일랜드를 추구하기 위해 폭동을 일으키고 테러를 서슴지 않는 IRA라는 무장단체를 조직하고 지지하면서 끊임없는 분쟁이 계속되고 있다.

14.1.3 Reading passage 3: About Irish Republican Army

http://www.quikmaneuvers.com/sitebuilder/images/IRA_Terrorism-321x259.jpg

About Irish Republican Army

4. How did the IRA become an important force in Northern Ireland?

The IRA **rose to prominence** after rioting and clashes between Catholics and Protestants in Ulster in the summer of 1969. British troops were eventually **deployed** to restore order, but many Catholics **resented the British presence** and felt that the security forces did not do enough to come to their aid. The group (then known as **the Provisional IRA**) began **conducting guerrilla operations against** the British Army and police. During riots in Londonderry on January 30,

1972 — now remembered as "Bloody Sunday" — British paratroopers killed 13 unarmed Catholics, **accelerating** a cycle of IRA violence, loyalist reprisals, and security crackdowns that has continued, **with some fits and starts**, for more than **three decades**. One milestone in the conflict was the 1981 deaths of ten IRA prisoners led by Bobby Sands, all of whom died **during hunger strikes**.

단어설명

rose to prominence 유명해지다
deployed 배치되다, arranged
resented the British presence 영국(군)의 모습에 반감을 드러냈다.
the Provisional IRA 임시 IRA, 상설지부가 아닌
conducting guerrilla operations against ~ ~에 맞서 게릴라 작전을 행하는
accelerating 폭력의 순환을 가속화시키며(hastening, increasing in speed)
with some fits and starts 발작적으로, fitfully, spasmodically
three decades 30년
during hunger strikes 단식투쟁 동안

해석

아일랜드 공화국군에 관해서

4. 북아일랜드에서 어떻게 아일랜드 공화국군은 중요한 힘이 되었는가?
아일랜드 공화국군은 1969년 여름 얼스터 지역에서 있었던 가톨릭교와 신교 간의 폭동과 충돌 이후에 유명해졌다. 사실상 질서를 복원시키기 위해 영국 군대가 배치되었지만 많은 가톨릭교도들은 영국군의 모습에 반감을 드러냈고 그 치안 부대가 그들에게 충분히 도움이 되지 않는다고 느꼈다. 그 당시 임시 아일랜드 공화국군으로 알려진 단체가 영국군대와 경찰을 상대로 게릴라작전을 행하기 시작했다. 1972년 1월 30일 런던데리에서 일어났던 폭동기간 동안 – 지금은 '피의 일요일'로 기억되는 – 영국 낙하산 부대원들은 13명의 민간인 가톨릭 신자들을 죽였고, (이 사건은) 아일랜드 공

화국군의 폭력, 현 체제지지자들의 보복과 발작적으로 계속되는 보안군의 강력 탄압의 순환을 가속화시켰으며, 30년 이상동안 계속되었다. 이러한 갈등의 이정표가 된 한 사건이 1981년 보비 샌드가 주동한 단식투쟁에 의한 열 명의 아일랜드 공화국군 포로들의 죽음이었다. 그들 모두 단식투쟁을 하는 동안 죽었다.

14.1.4 Reading passage 4: About Irish Republican Army

About Irish Republican Army

5. What kind of attacks has the IRA carried out?

Since the late 1960s, the IRA has killed about 1,800 people, including about 650 civilians. The IRA's primary targets were British troops, police officers, prison guards, and judges — many of them unarmed or **off-duty** — as well as rival paramilitary militants, drug dealers, and **informers** in Ulster.

6. Has the IRA participated in peace talks?

Yes, although its unionist **foes** question its sincerity. In April 1998, former U.S. Senate Majority Leader George Mitchell helped broker the Good Friday accord, a landmark agreement among most of the main political parties in Northern Ireland, including Sinn Fein, and the British and Irish governments. Its **signatories** renounced violence, established a new Northern Ireland legislative body, increased cross-border **ties**, and freed prisoners. In October 2001, the IRA began **"decommissioning" its arsenal** — in effect disarming, an action the unionists have long demanded as proof of the IRA's commitment to peace and to pursuing a purely political strategy.

The 1998 accord was jeopardized in October 2002, however, when the British government suspended Northern Ireland's power-sharing government after **allegations** that several members of Sinn Fein were involved in an IRA **spy ring**. Unionists also warned that the IRA was breaking **its commitment to disarm**. Talks aimed at restoring the power-sharing agreement began in November 2002.

단어설명

unarmed or off-duty 무기로 무장하지 않았거나 경계근무 중이 아닌
informers 밀고자들
foes 적군, enemies
signatories 서명자들
ties 협력관계
"decommissioning" its arsenal 화력(무기)을 제거하는(putting out of service)
allegations (증거 없이 누가 부정한 일을 했다는) 혐의 [주장]
e.g. Several newspapers made allegations of corruption in the city's police department. 몇몇 신문에서 시 경찰청에 대해 부패 혐의를 제기했다.
spy ring 스파이 조직(circle)
its commitment to disarm 비무장에 관여함

해석

아일랜드 공화국군에 관해서

5. 아일랜드 공화국군은 어떤 공격을 실행했는가?

1960년대 말 이후로 아일랜드 공화국군은 650여 명의 민간인을 포함하여 1,800여 명을 죽였다. 아일랜드 공화국군의 우선적 목표는 얼스터에 있는 그들의 적인 준군사적 전투사, 마약 판매업자, 그리고 밀고자뿐만 아니라, 영국 군대, 경찰관, 교도관 그리고 재판관이었다. 그들 대부분이 무기로 무장하지 않았거나 경계근무중이 아니었다.

6. 아일랜드 공화국군은 평화 협상에 참여하였는가?

그렇다. 비록 그들의 적군인 통합론주의자들은 그것의 진정성을 의심하기는 했지만. 1998년 4월에 전 미국 상원 리더였던 조지 미첼이 중개인을 통해 성 금요일 합의를 이끌었고, (이 합의는) 신 페인 당과 영국과 아일랜드 정부를 포함하여 북아일랜드의 주요 정당들 중 대부분이 참여한 이정표가 되는 협정이었다. 이 합의안의 서명자들은 폭력의 포기를 선언했고, 새로운 북아일랜드 입법부를 설립했으며, 국경을 넘는 협력관계를 증가시켰으며, 포로들을 석방하였다. 2001년 10월에 아일랜드 공화국군은 무기를 '해체하기' 시작했고 - 결과적으로 현 체제지지자들이 평화를 위해 그리고 전적으로 정치적 전략을 추구하기 위해 아일랜드 공화국군의 약속의 증거로 보여줄 것을 오래 동안 요구해왔던 무장을 해제하게 되었다.

그러나 이 1998년 합의는 신 페인 당의 몇몇 구성원들이 아일랜드 공화국군의 스파이 조직에 연루되었다는 혐의 후 영국 정부가 북아일랜드의 여러 정당 간의 권력 분담을 중단했던 2002년 10월에 위태로워졌다. 현 체제지지자들은 또한 아일랜드 공화국군이 비무장 협약을 깨고 있다고 경고했다. 권력 분담 협약을 복원시키려는 회담이 2002년 11월에 시작되었다.

[직접링크 http://cfrterrorism.org/groups/ira.html]

Question

아일랜드 공화국군과 영국정부 사이에 진행된 평화협정의 내용과 걸림돌은 무엇인가?

Answer

아일랜드 공화국군과 영국정부 사이에 진행된 1998년 평화협정의 내용은 폭력을 포기하고, 새로운 북아일랜드 입법부를 설립하며, 국경을 넘는 협력관계를 증가시키고, 포로들을 석방하는 것이었다. 그러나 신 페인 당의 몇몇 구성원들이 아일랜드 공화국군의 스파이 조직에 연루되었다는 의혹으로 인해 2002년 10월 영국 정부가 북아일랜드의 여러 정당 간의 권력 분담을 중단하면서 다시 위태로워지기 시작했다.

14.1.5 북아일랜드 사태를 소재로 한 영화 보기: (In the Name of the Father)

〈아버지의 이름으로(In the Name of the Father)〉에서 법정에 선 아들 Gerry Conlon (Daniel Day-Lewis 분)과 아버지 Giuseppe(Pete Postlethwaite 분)의 모습

신문기사 읽기

http://www.hani.co.kr/section-007100005/2005/02/007100005200502101934223.html

"영국 총리의 이름으로 사과"

1974년 영 술집 폭파사건 조작/ 블레어, 피해자들에 과오 인정

영화 〈아버지의 이름으로〉의 소재가 됐던 1974년의 아일랜드 공화국군(IRA)의 영국 술집 폭파사건과 관련해 토니 블레어 영국 총리가 공식 사과했다. 블레어 총리는 9일 성명을 내어 30년 전 7명이 숨지고 100명 이상이 다친 영국 길포드와 울리치 술집에서 발생한 폭탄 테러의 주모자로 몰려 억울한 옥살이를 한 제리 콘론 가족 등에게 "그들이 겪은 시련과 부당함에 사과를 표한다"며 "가족들이 겪은 상실감은 결코 사라지지 않을 것"이라고 밝혔다.

사건의 주인공인 콘론은 경찰의 구타와 강요로 자신과 아버지가 폭탄 테러와 관련됐다고 허위 자백을 해 투옥됐으며 아버지는 옥중에서 숨졌다.

그는 15년 동안 옥살이를 한 뒤 1989년 항소심에서 경찰 조사가 조작됐음[관련 경찰 3명은 모두 기소되지 않아 솜방망이 처벌이라는 비난을 면치 못했다!]이 드러나 무죄 선고를 받았다. 콘론과 함께 유죄 판결을 받고 옥살이를 했던 다른 10명도 90년대 들어 모두 무죄임이 밝혀지면서 이 사건은 영국 사법사상 최대 '과오'로 비난받고 있다.

1993년 콘론의 자전적 소설『입증된 무죄』를 영화화한 〈아버지의 이름으로〉는 좀도둑으로 살던 주인공이 영국 경찰의 협박에 못 이겨 아버지와 숙모들 가족까지 폭탄제조범으로 몰게 된 뒤 감옥에서 아버지를 잃으면서 정의롭지 않은 사회와 싸우는 전사로 태어나는 과정을 그리고 있다.

[강김아리 기자 ari@hani.co.kr]

14.2 올리버 크롬웰 Oliver Cromwell (1599-1658)

14.2.1 Reading passage 5: About Oliver Cromwell

About Oliver Cromwell

The war in Ireland was especially bloody as Cromwell's army **slaughtered the native Irish without quarter in a frenzy of** religious hatred. The republic **gained international prestige** by winning notable sea victories in the Anglo-Dutch War (1652-54), which erupted over trade rivalries and supremacy in **the English Channel**. But, given continued popular **disaffection**, the republic's leaders still could not find a way **to call new elections**, and relations between **the Rump** and army grew worse. In 1653 Cromwell **expelled** the Rump and **convened a new legislature** dominated by **radical sectaries and Millenarians**.

Cromwell **succumbed to a virulent influenza epidemic** and died on September 3, 1658. **Had he lived longer he might have restored monarchy to England by having himself crowned; his last constitution contained several monarchical features.** In early 1660, in conditions of **mounting chaos, General** George Monk marched from Scotland to London **proclaiming his fine support for the republic**, but he soon called elections for a new "full and free" parliament that everyone knew would **restore the king**.

런던 의회 광장에 있는 올리버 크롬웰 동상
http://upload.wikimedia.org/wikipedia/commons/thumb/e/e2/Oliver_Cromwell_-_Statue_-_Palace_of_Westminster_-_London_-_240404.jpg/200px-Oliver_Cromwell_-_Statue_-_Palace_of_Westminster_-_London_-_240404.jpg

단어설명

slaughtered the native Irish without quarter 주거지역이 없는 토박이 아일랜드인들을 학살했다.
in a frenzy of ~ ~으로 인한 극도의 흥분, 발광
gained international prestige 국제적 명망을 얻었다.
the English Channel 영국과 불란서 사이에 놓인 영불해협
disaffection 불만, disloyalty, estrangement
to call new elections 새로운 선거를 실시하다.
the Rump 잔여 의회(The Rump Parliament), 다수의 장로교파 회원을 추방하고 남은 의원들로만 구성된 의회

expelled: 추방했다
convened a new legislature 새로운 입법부를 소집하다(call together, summon)
radical sectaries and Millenarians 급진당파주의자들(비국교도들: Nonconformists)과 지복의 천년을 믿는 사람들
succumbed to a virulent influenza epidemic 전염성이 높은(highly infectious; malignant) 독감의 위세에 굴복했다, 즉 걸렸다.
Had he lived longer (가정법) 만약 그가 더 오래 살았더라면,
he might ... crowned 스스로가 왕위에 오름으로써 군주제를 원래 상태로 복구했었을 지도 모른다.
his last constitution ... features 그가 만든 마지막 헌법은 몇 가지 군주제의 특징을 담고 있었다.
mounting chaos 혼란이 가중되는 (상황에서)
General 장군
proclaiming his fine support for the republic 공화정의 전폭적인 지지를 선언하면서
restore the king 왕(정)을 복구시키다

• 해석 •

올리버 크롬웰에 대하여

아일랜드에서의 전쟁은 특히 크롬웰의 군대가 종교적인 증오로 인한 극도의 흥분으로 주거지역이 없는 토박이 아일랜드인 들을 학살했을 때 유혈이 낭자했다. 크롬웰이 이끄는 공화정은 영불해협에서의 무역 경쟁과 주도권을 갖기 위해 발발했던 앵글로 더치 전쟁(1652–54)에서 주목할 만한 해전의 승리로 국제적 명망을 얻었다. 그러나 계속되는 민중들의 불만으로 그 공화정의 리더들은 여전히 새로운 선거를 실시할 수 없었다. 잔여의회와 군대간의 관계는 점점 더 악화되었다. 1653년 크롬웰은 잔여의회를 추방시켰고 급진당파주의자들과 지복의 천년을 믿는 사람들에 의하여 지배되는 새로운 입법부를 소집했다.

크롬웰은 1658년 9월 3일 전염성이 높은 악성 독감의 위세에 굴복하여 죽었다. 그가 좀 더 오래 살았다면 스스로가 왕위에 오름으로써 왕정을 원래 상태로 다시 복구시켰을 것이다. 그가 만든 마지막 헌법은 몇 가지 군주제의 특징을 담고 있었다. 1660년대 초, 혼란이 가중된 상황에서 조지 몽크 장군은 스코틀랜드에서 런던까지 행진하며 공화정의 전폭적인 지지를 선언하였지만, 그는 곧 새로운 '완전하고 자유로운' 의회를 위한 선거를 소집했고 모든 사람들은 다시 왕정을 복구시킬 거라는 것을 알고 있었다.

Question

올리버 크롬웰은 어떤 인물인가? 영국 역사상 그가 한 일은 무엇인가?

Answer

신교도였던 크롬웰은 가톨릭 신봉자인 찰스 1세의 목을 치고 왕권을 단절시켜 가면서 공화정을 실시하였다. 이로써 영국의 왕정이 사상 처음으로 단절되는 '혁명'이 발생했다. 의회군 사령관이 된 그는 아일랜드를 무력으로 정복했다. 이 과정에서 그는 아일랜드에 거주하는 가톨릭 신자들을 상당수 죽였으며 영국 본토에서 신교도들을 북아일랜드로 집단 이주시켰다. 오늘날 북아일랜드의 신교와 구교의 갈등과 유혈사태는 올리버 크롬웰의 팽창 제국주의가 그 원인을 제공했다고 할 수 있다.

14.3 영국의 국교, 성공회 The Church of England

14.3.1 Reading passage 6: The Church of England

The Church of England

Christianity is the predominant religious tradition in the UK in terms of the size of its **following**, but there are also large Muslims, Hindu, Jewish and Sikh communities. Another recent trend has been the rise in **'New Age' spirituality**, drawn from a variety of spiritual traditions and practices, and characterized by a concern for ecology and personal development. The UK also **has a large proportion of** people who may actively involve themselves in religious life only at times of crisis or significant events such as birth, marriage and death.

There are two churches legally recognised as official churches of the State, or established churches, in the UK: in England the Anglican Church of England, and in Scotland the Presbyterian Church of

Scotland.

The Church of England became the established church during the Reformation in the 16th century. Conflicts between Church and State **culminated** in the Act of Supremacy in 1534, which **repudiated papal supremacy** and declared Henry VIII to be the Supreme Head of the Church of England. The title was altered to 'Supreme Governor' by Elizabeth I when she **acceded to the throne** in 1558.

The Church of England is divided into two provinces: Canterbury and York. In 1998 **the General Synod**, the central governing and legislative body, approved proposal to **overhaul** the central organisation and structure of the Church. The first women priests **were ordained** in 1994 and by 1998 they numbered 1,900. Women priest cannot, however, be appointed bishop or archbishop. The Church of England is part of a worldwide Communion of Anglican churches. There are similar in organisation and worship to the Church of England and originated from it.

• 단어설명 •

following 추종자, 신도(believers)
'New Age' spirituality 1960년대 영국에서 시작되어, 70년대와 80년대 유행한 새로운 종교 운동, 미래를 위한 새로운 영적지침을 제시한다고 주장한다.
has a large proportion of ~ ~ 대부분, 큰 몫을 지니다
repudiated papal supremacy 로마 교황의 최고권위를 거부했다.
culminated 정점에 도달했다.
acceded to the throne 왕위에 오르다. acceded = agreed, assented
the General Synod (교회) 총회(Council)
overhaul 면밀히 조사하다, examine carefully.
were ordained (여성 사제로) 임명되었다.

해석

영국 성공회

영국에서 기독교 신앙은 우월적으로 신자가 많은 종교이다. 하지만 또한 이슬람교도, 힌두교, 유대교, 시크교도 신자들도 많이 있다. 최근의 또 다른 경향은 다양한 정신적 전통과 경험을 근간으로 하며, 자연생태와 인간의 발전을 중시하는 뉴에이지 정신의 증가이다. 영국에서는 단지 위기 시에만 또는 태어남이나 결혼 그리고 죽음과 같은 중요한 행사들의 경우에만 활발하게 종교 생활에 관여하는 사람들도 꽤 많다.

영국의 법적으로 공식화된 교회는 두 개로 영국 성공회와 스코틀랜드의 장로교다.

영국 성공회는 16세기 개혁 때 성립되었다. 1534년 헨리 8세가 로마교황의 최고권위를 부정하고 영국 교회의 수장임을 알리는 '주권에 관한 법'으로 인해 교회와 왕권간의 분쟁이 최고조에 달했었다. 이 칭호는 1558년 엘리자베스 1세가 왕위를 계승하면서 '최고 통치자'로 바뀌었다.

영국 성공회는 캔터베리와 요크, 두 개의 구역으로 나뉜다. 1998년 중앙집권 입법체인 교회 총회는 교회의 중심조직과 구조를 면밀히 조사하는 제안을 허락하였다. 1994년에 처음으로 여성 사제가 임명되었고 1998년까지 1,900명에 이르게 되었다. 그러나 여성 사제는 주교나 대주교로 임명될 수는 없다. 영국 성공회는 전 세계적인 영국 성공회 단체의 한 종파이다. 조직과 예배는 영국 교회와 유사하며 영국교회에서 기원하였다.

Question

영국 성공회의 유래와 구성 및 특징에 대해 알아보자.

Answer

헨리 8세가 창설한 영국 국교회가 성공회이다. 스페인 공주 출신의 늙은 캐더린 왕비가 아들을 낳지 못하자 그것을 구실로 젊고 예쁜 시녀인 앤 볼린과 결혼하려고 하는데 교황이 이것을 허락하지 않자 헨리 8세는 로마 교황과 단절하고 스스로 성공회를 창설하여 교회의 수장이 된다. 이 때 성공회 창설을 반대하고 가톨릭의 신앙을 지키려던 수많은 가톨릭교도들이 살육을 당했다.
성공회는 외면적인 형식은 가톨릭을 많이 따른다. 미사 전례를 비롯해서 신부들의 복장도 비슷하다. 하지만 교리적인 내용은 개신교를 많이 따른다. 성공회는 가톨릭과 개신교를 혼합한 느낌의 종파라고 볼 수 있다.

결론

영국의 국교는 성공회이다. 법적으로 공식화된 교회는 두 개로 영국 성공회와 스코틀랜드 장로교이다. 오늘날의 영국에는 기독교뿐만 아니라 이슬람교도, 힌두교, 유대교, 시크교도와 같은 다양한 종교가 존재한다. 최근에는 자연생태와 인간의 발전을 중시하는 뉴에이지 영성도 증가하고 있다.

북아일랜드 지역에서는 여전히 신·구교의 갈등으로 인한 분쟁이 끊임없이 발생하고 있고 영국 정부는 평화협정을 통해 갈등을 종식시키려 노력하지만, 아일랜드 공화국군IRA은 영국으로부터 독립하여 아일랜드의 통일을 이루기 전까지는 절대로 분쟁은 끝나지 않고 평화는 오지 않을 거라고 단언한다. 오늘날 북아일랜드의 신교와 구교의 갈등과 유혈사태의 원인을 제공한 올리버 크롬웰의 팽창세국주의에 대해 소명해보았다.

학습평가

1. 다음 중 IRA와 거리가 먼 것을 고르시오.
   a. Sinn Fein
   b. Unionists
   c. Catholic republicans
   d. “Bloody Sunday”

2. 영국 성공회The Church of England의 특징과 거리가 먼 것을 고르시오.
   a. 성직자의 결혼이 허용되지 않는다.
   b. 성공회의 수장은 (여)왕이다.
   c. 로마 교황의 최고권위를 거부했다.
   d. 여성도 사제로 임명될 수 있다.

3. 다음 중 올리버 크롬웰에 대한 설명으로 적절하지 않은 것을 고르시오.
   a. 가톨릭 신봉자인 찰스 1세의 목을 치고 왕권을 단절시키고 공화정을 수립하였다.
   b. 아일랜드를 무력으로 정복하고 아일랜드에 거주하는 가톨릭 신자들을 상당수 죽였다.
   c. 영국 본토에서 신교도들을 북아일랜드로 집단 이주시켰다.
   d. 의회를 장악한 후 스스로가 왕위에 오름으로써 왕정을 원래 상태로 다시 복구시켰다.

정답 및 해설

1. b. 해설 Unionists는 현 체제, 즉 영국통치령을 원하는 북아일랜드에 거주하는 신교도 단체이다.
2. a. 해설 가톨릭과는 달리 성직자의 결혼을 허용한다.
3. d. 해설 올리버 크롬웰이 더 오래 살았으면 그렇게 했을지도 모르지만 그 전에 전염병으로 죽게 된다.

자료출처

Wikipedia, the free encyclopedia
http://www.google.com
http://news.joins.com/et/200407/16/200407161800062671a000a100a120.html
http://cfrterrorism.org/groups/ira.html
http://www.hani.co.kr/section-007100005/2005/02/00710000520050210l934223.html

참고문헌

[Books]

가즈오 이시구로 지음, 송은경 옮김, 『남아있는 나날』, 민음사, 2009.

찰스 디킨즈 지음, 장남수 옮김, 『어려운 시절』, 푸른미디어, 2003.

Abbs, Brian & Ingrid Freebairn. *Blueprint*, (Intermediate), Longman, 1994.

Dickens, Charles. *Hard Times*, Wordsworth Editions Limited, 1995.

Ishiguro, Kazuo. *The Remains of the Day*, Faber and Faber, London, 1989.

Miall, Anthony. *The Xenophobe's Guide to the English*, Ravette Publishing, 1993.

Rushdie, Salman. *Imaginary Homelands: Essays and Criticism 1981–1991*, Granta, 1992.

Zephaniah, Benjamin. *Too Black, Too Strong*, Bloodaxe Books, 2001.

[잡지]

박종성, 『라비도르』 10월호 영국특집호

[On-line materials]

Wikipedia, the free encyclopedia

http://www.google.com

http://www.youtube.com/watch?v=BMXCPANHeYM&feature=fvst

http://galileo.rice.edu/lib/student_work/florence96/jessdave/patronage.html

http://www.rabungap.org/uploaded/faculty/tmanoogian//Renaissance_Study_Guide.htm

http://tvpot.daum.net/brand/ClipView.do?clipid=5884776&idx=6&ownerid=eNs27WM_Xy10&page=327&svcid=8&totalcnt=3538

www.youtube.com/theroyalchannel

http://politics.guardian.co.uk/flash/0,10291,1090584,00.html

http://mybox.happycampus.com/scv1357/4409631

http://www.youtube.com/watch?v=CnlFZt0kxcU&feature=related

http://www.youtube.com/watch?v=4lKwXwU5iWs

http://www.youtube.com/watch?v=okd3hLlvvLw

http://www.youtube.com/watch?v=sogKUx_q7ig

http://www.youtube.com/watch?v=acxnmaVTIZA

http://www.youtube.com/watch?v=gS9-tEbv75E

http://www.youtube.com/watch?v=4-L6rEm0rnY
http://www.britannia.com/history/monarchs/mon58.html
http://scoop.evansville.net/diana.gif
http://video.google.com/videoplay?docid=-8763652369740344477#
http://www.princess-diana.com/diana/bbc.htm
http://www.youtube.com/watch?gl=US&v=b1EyML0CyTg
http://gasazip.com/127527
http://www.hani.co.kr/section-007000000/2003/11/007000000200311282114482.html
http://www.guardian.co.uk/g2/story/0,3604,1093962,00.html
http://news.joins.com/et/200407/16/200407161800062671a000a100a120.html
http://cfrterrorism.org/groups/ira.html
http://www.hani.co.kr/section-007100005/2005/02/007100005200502101934223.html

우리나라와 영국의 교육제도 비교 사이트

http://mybox.happycampus.com/scv1357/4409631

찾아보기

X

Y

영국문화의 이해

지은이 강혜경
펴낸이 조경희
펴낸곳 경문사
펴낸날 2011년 3월 5일 1판 1쇄
2021년 3월 2일 1판 6쇄
등 록 1979년 11월 9일 제1979-000023호
주 소 04057, 서울특별시 마포구 와우산로 174
전 화 (02)332-2004 팩스 (02)336-5193
이메일 kyungmoon@kyungmoon.com

값 15,000원

ISBN 978-89-6105-451-5